DICCIONARIO BILINGÜE

COMERCIAL
CONTABLE
Y LEGAL

INGLÉS-ESPAÑOL•ESPAÑOL-INGLÉS

DICCIONARIO BILINGÜE

COMERCIAL
CONTABLE
Y LEGAL

INGLES-ESPAÑOL•ESPAÑOL-INGLÉS

A. Daniel Hughes
Director del
Instituto Hughes
B.S. Business Administration
Universidad de Arizona

LIMUSA
NORIEGA EDITORES
MÉXICO
España • Venezuela • Argentina
Colombia • Puerto Rico

Derechos reservados:

© 1993, EDITORIAL LIMUSA, S.A. de C.V.
GRUPO NORIEGA EDITORES
Balderas 95, C.P. 06040, México, D.F.
Teléfono 521-21-05
Fax 512-29-03

Miembro de la Cámara Nacional de la Industria
Editorial Mexicana. Registro número 121

Primera edición: 1982
Primera reimpresión: 1985
Segunda reimpresión: 1988
Tercera reimpresión: 1991
Cuarta reimpresión: 1993
Impreso en México
(12150)

ISBN 968-18-1488-6

PRÓLOGO

Hace varias décadas, nuestros abuelos podían llevar la contabilidad de sus negocios en el bolsillo de sus chalecos; podían levantarse a las diez, pasar el día tomando café con los amigos y no les era difícil vender gato por liebre y ganar mucho dinero.

Pero ahora todo esto ha cambiado. Los negocios se han complicado. Los clientes son más exigentes, los competidores son más dinámicos y todo avanza a mayor velocidad.

Hoy, para que un negocio prospere, debe estar organizado, su contabilidad tiene que ser exacta y estar al corriente. Se necesita acudir a la mercadotecnia para poder competir en ventas; las finanzas se han complicado. Además, las transacciones de importancia tienen su aspecto legal.

Estamos en la época de la especialización. Se requieren grandes cantidades de información cuyos datos se pueden compilar e interpretar únicamente con una computadora electrónica.

El ejecutivo moderno necesita un vocabulario amplio que abarque todos los aspectos mencionados, y no es suficiente que lo tenga en español, sino también en inglés, porque este último es el idioma internacional de los negocios.

Por ello he tratado de compilar un diccionario inglés-español que cubra no sólo el vocabulario esencial para el comercio sino también para finanzas, leyes y computación electrónica. Espero que la obra cumpla con su objetivo.

A. Daniel Hughes.

SÍMBOLOS

adj.   — adjetivo, adjective.
adv.   — adverbio, adverb.
iv.   — verbo irregular, irregular verb.
mod. — modismo, idiom.
prep. — preposición, preposition.
rv.   — verbo regular, regular verb.
s.   — sustantivo, noun.
v.   — verbo, verb.

LA PRONUNCIACIÓN SIMULADA

Para usar la pronunciación simulada (que aparece en paréntesis) se recomienda lo siguiente:

1. Recuerde que muchas veces el inglés no se pronuncia como se escribe; además, las vocales se pronuncian en español con la boca semiabierta produciendo un sonido suave y melodioso, pero en inglés se pronuncian con la boca semicerrada y con la garganta apretada, produciendo un sonido agudo.
2. Se le debe dar a cada letra de la "pronunciación simulada" su sonido normal como si fuera en español, tratando de combinar las letras para que formen sílabas y después palabras completas.
3. Dé énfasis al acento indicado.
4. Repita la palabra varias veces hasta que suene natural.

El sonido de la "G" y "J" son difíciles de simular en español. En este diccionario se usa la combinación *dch* para aproximar su sonido. Observe estos ejemplos:

ORANGE (ór-an*dch*), naranja.
GEORGE (*dchór-dch*), Jorge.
JESUS (*dchí*-sus), Jesús.
NEW YORK GIANTS (niu jork *dcha*i-ants), Gigantes de Nueva York.
Cuando la "G" no lleva esta pronunciación se usa la "G" de *gato*.

CONTENIDO

PRIMERA PARTE

DICCIONARIO INGLES-ESPAÑOL ABREVIATURAS EN INGLES

A

ABANDONMENT: (abán-don-ment), s., abandono, renuncia.

ABATE (a-béit), rv., condonar, suspender, reducir.

ABATEMENT (a-béit-ment), s., suspensión, disminución, reducción.

ABREVIATE (a-brív-ieit), rv., abreviar, condensar.

ABREVIATION (a-briv-iéi-shon), s., abreviatura.

ABET: (a-bét), rv., ayudar, animar, inducir.

ABEYANCE (a-béi-ans), s., suspensión, dilatación, espera.

ABNORMAL (ab-nór-mal), adj., anormal, fuera de lo usual. —DELAY (di-léi), s., demora o retraso no usual. —EXPENSE (ex-péns), s., gasto fuera de lo usual. —OUTLAY (aút-lei, s., desembolso fuera de lo normal.

ABNORMALITY (ab-norm-ál-iti), s., anormalidad.

ABOLISH (a-bó-lish), rv., abolir, suprimir.

ABOVE: (abov), prep. sobre, arriba de, más allá de. —CITED (abov sáit-ed), adj., antedicho, antes mencionado. —COST (cost), adj., superior al costo, arriba del costo —PAR (par), adj., arriba del par, sobre el par. —REASON (rí-zon), adj., fuera de la razón, más allá de la razón. —STANDARD (stánd-ard), adj., superior a lo normal.

ABROAD (a-bród), s., adj., ultramar, en el extranjero, país extranjero.

ABROGATE (ábro-geit), rv., revocar, abolir.

ABROGATION (abro-géi-shon), s., abrogación, revocación.

ABSENTEE (ab-sen-tí), adj., s., faltista, persona que falta al trabajo, propietario en ausencia. —BALLOT (bá-lot), s., voto hecho en ausencia.

ABSENTEEISM (ab-sen-tí-ism), ausentismo, ausencia al trabajo, el hecho de poseer propiedades o negocios en ausencia.

ABSOLUTE (-áb-so-lut), adj., absoluto, completo, sin restricción —CONFIDENCE (cón-fi-dens), s., confianza absoluta. —SECURITY (se-kíu-ri-ti), s., seguridad absoluta.

ABSORB, (ab-sorb), rv., absorber, asimilar.

ABSTAIN (ab-stéin), rv., abstenerse, mantenerse neutro en una votación.

ABSTRACT (áb-stract) s., rv., sumario, resumen, sumarizar, extraer.

ABUT (abat), rv., colindar, tocar.

ACCELERATION (asel-er-éi-shon), s., aceleración, aumento de velocidad.

ACCEPT (ak-sépt), rv., aceptar, asentir, aprobar.

ACCEPTANCE (ak-sépt-ans), s., aceptación.

ACCESSORIES (ak-sés-oris), s., accesorios, aditamentos, partes.

ACCIDENT (ák-si-dent), *s.*, accidente. —**COMPENSATION** (kom-pen-séi-shon), *s.*, compensación por accidentes. —**INSURANCE** (in-shúr-ans), *s.*, seguro contra accidentes

ACCIDENTAL (ak-si-dén-tal), *adj.*, accidental.

ACCOMODATION (ak-com-o-déi-shon), *s.*, arreglo, favor, servicio, conveniencia. —**ENDORSEMENT** (en-dórs-ment), *s.*, endoso de garantía, aval.

ACCORD (ak-córd), *s., rv.*, acuerdo, acordar, otorgar.

ACCOUNT (ak-káunt), *s.*, cuenta, relato, estado. —**IN ARREARS** (arirs), *s.*, cuenta atrasada o vencida. —**OFFICER** (ófis-er), *s.*, ejecutivo que maneja la cuenta de un cliente exclusivamente.

ACCOUNTABLE (ak-káount-abl), *adj.*, contable, responsable.

ACCOUNTANT (ak-káunt-ant), *s.*, contador.

ACCOUNTING (ak-káunt-ing), *s.*, contaduría. —**AND REMITTANCE SECTION** (remít-ans sék-shon), sección de contaduría y envío de pagos. —**PERIOD** (pí-ri-od), *s.*, período contable. —**PRINCIPLES** (prín-si-pls), *s.*, principios contables. —**SYSTEM** (sís-tem), *s.*, sistema contable.

ACCREDIT (ak-kré-dit), *vr.*, acreditar, abonar.

ACCRETION (ak-krí-shon), *s.*, acrecentamiento, aumento.

ACCRUE (ak-krú), *vr.*, incrementar, acumular.

ACCRUAL BASIS (béi-sis), método de contaduría que reconoce ingresos cuando se ganan y gastos cuando se incurren.

ACCRUED: (akrud), *v.*, Acumulado Incrementado. —**ASSETS** (ás-ets), activo acumulado. —**DEBTS** (dets), *s.*, deudas acumuladas. —**DIVIDENDS** (dívi-dens), *s.*, dividendos acumulados. —**INTEREST** (ín-ter-est) intereses acumulados. —**LIABILITIES** (lai-abíl-itis), *s.*, pasivo acumulado. —**REVENUE** (ré-ve-niu), *s.*, ingresos acumulados. —**SALARIES** (sá-la-ris), salarios acumulados.

ACCUMULATE (ak-kíu-miu-leit), *rv.*, acumular, ahorrar, guardar.

ACCUMULATED CAPITAL, *s.*, capital acumulado. —**DEBTS** (dets), *s.*, deudas u obligaciones acumuladas. —**STOCK** (stok), *s.*, acciones acumuladas. —**SURPLUS** (súr-plas), *s.*, superávit acumulado.

ACCURACY (ák-iu-ra-si), *s.*, exactitud, precisión.

ACCURATE (ák-iu-rat), *adj.*, exacto, preciso, correcto.

ACHIEVE (a-chív), *rv.*, lograr, obtener, llevar a cabo.

ACKNOWLEDGE (ak-nó-ledch), *rv.*, reconocer, acusar recibo, admitir, confesar. —**PAYMENT** (péi-ment), *v.*, reconocer pago. —**RECEIPT** (ri-sít), *v.*, acusar recibo.

ACKNOWLEDGEMENT (ak-nól-edch-ment), *s.*, reconocimiento, aceptación, admisión.

ACQUIRE (a-kuáir), *rv.*, adquirir, conseguir.

ACQUISITION (a-kui-sí-shon), *s.*, adquisición, acumulación.

ACQUIT (a-kuít), *rv.*, absolver, exonerar, fallar a favor del acusado.

ACRE (ei-ker), *s.*, acre, (aprox. media hectárea).

ACTIVE (ák-tiv), *adj.*, activo, vigente, productivo —**CORPORATION** (cor-por-éi-shon), *s.*, sociedad activa. —**FILE** (fail), *s.*, archivo activo, archivo vivo. **—PARTNER** (párt-ner), *s.*, socio àctivo. **—TIME** (taim), *s.*, tiempo activo.

ACTION IN REPLEVIN, *s.*, acción de dominio, demanda para recuperar propiedad.

ACT OF GOD, *s.*, fuerza mayor, desastre inesperado.

ACTUAL (ák-chual), *adj.*, actual, verdero. **—PROFITS** (pró-fits), *s.*, utilidades verdaderas. **—REVENUE** (réve-niu), *s.*, ingresos actuales o verdaderos.

ACTUARY (ák-chu-eri), *s.*, actuario.

ADAPT (a-dápt), *rv.*, adaptar, ajustar.

ADAPTATION (a-dapt-éi-shon), *s.*, adaptación.

ADD, *rv.*, sumar, agregar.

ADDING MACHINE (ma-shín), *s,* máquina sumadora.

ADDITION (ad-íshon), *s.*, adición, suma, añadidura.

ADDRESS (á-dres), *s.*, *rv.*, dirección, ubicación, dirigirse a.

ADDRESSEE (a-dres-í), *s.*, destinatario.

ADEQUACY (áde-kua-si), *s.*, suficiencia, pertinència, adaptabilidad.

ADHERE (ad-jír), *rv.*, adherir, pegar, mantener junto.

ADHERENCE (ad-jír-ens), *s.*, adherencia, ligadura, unidad.

ADHESIVE (ad-jís- iv), *adj.*, adhesivo, pegajoso.

ADJOURN (a-dchórn), *rv.*, suspender actividades, aplazar.

ADJUDICATE (ad-chú-di-keit), *rv.*, adjudicar, resolver jurídicamente.

ADJUNCT (ad-chónct), *adj.*, adjunto, anexo, cercano.

ADJUST (ad-chúst), *rv.*, ajustar, regular.

ADJUSTED TRIAL BALANCE (ad-chóst-ed traí-al bá-lans), *s.*, balance general ajustado.

ADJUSTMENT (ad-chóst-ment), *s.*, ajuste, arreglo, afinación. **—ENTRY** (éntri), *s.*, asiento de ajuste.

ADMINISTER (ad-mín-is-ter), *rv.*, administrar, dirigir, controlar.

ADMINISTRATION (ad-min-is-tréishon), *s.*, administración, dirección, control.

ADMINISTRATIVE (ad-min-is-tréitiv), *adj.*, administrativo. **—ACTION** (ak-shon), *s.*, acción administrativa. **—EFFICIENCY** (efí-shen-si), *s.*, eficiencia administrativa. **—EXPENSES** (ex-pén-ses), *s.*, gastos administrativos. **—ORDERS** (ór-ders), *s.*, órdenes administrativas. **—REGULATIONS** (re-giu-leí-shons), *s.*, reglamentos administrativos.

ADMIRALTY (ád-mir-alti), *s.*, almirantazgo. **—ADMIRALTY LAW** (la), *s.*, ley de almirantazgo, ley marítima.

ADMISSIBLE EVIDENCE (ad-mís-ibl évi-dens) *s.*, evidencia pertinente o admisible.

ADMISSION (ad-mí-shon), *s.*, admisión, confesión, entrada, acceso.

ADOPT (a-dópt), *rv.*, adoptar, aceptar.

ADOPTED CHILD (chaild), *s.*, niño adoptivo.

ADULTERATE (a-dól-ter-eit), *rv.*, adulterar.

AD VALORUM (ad valór-um), *adj.*, según el valor.

ADVANCE (ad-vans), *s.*, *rv.*, adelanto, anticipo, adelantar, anticipar. **—AGAINST COLLECTIONS** (agenst col-éc-shons), *s.*, anticipo sobre cuentas cobrables. **—AGAINST FUTURE DELIVERY** (fíu-chur), *s.*, anticipo sobre entrega futura. **—INFORMATION** (in-for-mei-shon), *s.*, información anticipada **—PAYMENT** (péiment), *s.*, pago por adelantado. **—SA-**

LARIES (sá-la-ris), s., anticipo sobre salarios.

SALES (seils), s., ventas adelantadas.

ADVERSE BALANCE OF TRADE (ad-vérs bá-lans of tréid), s., balance adverso del comercio exterior.

ADVERTISE (ád-ver-taiz), rv., anunciar, hacer publicidad o propaganda.

ADVERTISEMENT (ad-ver-taíz-ment), s., anuncio, publicidad, propaganda.

ADVERTISING (ád-ver-taiz-ing), adj., relacionado a publicidad. —COPYWRITER (copi-rái-ter), s.,redactor de propaganda. —COST, s., costo de propaganda. —MANAGER (mánadcher), s., gerente de publicidad. —MEDIUM (mí-di-um), s., medio de propaganda. —PRODUCT (pró-dact), s., resultado de la propaganda. Producto de la propaganda. —RESULTS (ri-salts),s., resultado de la propaganda. —RETURN (ri-túrn), s., ganancia debido a la propaganda.—SPACE (apeis), s., el espacio que ocupa el anuncio. —STUNT (stant), s., novedad o truco de publicidad.

ADVISED LETTER OF CREDIT (ad-váizd leter of cré-dit), s., carta de crédito verificada.

AFFILIATED COMPANY (afí-li-eited), s., compañía afiliada.

AFORESAID (afór-sed), adj., s., susodicho.

AGENCY (éi-dchen-si), s., agencia, dependencia. —FOR INTERNATIONAL DEVELOPMENT (A.I.D.), agencia para el desarrollo internacional.

AGENDA (a-dchén-da), s., agenda, itinerario, programa.

AGENT (éi-dchent), s., agente.

AGGRAVATE (ág-ra-veit), rv., agravar, molestar, empeorar.

AGRARIAN (a-gré-rian), s., adj., campesino, relacionado al campo.

AGREE (a-grí), rv., estar de acuerdo, acordar.

AGREEMENT (a-gri-ment), s., convenio, acuerdo, arreglo.

AGRICULTURE (ágri-cal-chur), s., agricultura.

AGRICULTURAL (agri-cál-chur-al), adj., perteneciente a la agricultura. Agrícola. —BANK, s., banco agrícola. —DEFICIT, s., déficit agrícola —IMPLEMENTS (im-ple-ments), s., implementos o equipo agrícola. —LAND, s., terreno agricola. —PRODUCTION (pro-dác-shon), s., producción agrícola.—PRODUCTS (pro-dacts), s., productos agricolas. —ZONE (zoun), s., zona agrícola.

AIR (er), s., adj., aire, por aire, por avión. —FREIGHT (fréit), s., flete aéreo. —MAIL (meil), s., correo aéreo. —REMITTANCE ORDER, s., orden de remitir fondos enviada por correo aéreo. —TRAFFIC (tráfic), s., tráfico aéreo. —TRANSPORTATION (trans-por-téishon), s., Transporte aéreo.

ALGOL s., lenguaje (computación) para programación de trabajos científicos.

ALIAS (éi-lias), s., alias, nombre supuesto.

ALIEN (éi-lien),s., extranjero, foráneo, extraño. —LAWS (laus), s., Las leyes sobre extranjeros. —DEPORTATION (di-por-téi-shon), s., deportación de extranjeros. —WORK PERMIT, s., permiso de trabajo para extranjeros.

ALIENATE (éi-lien-eit), rv., enajenar, alejar, separar.

ALIENATION OF PROPERTY (ei-lien-éi-shon pró-per-ti), s., enajenamiento de propiedad.

ALLEGATION (ale-géi-shon), *s.*, alegato.

ALLEGED (alé-dch-ed), *adj.*, alegado, supuesto.

ALLIANCE (alái-ans), *s.*, alianza liga.

ALLOCATE (a-lo-keit), *rv.*, asignar, repartir, colocar.

ALLOCATING COSTS, *s.*, la determinación de costos según el departamento, el proceso o el lote.

ALLOT (a-lót), *rv.*, asignar, repartir, parcelar, distribuir.

ALLOTMENT (a-lót-ment) *s.*, prorrateo, trozo, asignación, parcela.

ALLOW (a-láu),*rv.*, permitir, autorizar.

ALLOWANCE (a-láu-ans) *s.*, asignación, compensación, subvención.

ALLY (á-lai), *s.*, aliado, colaborador.

ALONGSIDE (a-lóng-said), *adv.*, al lado, colindante. —**RAILROAD** (réilroud), *adv.*, al lado de la vía del ferrocarril. —**SHIP,** *adv.*, al lado del barco.

ALPHA NUMERIC, *adj.*, caracteres que pueden ser letras, números o símbolos especiales de computadoras.

ALTER (ál-ter), *rv.*, alterar, cambiar, desviar.

ALTERATION (alter-éi-shon), *s.*, alteración, cambio, renovación.

ALTERNATE (álter-nat), *s., v.*, alterno, suplente, alternar, ocurrir en turnos sucesivos.

AMBIGUOUS (am-big-iuos), *adj.*, ambiguo, dudoso, indeciso.

AMENABLE (a-mín-abl), *adj.*, agradable, adaptable, receptivo, tratable.

AMMENDMENT (am-énd-ment), *s.*, enmiendo, modificación, cambio.

AMNESTY (ám-nes-ti), *s.*, amnistía, indulto, perdón.

AMOUNT (a-maunt), *s.*, cantidad, total, suma. —**IN DISPUTE** (dis-put), *s.*, cantidad en disputa. —**DUE** (diu), *s.*, cantidad que se debe, cantidad vencida. —**PAYABLE** (péi-abl), *s.*, cantidad por pagar.

AMORTIZE (ám-mor-taiz), *rv.*, amortizar, liquidar en pagos periódicos

AMORTIZATION (am-mor-tiz-éi-shon), *s.*, amortización.

AMORTIZED CAPITAL STOCK, *s.*, acciones sociales amortizadas.

AMPLE (ám-pl),*adj.*, amplio, suficiente. —**CAPITAL**, *s.*, capital suficiente o amplio. —**OPERATING SPACE** (óper-eit-ing speis), *s.*, espacio amplio para operaciones.

ANALOGOUS (aná-lo-gos), *adj.*, igual, paralelo, relacionado, análogo.

ANALYTICAL (ana-lí-ti-cal), *adj.*, analítico.

ANALYZE (ána-laiz), *rv.*, analizar, investigar.

ANCILLARY (án-si-leri), auxiliar, subordinado, subsidiario.

ANGEL (éin-chel) *s.*, mod., persona que aporta dinero.

ANNEX (á-nex), *s., v.*, lugar anexo, anexar, adjuntar.

ANNOUNCE (an-áuns), *rv.*, anunciar, proclamar, publicar.

ANNOUNCEMENT: *s.*, anuncio, proclamación, publicación

ANNUAL: (án-iu-al), *adj.*, anual. —**GROWTH** (grouth), *s.*, crecimiento anual. —**LOSSES** (loses), *s.*, pérdidas anuales. —**PROFITS** (pró-fits) *s.*, utilidades anuales. —**REPORT** (ri-pórt), *s.*, informe anual. —**STATEMENT** (stéit-ment), *s.*, declaración anual.

ANNUITY (an-úi--ti), *s.*, anualidad, pensión, prima anual.

ANNULMENT (an-ól-ment), *s.*, anulación, revocación, cancelación.

ANTEDATE (ánte-deit), *rv.*, antedatar.

ANTICIPATE (an-tí-si-peit), *rv.*, anticipar, esperar, prever.

ANTI TRUST (antai trost), *adj.*, contra monopolios.

APPARATUS (apa-rá-tos), *s.*, aparato, equipo, instrumento, organización.

APPEAL (a-píl), *s.*, *v.*, apelación, apelar.

APPLICATION (apli-kéi-shon), *s.*, aplicación, solicitud, exhorto.

APPLICATIONS PROGRAM, *s.*, programa (computadora) para resolver problemas de comercio o ciencia.

APPLY (a-plái), *rv.*, solicitar, hacer una solicitud.

APPOINT (a-póint), *rv.*, nombrar, elegir, designar.

APPOINTEE (a-point-í), persona elegida, nombrada o designada.

APPOINTMENT (a-póint-ment), *s.*, nombramiento, cita, designación.

APPRAISE (a-préiz), *rv.*, valorar, estimar, juzgar.

APPRAISED VALUE (vá-liu), *s.*, valor de avalúo o tasación, avalúo.

APPRAISER (a-préiz-er), *s.*, evaluador, tasador.

APPRECIATE (a-prí-shi-eit), *rv.*, apreciar, incrementar, aumentar de valor.

APPRECIATION (a-pri-shi-éi-shon), *s.*, apreciación, aumento de valor.

APPROACH (a-próuch), *rv.*, *s.*, acercarse, enfrentamiento, enfoque, método.

APPROPRIATE (a-pro-pri-éit), *rv.*, apropiar, posesionarse.

APPROPRIATE (a-pró-pri-eit) *adj.*, apropiado, adecuado.

APPROVAL (a-prúv-al), *s.*, aprobación, visto bueno.

APPROVED (a-prúvd), *adj.*, aprobado.

—**PRICE PROCEDURE** (pro-sídchur), *s.*, procedimiento aprobado.

—**SECURITIES** (si-kíu-ri-tis), títulos o valores aprobados.

probado. —**SECURITIES** (si-kíu-ri-tis), títulos o valores aprobados.

APPROXIMATE (apróx-i-mat), *adj.*, aproximado, cerca, más o menos.

APPURTENANCE (apúr-ten-ans), *s.*, accesorio, agregado, pertenencia.

APT *adj.*, apto, competente.

ARBITRAGE (ár-bi-tradch), *s.*, especulación en el mercado de dinero, arbitraje.

ARBITRAGER, *s.*, especulador con valores.

ARBITRATE (árbi-treit), *rv.*, arbitrar, mediar.

ARBITRATION (arbi-tréi-shon), *s.*, arbitraje.

ARBITRATOR (árbi-trei-tor), *s.*, árbitro, mediador.

ARCHIVES (ár-kaivs), *s.*, archivos.

AREA (ér-ia), *s.*, área, campo de acción, espacio.

ARITHMETIC UNIT (arith-mét-ic iúnit), *s.*, artefacto del CPU que efectúa los cálculos aritméticos y lógicos del programa de computadora.

ARRAIGNMENT (ar-éin-ment), *s.*, proceso, acusación, audiencia.

ARRANGEMENT (ar-éindch-ment), *s.*, arreglo, acuerdo, plan.

ARREARS (ar-írs), *adj.*, retrasado, demorado, vencido.

ARREST (a-rést). *rv.*, *s.*, arrestar, detener, arresto, detención.

ARSON (ár-son), *s.*, incendio intencional o premeditado.

ARSONIST, *s.*, incendiario, pirómano.

ARTICLE (ár-ti-cl), *s.*, artículo, cláusula, reportaje.

ARTICLES OF INCORPORATION, *s.*, escrituras constitutivas de una sociedad.

ARTIFICE (árti-fis), *s.*, truco, engaño, estrategia, ardid.

ARTIFICIAL (arti-fi-shal), *adj.*. artificial. —**PERSON** (pér-son), *s.,* persona jurídica o sociedad anónima.

ASCERTAIN (as-er-téin), *rv.,* asegurar, averiguar, determinar.

AS AFORESAID (afór-sed), *adj.,* prep., como antedicho.

ASKING PRICE (ásk-ing práis), *s.,* precio de oferta.

AS OF, *prep.,* a partir de, con fecha de.

ASSEMBLE (as-sémbl), *rv.,* ensamblar, integrar, armar, juntar.

ASSEMBLY (as-sémbli), *s.,* junta, asamblea, ensamble.

ASSEMBLY LINE (lain), línea de ensamble o montaje en serie.

ASSERT (a-sért), *rv.,* declarar, afirmar, jurar.

ASSESS (ás-es), *rv.,* evaluar, tasar, imponer impuestos.

ASSESSMENT (asés-ment), *s.,* evalúo, evaluación.

ASSESSOR: (as-és-or), *s.,* tasador, evaluador.

ASSETS (ás-ets), *s.,* bienes, activo contable. —**FIXED** (fixt), *s.,* activo fijo. Bienes inmuebles. —**IN BOOKS,** *s.,* activo según libros.

ASSIGN (a-sáin) *rv.,* asignar, designar, repartir, ceder.

ASSIGNMENT (asáin-ment), *s.,* asignación, nombramiento.

ASSIGNOR (asáin-or), *s.,* cedente

ASSISTANCE (asíst-ans), *s.,* asistencia, ayuda, apoyo.

ASSOCIATE (asó-shi-at), *s.,* socio, asociado.

ASSOCIATE (aso-shi éit), *rv.,* asociarse, relacionar.

ASSOCIATION (aso-shi-éi-shon), *s.,* asociación, sociedad, combinación.

ASPECT (ás-pect), *s.,* aspecto, imagen.

ASSURE (a-shúr), *rv.,* asegurar, afianzar.

ASTUTE (as-tút), *adj.,* astuto, listo.

ASYNCHRONOUS COMPUTOR, *s.,* computadora asincrónica.

ATMOSPHERE (át-mos-fir), *s.,* atmósfera, ambiente.

AT, *prep.,* a, en, al. —**COST**: *adv.,* al costo. —**PAR,** *adv.,* a la par, al tipo normal. —**PRESENT** (pré-sent), *adv.,* al momento, al presente. —**RANDOM** (rán-dom), *adv.,* al azar, sin razón. —**SIGTH** (sait), *adv.,* a la vista —**THE ORDER OF,** *adv.,* a la orden de. —**YOUR EARLIEST CONVENIENCE,** *adv.,* a la mayor brevedad. —**YOUR EXPENCE,** *adv.,* por cuenta suya. —**YOUR PLEASURE,** *adv.,* a voluntad. —**YOUR RISK,** *adv.,* por su riesgo.

ATTACH (a-tách), *rv.,* adjuntar, anexar.

ATTACHE (a-ta-schéi), *s.,* agregado diplomático.

ATTEMPT (a-témpt), *s., rv.,* tentativa, atentar, intento.

ATTEND (a-ténd), *rv.,* atender, estar presente, asistir, cuidar.

ATTENDANCE (a-tén-dans), *s.,* asistencia, número de personas presentes.

ATTENTION (a-tén-shon), *s.,* atención, interés.

ATTORNEY AT LAW, *s.,* abogado en leyes. Licenciado en leyes.

ATTORNEY IN FACT, *s.,* apoderado, poder habiente.

AUCTION (ak-shon), *s.,* subasta, almoneda, remate.

AUDIT (á-dit), *s., v.,* auditoría, revisión, hacer una auditoría. —**REPORT** (ri-pórt), *s.,* informe de la auditoría.

AUDITOR (á-di-tor), *s.,* auditor, interventor, oyente.

AUSTERITY (aus-tér-iti), *s.,* austeridad, rigor, disciplina.

AUTHENTIC (au-thén-tic), *adj.,* auténtico, legítimo.

AUTHOR (á-thor), *s.,* autor, creador.

AUTHORITY (a-thór-iti), s., autoridad, poder.

AUTHORIZE (á-thor-aiz), rv., autorizar, permitir, dar consentimiento.

AUTHORIZATION (a-thor-izéi-shon), s., autorización, permiso.

AUTHORIZED (á-thor-aizd), adj., autorizado, permitido. —**CAPITAL** s., capital autorizado.—**EXPENSES** (expén-ses), s., gastos autorizados.

AUTOMATIC (a-tom-átic), adj., automático. —**OPEN** (oupen), adv., en posición de automático. —**PROGRAMMING** (pró-gram-ing), s.,programación automática. —**SEND RECEIVE** (resív), s., envío o recibo automatico (computadoras)

AUTOMATION (ato-méi-shon), s., automatización, automación.

AUTOMOBILE AGENCY (éi-dchensi), s., agencia de automóviles. —**DEALER** (dí-ler), s., distribuidor de automóviles.—**MANUFACTURER** (man-iu-fák-chur), s., fabricante de automóviles. —**PARTS**, s., refacciones para automóvil.

AUTONOMY (au-tón-omi), autonomía.

AUXILIARY (aux-íl-iary), adj., auxiliar, ayudante, substituto.

AVAILABLE (a-véil-abl), adj., disponible, a la mano. —**ASSETS** (á-sets), s., activo disponible, activo en existencia. —**MACHINE TIME** (má-shín taim), s., tiempo de máquina disponible. —**MANPOWER** (man-páu-er). s., mano de obra disponible, trabajadores disponibles. —**RAW MATERIALS** (ra-má-ter-ials), s., materia prima disponible.

AVERAGE (áv-er-adch), s., rv., promedio, promediar, avería (seguro). —**ABILITY** (abí -li-ti), s., habilidad o capacidad promedio. —**EARNINGS** (ér-nings), s., ingresos o ganancias promedio. —**INCOME** (ín-cam), s., ingreso promedio. —**TIME** (taim), s., tiempo promedio. —**WAGE** (gu-éidch), s., sueldo o salario promedio.

AVOID (a-vóid), rv., evitar, eludir, escapar.

AVOIDANCE (a-vóid-ans), s., evitación, prevención, escape, anulación, invalidación.

AVOIRDUPOIS (avór-du-poi), s., sistema inglés de peso.

AVOW (a-váu), rv., jurar, prometer.

AWARD (a-guárd), s., v., premio, fallo de la corte, premiar, fallar.

AXIS (ax-is), s., eje, pivote, centro de actividad.

B

BACHELOR (bá-che-lor), s., bachiller, soltero. — OF ARTS, s., bachiller en artes. —OF SCIENCE (sái-ens). s., bachiller en ciencias. —OF SCIENCE IN BUSINESS ADMINISTRATION, s., bachiller en ciencias de administración de empresas. Licenciado en administración de empresas.

BACK FEED (bak-fid), adj., s., retroalimentación, devolución y reintroducción de desperdicio.

BACKGROUND (bák-graund), s., antecedentes, historia, fondo.

BACKLOG (bák-lag), s., trabajo atrasado o acumulado.

BACK TO BACK, adj., mutuamente, espalda a espalda. —BACK TO BACK LETTER OF CREDIT, s., una de varias cartas de crédito idénticas con excepción del precio de la mercancía.

BAD BUSINESS (bís-nes), s., mal negocio. —DEAL (dil), mal negocio, mal asunto, mal trato. —FAITH (feith), s., mala fe o mala voluntad. —INVESTMENT (in-vést-ment), s., mala inversión.

BAIL (beil), s., fianza. —BOND, s., depósito en garantía de una fianza.

BAIT (beit), s., carnada, atracción, gancho.

BALANCE (bá-lans), s., v., balance, saldo, balancear, saldar, conciliar. —DUE (diu), s., saldo vencido, cantidad a pagar. —OF PAYMENT (péi-ment), s., diferencia entre ingresos y egresos de dinero. —OF TRADE (treid), s., diferencia entre importaciones y exportaciones. —SHEET (shit), s., balance general, hoja de balance.

BALANCED ECONOMY (ba-lan-sd icón-omi), s., economía balanceada.

BANDWIDTH SYSTEM (bánd-guidth sís-tem), s., amplitud de banda del sistema. (computadoras).

BANK, s., banco, banca, fondo. —ACCEPTANCE (ak-sép-tans), s., aceptación bancaria. —ACCOUNT (ak-cóunt), s., cuenta bancaria. —BALANCE (bá-lans), balance bancario, saldo bancario. —BOOK (buk), s., chequera. —CREDIT (cré-dit), s., crédito bancario. —DEPOSIT (di-pósit), s., depósito bancario. —DRAFT (draft), s., giro bancario. —HOLIDAY (jóli-dei), s., día sin actividad bancaria. —VAULT (volt), s., bodega de seguridad bancaria.

BANKER (bánk-er), s., banquero.

BANKING LAWS (las), s., leyes bancarias.

BANKRUPT (bánk-rapt), adj., en bancarrota.

BANKRUPTCY (bánk-rapt-si), s., bancarrota, quiebra. —PROCEEDINGS (pro-síd-ings), s., procedimientos en bancarrota, juicio en bancarrota.

21

BAR, s., v., la corte, barra, obstáculo, impedir, prohibir. **—ASSOCIATION** (a-soshi-éi-shon), s., asociación de abogados.

BARGAIN (bár-gen), s., ganga, oferta, compra oportuna. **—SALE** (seil), s., barata, remate. **—BASEMENT** (béis-ment), s., sótano de gangas

BARGE FREIGHT (bárdch fréit), s., flete por lanchón.

BASIC (béisic), adj., básico(a). **—INDUSTRY** (beis in-das-tri), s., industria básica. **—PAY** (pei), s., salario básico. **—MATERIAL** (beis-ic), s., material básico. **—PROBLEMS** (próblems), s., problemas básicos. **—REQUIREMENTS** (ri-kuáir-ments), s., requisitos básicos **—AGGREGATE** (beisic agre-gat),s., suma global básica.

BASIS (béis-is), s., base, fundamento, principio.

BEAR MARKET (ber már-ket), s., cuando el mercado está en baja.

BEARER (bér-er), s., portador, cargador. **—DOCUMENTS** (dóc-iu-ments), s., documentos o valores al portador. **—PAPER** (péi-per), s., documentos o valores al portador. **—NOTES** (nouts), s., letras al portador. **—STOCK** (stok), s., acciones al portador.

BEAT THE PAVEMENT (bit the péivment), v., trabajar de calle en calle o casa en casa.

BEGINNING WI TH (bi-gín-ing guíth), adv., a partir de, comenzando con.

BELOW (bi-ló), adv., inferior a, debajo de, menos que. **—AVERAGE** (á-veradch) adj., inferior al promedio. **—COST,** s., inferior al costo, menos del costo. **—PAR,** s., debajo del par. **—WORLD PRICE** (guórld práis), adj., adv., debajo del precio mundial, inferior al precio mundial.

BENCH (bench), s., tribunal, escaño,

banco. **—WARRANT** (guá-rant), s., orden de la corte.

BENEFICIARY (bene-fí-si-eri), s., beneficiario, derechohabiente.

BENEFIT (béne-fit), s., beneficio, prestación, utilidad. **—FUND** (fand), s., fondo para la beneficiencia. **—RESERVE** (ri-sérv), s., reserva para prestaciones de trabajadores.

BENEVOLENT (ben-évo-lent), adj., benévolo, bondadoso, caritativo. **—ASSOCIATION** (aso-shi-éi-shon),s., asociación de beneficencia.

BEQUEATH (bi-kuíth), rv., legar, dar en herencia.

BEQUEST (bi-kuest), s., legado, herencia.

BEST, adj., mejor. **—OFFER** (ofer), s., la mejor oferta. **—PRICE** (prais), s., el mejor precio. **QUOTATION** (kuo-tei-shon), s., la mejor cotización.

BET, iv., s., apostar, jugar al azar, apuesta.

BETRAY (bi-tréi), rv., traicionar, violar, mentir.

BETTERMENT (béter-ment), s., mejoría, mejora, mejoramiento.

BIAS (bái-as) s., parcialidad, perjuicio, injusticia, propensión.

BID, iv., ofrecer, proponer, oferta, puesta, puja.

BIDDER (bid-er), s., postor, el que ofrece un precio en una subasta.

BIG SHOT, s., magnate, jefe, persona (que se cree) muy importante.

BILATERAL (bái-later-al), adj., bilateral. **—AGREEMENT** (agrí-ment), s., convenio bilateral. **—CONTRACT** (cón-tract), s., contrato bilateral.

BILL (bil), s., rv., billete, letra, cuenta, facturar. **—OF EXCHANGE** (ex-chéin-dg), s., documento negociable, valor, título. **—OF LADING** (léi-ding), s., conocimiento de embarque. —OF PARTICULARS (par-tíc-iu-lars), s., escrito que exige la explicación detallada de una acusación o de una demanda.

BILLED (bild), adj., facturado, cobrado.

BILLING (bíl-ing), s., facturación. —MACHINE (ma-shín), s., máquina facturadora.

BINARY (bái-neri), adj., binario, con base numérica. —SYSTEM (sis-tem), s., sistema binario con símbolos 0 y 1 para uso con computadoras digitales.

BIND (baind), rv., obligar, comprometer.

BINDING (báind-ing), adj., forzoso, obligatorio. —AGREEMENT (a-grí-ment), s., convenio forzoso para todas las partes. —CONTRACT (cón-tract), s., contrato obligatorio o forzoso.

BLANK (blank), adj., s., en blanco. modelo, forma, machote. —ENDOR-SEMENT (en-dórs-ment), s., endoso en blanco. —FORM (form), s., forma modelo machote.

BLANKET (blán-ket), adj., colectivo, amplio, que cubre todo. —CLAUSE (klaus), s., cláusula amplia o que cubre todo. —INSURANCE (in-shúr-ans), s., seguro contra todo riesgo.

BLIND (blaind), adj., ciego, sin razón, sin dirección. —ENTRY (entri), s., asiento ciego sin comprobación o base.

BLOCK (block), s., v., bloque, grupo, obstáculo, bloquear, obstaculizar. —DIAGRAM (dái-a-gram), s., diagrama de flujo o de movimientos.

BLOW UP (blou ap), s., amplificación, explosión.

BLUE CHIP (blu chip), s., inversión muy segura, acciones o bonos de mucha demanda.

BLUE COLLAR WORKER (blu colar guork-er), s., obrero, trabajador.

BLUFF (blaf), s., alardear, intimidar, engañar.

BOARD (bord), s., junta, comité, directiva, consejo. —CHAIRMAN (chér-man), s., presidente de la junta. —OF DIRECTORS (di-réc-tors), s., consejo de administración, junta de directores. —OF DIRECTOR'S MEETING, s., reunión o junta del consejo de administración. —OF SUPERVISORS (super-vái-sors), s., directores de un condado.

BODY (badi), s., cuerpo, grupo, organización.

BOGUS (bóu-gus), adj., falso, espurio, falsificado. —CHECK (chek), s., cheque falsificado.

BOLD (bould), audaz, atrevido.

BONA FIDE (bona-faid), adj., de buena fe, verdadero, de confianza.

BOND (bond), s., bono, fianza, conexión.

BONDED, adj., afianzado, garantizado.

BOND HOLDER (bónd-jould-er), s., bonista, tenedor de bonos.

BONDSMAN (bonds-man), s., fiador, afianzador, en fianzas penales.

BONUS (bóu-nus), s., gratificación, pago adicional.

BOOK (buk), v., s., apuntar, reservar, apunte, apuesta. —ENTRY (entri), s., apunte en los libros de contabilidad. —VALUE (vá-liu), s., valor según libros.

BOOKKEEPER (búk-kip-er), s., tenedor de libros, auxiliar de contabilidad.

BOOKKEEPING (búk-kip-ing), s., teneduría de libros, contabilidad. —MACHINE (ma-shín), s., máquina de contaduría.

BOOKMAKER (búk-meik-er), s., recogedor de apuestas de carreras de caballos.

BOOKS OF ORIGINAL ENTRY (orídch-in-al entri), s., libros de primera entrada, libros diarios.

BOOT (but), s., premio, guante.

BOOST (bust), rv., incrementar, elevar, apoyar.

BOOSTER (búst-er), s., apoyador, fanático de deportes, artefacto que aumenta la potencia.

BOOTY (buti), s., botín, ganancia ilegal.

BORDER (bor-der), s., frontera, margen, orilla.

BORROW (bá-ro), rv., pedir prestado.

BORROWED MONEY (borod moni), s., dinero prestado.

BORROWER (báro-er), s., el que pide prestado.

BOSS (bas), s., jefe, patrón, dueño de un negocio.

BOUND (baund), adj., obligado, comprometido.

BOUNTY (baunti), s., recompensa, bonificación, subvención.

BOYCOTT (boi-cot), s., rv., boicot, boicotear.

BRAND (brand), s., marca de fábrica, marca registrada. —**MANAGER** (mána-dcher), s., administrador de una marca específica de mercancía especialmente en publicidad.

BRANCH (branch), s., sucursal, filial.

BREACH (brich), rv., s., violar, violación, abuso de confianza.

BREACHED (bricht), adj. violado, quebrado. —**AGREEMENT** (a-grí-ment), s., convenio violado. —**CONTRACT** (cón-tract), s., contrato violado.

BREAD (bred), s., mod., dinero.

BREAK (breik), rv., s., quebrar, buena suerte, pausa de descanso.

BREAKDOWN (bréik-daun), s., falla de máquina, análisis, sumario.

BREAK EVEN (breik iven), v., salir a mano, sin ganar ni perder. —**POINT** (breik iven point), s., punto de equilibrio.

BREAKING POINT (breik-ing point), s., punto de ruptura. Punto de fracaso.

BRIBE (braib), v., s., sobornar, cohecho, soborno.

BRIEF (brif), s., adj., oficio, escrito legal, breve, condensado.

BRIEFCASE (bríf-keis), s., portafolio.

BRING FORWARD (bring fór-guard), v., adelantar, pasar al libro siguiente. —**UP TO DATE** (bring ap tu deit), v., actualizar, poner al día.

BROADCAST (bród-cast), v., s., emitir, difundir, derramar, emisión,

BROADCASTING STATION (bródcast-ing stéi-shon), s., difusora de radio o televisión.

BROKE (brouk) adj., en bancarrota, quebrado.

BROKER (bró-ker), s., corredor, agente.

BROKERAGE (bró-ker-adch), s., corretaje, comisión de un corredor.

BUDGET (bá-dchet), s., rv., presupuesto, presupuestar.

BUDGETING (bá-dchet-ing), rv., s., preparar el presupuesto, preparación del presupuesto, presupuestar.

BUFFER (bá-fer), s., amortiguador, protector. —**ZONE** (bafer zoun), s., zona protectora o amortiguadora.

BUG (bag), s., iv., defecto menor, averiar.

BUILDING (bïld-ing), s., edificio, edificación. —**AND LOAN ASSOCIATION**, s., asociación para hacer préstamos para edificar, hipotecaria. —**PROGRAM** (pro-gram), s., progra-

24

ma de construcción. —**SPACE** (speis), s., espacio para edificar.

BULK (balk), s., adj., a granel, en bruto, bulto.

BULL MALKET (bul market), s., mercado con tendencia a subir.

BURDEN (búr-den), s., carga, responsabilidad, gravamen estorbo. —**RATE** (búr-den reit), s., costos indirectos que se cargan a la producción de un artículo.

BUSHEL (bú-shel), s., medida de granos (1 bushel es aprox. 30 litros).

BUSINESS (bís-nes), s., negocio, asunto, comercio. —**ADMINISTRATION** (admin-is-tréi-shon), s., administración de negocios o empresas. —**DE-PRESSION** (di-pré-shon), s., depresión de negocios. —**FORECAST** (fórcast), s., pronóstico de negocios. —**IMAGE** (í-madch), s., imagen del negocio. —**LUNCHEON** (lánch-on), s., almuerzo para discutir negocios o de hombres de negocios. —**OPPORTUNITY** (o-por-tú-niti), s., oportunidad en negocios. —**RISK** (risk), s., riesgo de negocios. **TRANSACTION** (tran-sák-shon), s., trasacción de negocios, operación comercial. —**TRUST** (trast), s., monopolio de negocios.

BUY (bai), ir., s., comprar, adquirir, compra. —**LONG** (bai long), v., comprar a largo plazo o a futuros. —**SHORT** (bai short), v., comprar a corto plazo o al margen.

BUYER (bái-er), s., comprador.

BY-LAWS (bai laus), s., reglamentos, estatutos, reglas que gobiernan los asuntos internos.

BY-PRODUCT (pra-doct), s., sub-producto.

C

CAB, *s.*, *mod.*, taxi, cabina.

CABINET (cab-i-net), *s.*, consejo ejecutivo. Gabinete.

CALENDAR (cá-len-dar), *s.*, calendario, diario, itinerario. —**YEAR** (yir), *s.*, el año de enero a diciembre.

CALCULATE (kál-kiú-leit), *rv.*, calcular, estimar, computar.

CALCULATED, *adj.*, calculado. —**EXPENSES** (ex-pén-ses), *s.*, gastos calculados. —**RISK** (kal-kiu-lei-ed risk), *s.*, riesgo calculado o anticipado. —**TREND** (trend), *s.*, tendencia calculada o anticipada.

CALCULATING MACHINE (cal-kiuléit-ing ma-shín), *s.*, máquina calculadora.

CALCULATION (cal-kiu-léi-shon), *s.*, cómputo, estimación, estudio.

CALL (cal), *rv.*, *s.*, llamar, cobrar, llamada, citación, convocación. —**A STRIKE** (straik), *v.*, declarar una huelga. **LOAN** (loun), *s.*, préstamo cobrable a la vista. —**PREMIUM** (primi-um), *s.*, prima de amortización.

CALLABLE (cál-abl), *adj.*, cobrable a la vista. —**BONDS** (bonds) *s.*, bonos redimibles a la vista. —**DEBTS** (dets), *s.*, deudas cobrables a la vista. —**OBLIGATIONS** (obli-géi-shons), *s.*, obligaciones redimibles a la vista.

CALLED UP SHARES (shers), *s.*, acciones redimibles.

CAMPAIGN (cam-péin), *s.*, campaña, operación, promoción.

CANCEL (cán- sel), *rv.*, cancelar, anular, tachar.

CANCELATION (can-sel-éi-shon) *s.*, cancelación, anulación.

CANCELLED (can-seld), *adj.*, cancelado. —**LETTER OF CREDIT**, *s.*, carta de crédito cancelada. —**ORDER** (ór-der), *s.*, pedido cancelado, orden cancelada.

CANCELLING ENTRY (cán-sel-ing éntri), *s.*, contra partida.

CANDIDATE (cán-di-deit), *s.*, candidato.

CAPABLE (kéi-pabl), *adj.*, capaz, hábil, competente. —**PERSONNEL** (personel), *s.*, personal capaz o competente.

CAPACITY (ca-pá-siti), *s.*, capacidad, aptitud, productividad. —**VARIANCE** (va-rians), *s.*, variación de capacidades.

CAPITAL (cá-pi-tal), *s.*, capital. —**ASSETS** (á-sets), *s.*, activo fijo, bienes de capital. —**CONTRIBUTION** (contri-biú-shon), *s.*, aportación de capital. —**EXPENDITURES** (expéndi-churs), *s.*, gasto por equipo o activo fijo, —**EXPENDITURE BUDGET** (bá-dchet), *s.*, presupuesto para la compra de bienes de capital. —**GOODS** (guds), *s.*, bienes fijos, bienes de capital. —**GAINS** (geins), *s.*, ganancias de capital. Ganancias o réditos producidos por la inversión de capital. —**INVESTMENT** (in-vést-ment), *s.*, inversión de capital. —**STOCK** (stak), *s.*, acciones pagadas, suscritas, acumulativas o exhibidas. —**TURNOVER** (turn-over), *s.*, rotación o movimiento del capital.

CAPITALIZATION (capi-tal-izéi-shon), *s.*, capitalización.

CAPITALIZED SURPLUS (capitalaizd sur-plas), *s.*, superávit capitalizado. **CAPTION** (cap-shon),*s.*, título, encabezado, rótulo.

CAPTIVE: *adj.*, cautivo, controlado. —**DEMAND** (cap-tiv). *s.*, demanda cautiva o controlada. —**MARKET** (mar-ket), *s.*, mercado cautivo o controlado.

CARBON PAPER (peiper), *s.*, papel carbón.

CAREER (car-ir), *s.*, carrera, profesión, antecedentes profesionales.

CARD (card), *s.*, tarjeta. —**PUNCH** (panch), *s.*, perforador de tarjetas. —**READER** (rí-der), *s.*, lector de tarjetas perforadas.

CARGO (car-go), *s.*, flete, cargamento. —**INSURANCE** (in-shúr-ans), *s.*, seguro del cargamento. —**VALUE** (vá-liu), *s.*, valor del cargamento.

CARRIAGE (cár-iadch), *s.*, acarreo, transporte.

CARRIED FORWARD (ká-rid fórguard),*adj.*, *v.*, suma y sigue, traspasar.

CARRIER (cár-ier), *s.*, fletero, transportador.

CARRY BACK (kari bak), *v.*, traspasar hacia el ejercicio anterior.

CARRYOVER (kari ouver), *v.*, *s.*, saldos que se traspasan de un ejercicio a otro, saldo, restante.

CARTAGE (cár-tadch), *s.*, acarreo, transporte.

CARTEL (car-tél), *s.*, cartel, agrupación, consorcio.

CARTRIDGE (cár-tridch),*s.*, cartucho, cargador, cassette.

CASE (keis), *s.*, caso, causa, proceso, litigio.

CASH, *s.*, efectivo, al contado. —**ADVANCE** (ad-váns), *s.*, anticipo de contado, dinero adelantado. —**BASIS** (beisis), *s.*, *adv.*, a base de efectivo, al contado.—**COUNT** (kaunt),*s.*, arqueo de caja, auditoría de efectivo. —**DISBURSEMENT** (dis-búrs-ment), *s.*, desembolso en efectivo. —**DISCOUNT** (dís-caunt), *s.*, descuento por pago al contado. —**FLOW** (flou), *s.*, flujo de dinero o de fondos. Movimiento de fondos. —**FLOW FUND** (fand), *s.*, fondo en efectivo, fondo para operaciones. —**ON DELIVERY** (de-lív-eri), *s.*, *adv.*, cobrar o devolver, C. O. D. —**ON THE BARREL** (barel), *s.*, *adv.*, mod., al riguroso contado. —**PRICE** (prais), *s.*, precio de contado. —**REFUND** (rí-fand), *s.*, reembolso o devolución en dinero. —**SALE** (seil), *s.*, venta al contado. —**SHORTAGE** (shór-tadch), *s.*, falta o escasez de dinero, faltante de dinero.

CASHIER (cash-ír), *s.*, cajero, cajera.

CASUALTY (cás-iu-alti), *s.*, accidente, accidentado.

CATALOG (cáta-log), *s.*, *rv.*, catálogo, registro, catalogar, registrar.

CAUSE (kaus), *s.*, causa, litigio.

CAUTION (ká-shon), *s.*, cautela, cuidado.

CAVEAT EMPTOR, latín, el riesgo es para el comprador. "Que se cuide el comprador."

CEDE (sid), *rv.*, ceder, transferir, traspasar.

CEILING (sí-ling), *s.*, cumbre, techo, tope, límite —**PRICE** (prais), *s.*, precio máximo, precio tope.

CELL (sel), *s.*, celda, almacenamiento para una unidad de información en computadoras. **CENSUS** (sen-sas), *s.*, censo, encuesta, conteo.

CENTRAL PROCESSING UNIT, *s.*, **(CPU),** la sección que controla y ejecuta las instrucciones para las computadoras.

CERTIFICATE (ser-tífi-cat), *s.*, certificado, cédula, diploma. **—OF ORIGIN** (ór-idch-in). *s.*, certificado de origen **—OF QUALITY** (kuál-iti), *s.*, certificado de calidad. **—WEIGHT** (gueit), *s.*, certificado de peso.

CERTIFIED (sérti-faid), *adj.*, certificado. **—CHECK,** *s.*, cheque certificado. **—STATEMENT,** (stéit-ment), *s.*, declaración certificada o notarial, acta.

CERTIFY (sér-ti-fai), *rv.*, certificar, dar constancia, verificar.

CESSATION (ses-éi-shon), *s.*, paro, alto, suspensión, cese.

CESSION (sés-shon) *s.*, cesión, entrega.

CHAIN (chein), *s.*, cadena, serie. **—FILE ORGANIZATION** (fail), *s.*, organización de archivos en serie. **—OF COMMAND** (co-mánd), *s.*, cadena de mando, orden de mando. **—OF EVENTS** (e-vénts), *s.*, serie de acontecimientos. **—OF TITLE** (táitl), *s.*, cadena de título, secuencia de posesión legal. **—STORES** (stors), *s.*, cadena de tiendas. **—OF TITLE** (tái-t), *s.*, cadena de título, secuencia de posesión legal. **—STORES** (stors), *s.*, cadena de tiendas.

CHAIR (cher), *s.*, *v.*, silla o símbolo del presidente, dirigir una junta o asamblea.

CHAIRMAN (chér-man), *s.*, presidente de una junta o asamblea.

CHALLENGE (chá-len-dch) *s.*, *v.*, reto, recusación, retar, desafío.

CHAMBER (chéim-ber), *s.*, cámara, grupo, asamblea, salón. **—OF COMMERCE** (có-mers), *s.*, Cámara de Comercio. **—OF DEPUTIES** (dé-piutis), *s.*, Cámara de Diputados.

CHANGE (chéindch), *s.*, *v.*, cambio, feria, cambiar, substituir.

CHANNEL (chán-el), *rv.*, *s.*, canalizar, medio de circulación o flujo, canal, en computadoras el elemento de almacenamiento en serie.

CHANNELS OF DISTRIBUTION (dis-tri-bíu-shon), *s.*, canales, rutas o medios de distribución.

CHANNELING OF EFFORT (é-fort), *s.*, dirección o canalización de esfuerzo. **—OF CAPITAL,** *s.*, la dirección o canalización de capital. **—OF RESOURCES** (rí-sor-ses), *s.*, dirección o canalización de recursos.

CHARACTER (kár-ak-ter), *s.*, carácter, clase, en computadoras uno de un grupo de símbolos.

CHARGE (chardch), *rv.*, *s.*, cargar, cobrar, cargo, cobranza, pupilo. **—ACCOUNT** (ak-áunt), *s.*, cuenta de crédito. **—OFF** (chardch off), *v.*, cancelar una cuenta cargándola a otra.

CHARGEABLE (chárdch-abl), *adj.*, cobrable, cargable.

CHARGES (chárdch-es), *s.*, cargos, cobros, acusaciones.

CHART (chart), *s.*, gráfica, cuadro, mapa, carta.

CHARTER (chár-ter), *s.*, *rv.*, escritura, cuerpo básico de la ley, contratar un medio de transporte. **—A BOAT** (bout), *v.*, contratar un barco. **—PARTY** (parti), *s.*, grupo que viaja en avión, barco o autobús contratado.

—**TRIP** (trip), *s.*, viaje en avión, barco o autobús contratado.

CHATTEL (chá-tel), *s.*, propiedad personal, bienes muebles. —**MORTGAGE** (mór-gadch), *s.*, hipoteca sobre bienes muebles o propiedad personal.

CHEAT (chit), *rv.*, defraudar, engañar.

CHECK, *s.*, *v.*, cheque, checar, revisar, comprobar. —**BOOK** (buk), *s.*, chequera. —**OUT** (aut), *v.*, despedirse, abandonar una actividad. —**SUMMATION** (sam-ei-shon), *s.*, verificación del resumen. —**TO THE BEARER** (bér-er), *s.*, cheque al portador. —**TO THE ORDER OF**, *s.*, cheque a la orden de. —**WI THOUT FUNDS** (guithaut fands), *s.*, cheque sin fondos.

CHECKING ACCOUNT (a-cáunt), *s.*, cuenta de cheques.

CHEMICAL: *adj.*, (kemikal), químico. —**INDUSTRY** *s.*, industria química. —**PRODUCTS** (prá-docts), *s.*, productos químicos

CHICKEN FEED (chi-ken fid), *s.*, mod., cambio, feria, pequeña cantidad de dinero.

CHIEF (chif), *s.*, *adj.*, jefe, director, principal. —**OF PRODUCTION** (prodác-shon), *s.*, jefe de producción. —**OF SALES** (seils), *s.*, jefe de ventas.

CHORE (chor), *s.*, tarea, trabajo, faena

CHRISTMAS BONUS (Kris-mas bonus), *s.*, gratificación de Navidad.

C.I.F. (cost, insurance and freight), *s.*, costo, seguro y flete.

CIRCULAR (sír-kiu-lar), *s.*, circular, panfleto. —**LETTER** (le-ter), *s.*, carta circular.

CIRCULATION (sir-kiu-léi-shon), *s.*, circulación, número de ejemplares distribuidos. —**AUDIT** (á-dit), *s.*, auditoría de la circulación de un periódico.

CITIZENSHIP (síti-zen-ship), *s.*, ciudadanía.

CITY HALL (siti jal), *s.*, Palacio Municipal.

CIVIL (si-vil), *adj.*, civil. —**CODE** (koud), *s.*, código civil. —**LAW** (lau), *s.*, derecho civil, derecho común.

CLAIM (kleim), *s.*, *v.*, reclamación, queja, reclamar.

CLASSIFICATION (clas-ifi-keí-shon), *s.*, clasificación, orden.

CLAUSE (klaus), *s.*, cláusula, artículo, estipulación.

CLEAN (klin), *adj.*, limpio, sin gravamen, sin antecedentes penales. —**UP** (ap), *v.*, hacer limpia, ganar mucho dinero.

CLEAR (klir), *adj.*, *v.*, sin gravamen, limpio, autorizar para que se pague. —**A CHECK**, *v.*, autorizar que se pague una cheque. —**THE WAY** (thi guei), *v.*, abrir camino, eliminar obstáculos.

CLEARING HOUSE (clir-ing jaus), *s.*, cámara o casa de compensación.

CLERK (klerk), *s.*, empleado, dependiente, oficinista.

CLIENT (klai-ent), *s.*, cliente de un profesionista.

CLOCK (klok), *s.*, *v.*, reloj estacionario, medir tiempo.

CLOSED (clouzd), *adj.*, cerrado, limitado. —**COMPANY** (cóm-pani), *s.*, compañía cerrada cuyas acciones no están en venta. **SHOP** (shap), *s.*, empresa con trabajadores agremiados únicamente.

CLOSING: *adj.*, *s.*, cierre, final, clausura. —**BID** (clóuz-ing bid), *s.*, oferta final, postor final. —**ENTRY** (entri), *s.*, asiento de clausura o cierre. —**INVENTORY** (ín-ven-tori), *s.*, inventorio final. —**TIME** (taim), *s.*, tiempo de cierre, la hora para cerrar o cesar actividades.

CLUE (klu), *s.*, pista, guía, sugerencia.

COBOL, *s.*, lenguaje común de programación orientado a los negocios.

CODE (koud), *s.*, código, clave, cifra, sistema de comunicación que consiste en símbolos o señales.

CODING (koud-ing), *s.*, *v.*, codificación, codificar.

COERCION (ko-ér-shon), *s.*, coerción, uso de la fuerza para lograr algo.

COHEIR (có-er), *s.*, coheredero.

COIN (koin), *s.*, *rv.*, moneda, acuñar, idear o inventar.

COLLATE (kó-leit), *rv.*, intercalar, poner en orden numérico.

COLLATERAL (ko-láter-al), *adj.*, *s.*, colateral, garantía, pignoración.

COLLATOR (ko-léit-er), *s.*, intercalador, comparador.

COLLECT (ko-léct), *rv.*, cobrar, recoger. —**CALL** (kal), *s.*, llamada telefónica por cobrar. —**DELIVERY** (de-líveri), *s.*, entrega por cobrar.

COLLECTIBLE (kol-ect-ibl), *abj.*, cobrable. —**AT SIGHT** (at sait), *adj.*, cobrable a la vista. —**ON SPECIAL TERMS**, *adj.*, cobrable con facilidades especiales.

COLLECTION (kol-éc-shon), *s.*, colección, cobro, cobranza, —**DEPARTMENT** (di-párt-ment), *s.*, departamento de cobranzas. —**MANAGER** (mána-dcher), *s.*, jefe de cobranzas. —**RATIO** (réi-sho), *s.*, proporción o porcentaje de cobros.

COLLECTOR (kol-ect-or), *s.*, cobrador, coleccionista, recaudador.

COLUSION (ko-lú-shon), *s.*, cohecho, colusión, confabulación.

COLUMN (kól-ium), *s.*, columna. —**OF FIGURES** (fí-giurs), *s.*, columna de números.

COLUMNAR (kol-ium-nar), *adj.*, columnario. —**SYSTEM** (sis-tem), *s.*, sistema columnario.

CO-MAKER (ko-méik-er), *s.*, codeudor, fiador.

CO-OWNER (oun-er), *s.*, copropietario.

COMBINE (kóm-bain), *s.*, *v.*, unión, agrupación, combinar, agrupar.

COMBINED (kóm-bain), *adj.*, combinado, agrupado. —**EFFORT** (é-fort), *s.*, esfuerzo combinado. —**INCOME** (ín-cam), *s.*, ingresos combinados.

COME OUT EVEN (iven), *v.*, empatar, salir a mano, salir sin pérdida.

COMMERCE (kóm-ers), *s.*, comercio. —**DEPARTMENT** (di-párt-ment), *s.*, Departamento de Comercio, Secretaría de Comercio.

COMMERCIAL (kom-ér-shal), *adj.*, comercial, mercantil. —**BALANCE** (bá-lans), *s.*, balance comercial. —**BANK** (bank), *s.*, banco comercial. —**CENTER** (sén-ter), *s.*, centro comercial. —**CODE** (koud), *s.*, código comercial o mercantil. —**INVOICE** (in-vois), *s.*, factura comercial. —**LAW** (lau), *s.*, ley comercial. —**PAPER** (pei-per), *s.*, documento o letras comerciales y negociables. —**YEAR** (jir), *s.*, año comercial, año de operación comercial. —**ZONE** (zoun), *s.*, zona comercial.

COMMISARY (kómi-seri), *s.*, comisaría, intendencia, tienda.

COMMISSION (com-í-shon), *s.*, comisión, junta, consejo. —**AGENT** (éidchent), *s.*, agente a comisión. —**SALE** (seil), *s.*, venta en comisión.

COMMISSIONER (kom-íshon-er), *s.*, comisionario, jefe, miembro de una comisión.

COMMITTEE (Kom-ít-i), *s.*, comité. —**MEETING** (mít-ing), *s.*, junta del comité. —**MEMBER** (mem-ber), *s.*, miembro del comité.

COMMODITY (kom-ódo-ti), *s.*, comodidad, producto básico. —**EXCHANGE** (ex-chéindch), *s.*, bolsa de productos básicos. —**FLOW** (flou), *s.*, flujo de mercancía. —**FUTURES** (fíu-churs), *s.*, futuros de productos básicos.

COMMON, *adj.*, común, público, civil. —**LAW** (camon lau), *s.*, derecho civil, derecho común o consuetudinario, la antigua ley inglesa. —**CARRIER** (kari-er), *s.*, empresa de transportes públicos. —**SHARES** (shers), *s.*, acciones comunes, acciones con voto. —**STOCK** (stok), *s.*, acciones comunes, acciones con voto.

COMMUNICATE (kom-íu-ni-keit), *rv.*, comunicar, impartir, transmitir.

COMMUNICATION (kom-iu-ni-kéi-shon), *s.*, comunicación. —**SYSTEM** (sís-tem), *s.*, sistema de comunicación —**FACILITIES** (fa-sí-li-tis), *s.*, medios o facilidades para la comunicación. —**SATELLITES** (sat-el-aits), *s.*, satélites para la comunicación.

COMMUNITY (kom-íu-niti), *s.*, comunidad, sociedad. —**PROPERTY** (práper-ti), *s.*, bienes conyugales, bienes mancomunados.

COMMUTATIVE (kom-míu-ta-tiv), *adj.*, conmutativo, relativo a.

COMPACT (kóm-pact), *s.*, *adj.*, automóvil pequeño, compacto, reducido.

COMPANY (cóm-pa-ni), *s.*, compañía, sociedad, empresa. —**IN BANKRUPTCY** (bánk-rop-si), *s.*, compañía en quiebra, empresa en bancarrota. —**IN RECEIVERSHIP** (ri-sív-er-ship), *s.*, compañía insolvente en manos del síndico. —**MANAGEMENT** (mána-dch-ment), *s.*, administración o direc-

ción de una compañía. —**PROFITS** (prá-fits), *s.*, utilidades de la compañía. —**PROGRESS** (prógres), *s.*, progreso de la compañía.

COMPARATIVE (kom-pára-tiv), *adj.*, comparativo, relativo. —**STATEMENT** (stéit-ment), *s.*, estado de cuenta comparativo. —**TRIAL BALANCE** (trái-al bá-lans), *s.*, balance comparativo.

COMPARATOR (kom-pára-tor), *s.*, dispositivo para hacer comparaciones.

COMPENSATE (kóm-pen-seit), *rv.*, compensar, reponer, pagar, igualar.

COMPENSATING BALANCE (bá-lans), *s.*, depósito requerido de cierto porcentaje de un préstamo.

COMPENSATION (kom-pen-séi-shon), *s.*, compensación, indemnización.

COMPETE (kom-pít), *rv.*, competir, luchar.

COMPETENT (kóm-pe-tent), *adj.*, competente, capaz, idóneo. —**LABOR** (lei-bor), *s.*, mano de obra competente, trabajadores competentes. —**MANAGEMENT** (mána-dch-ment), *s.*, gerencia competente, dirección competente.

COMPETITION (kompe-tí-shon), *s.*, competencia, lucha.

COMPETITIVE (kom-pé-ti-tiv), *adj.*, competitivo, dentro de la competencia. —**PRICE** (prais), *s.*, precio competitivo. —**PRODUCT** (pró-dact), *s.*, producto competitivo. —**QUALITY** (kuá-li-ti), *s.*, calidad competitiva.

COMPETITOR (kom-pé-ti-tor), *s.*, competidor, adversario.

COMPILATION (kom-pil-éishon), *s.*, compilación, agrupación, combinación.

COMPILE (kom-páil), *rv.*, compilar, juntar.

COMPILER (kom-páil-er), *s.*, un programa de sistemas que traduce un **SOURCE PROGRAM** a un **MACHINE LANGUAGE PROGRAM**.

COMPLAINT (kom-pléint), *s.*, queja, demanda legal.

COMPLEMENT (kóm-ple-ment) *s.*, complemento, adición, parte de un entero.

COMPLIANCE (kom-plai-ans), *s.*, cumplimiento, obediencia. —BOND, *s.*, fianza para garantizar el cumplimiento de una obligación.

COMPONENT (kom-poú-nent), *s.*, componente, parte, elemento.

COMPOSITION (kompo-sí-shon), *s.*, composición, arreglo.

COMPOUND (kóm-paund), *s.*, *rv.*, compuesto, combinado, combinar, mezclar.

COMPOUNDED (kóm-paund-ed), *adj.*, compuesto, incrementado, capitalizado. —ANNUALLY (án-iu-ali), *adj.*, capitalizado anualmente. —QUARTERLY (kuár-ter-li), *adj.*, capitalizado cada tres meses. —SEMIANNUALLY (semi ánuali), *adj.*, capitalizado semianualmente.

COMPROMISE (kómpro-maiz), *rv.*, *s.*, transar, arreglar, convenir, convenio.

COMPTROLLER (komp-tról-er), *s.*, controlador, contador en jefe.

COMPULSIVE BUYING (kom-páls-iv bái-ing), *s.*, compras compulsivas.

COMPULSARY (kom-pál-sari), *adj.*, obligatorio, forzoso. —CLAUSE (klaus), *s.*, cláusula obligatoria. —PAYMENT (péi-ment), *s.*, pago obligatorio.

COMPUTATION (kom-piu-téi-shon), *s.*, computación, cálculo.

COMPUTE (kom-piut), *rv.*, computar, calcular, determinar matemáticamente.

COMPUTER (kom-píut-er), *s.*, computador, dispositivo capaz de tomar información, aplicar los procesos necesarios y suplir los resultados correspondientes. —PROGRAMMING (prógram-ing), *s.*, programación de o para computador. —SYSTEM (sis-tem), *s.*, la computadora con todos sus artefactos y programas.

CONCEAL (kon-síl), *rv.*, ocultar, esconder.

CONCEALED (kon-sild), *adj.*, oculto, escondido, disfrazado. —ASSETS (asets), *s.*, activo o bienes ocultos. —EARNINGS (ér-nings), *s.*, ingresos o ganancias ocultas. —DIVIDENS (dí-vi-dends), *s.*, dividendos ocultos. —PROFITS (prá-fits), *s.*, utilidades ocultas.

CONCESSION (con-sé-shon), *s.*, concesión, privilegio, licencia.

CONCESSIONAIRE (kon-ses-ion -er), *s.*, concesionario.

CONCILIATION (kon-sili-éi-shon), *s.*, conciliación, solución amistosa. —BOARD (bord), *s.*, junta de conciliación.

CONCURRENT (kon-cúr-ent), *adj.*, concurrente, simultáneamente.

CONDEMN (con-dém), *rv.*, condenar, confiscar, declarar culpable, declarar un edificio inhabitable.

CONDENSE (kon-déns), *rv.*, condensar, abreviar, sumarizar.

CONDENSED (kon-dénst), *adj.*, condensado, abreviado. —BALANCE SHEET (ba-lans shit), *s.*, balance condensado. —INFORMATION (in-forméi-shon), *s.*, información condensada o abreviada. —STATEMENT (stéit-ment), s., declaración sintetizada.

CONDITION (kon-dí-shon), s., condición requisito.

CONDITIONAL (kon-dí-shon-al), adj., condicional, incierto, tentativo. —**ACCEPTANCE** (ak-sép-tans), s., aceptación condicional. —**CLAUSE** (claus), s., cláusula condicional. —**CONTRACT** (cón-tract), s., contrato condicional. —**PAYMENT** (péiment), s., pago condicional. —**SALE** (seil), s., venta condicional. —**SALES CONTRACT**, s., contrato de venta condicional.

CONDOMINIUM (kon-domín-ium), s., condominio.

CONDONE (con-dóun), rv., condonar, perdonar.

CONDUCT (cón-dact), s., v., conducir, manejar, dirigir, conducta.

CONFEDERATION (con-fed-er-éi-shon), s., confederación.

CONFERENCE (cón-fer-ens) s., conferencia, consulta, junta.

CONFIDENCE (cón-fi-dens), s., confianza, seguridad.

CONFIDENTIAL (confi-dén-shal), adj., confidencial, privado, íntimo. —**FILE** (fail), s., archivo confidencial. —**INFORMATION** (in-for-méi-shon), s., información confidencial.

CONFIRM (con-firm), rv., confirmar, ratificar, verificar.

CONFIRMED (con-fírmd), adj., confirmado, ratificado. —**LETTER OF CREDIT** (leter af cre-dit), s., carta de crédito confirmada. —**RESERVATION** (res-er-vei-shon), s., reservación confirmada. —**SALE** (seil) s., venta confirmada.

CONFISCATE (cón-fis-keit), rv., confiscar, expropiar, apropiar.

CONFLICT (kón-flict), s., conflicto, lucha, pleito.

CONFLICTING (kon-flict-ing), adj., en conflicto. —**INTERESTS** (ínter-ests), s., intereses en conflicto.

CONGLOMERATE (con-glómer-at), s., agrupación de varias empresas en distintos campos de acción.

CONGRESS (kon-gres), s., congreso, junta, convención.

CONGRESSIONAL (con-grés-shon-al), adj., congresional. —**ACT**, s., acto o decisión del Congreso de la Nación.

CONJECTURE (con-djéct-iur), s., presunción, suposición, especulación.

CONNECTION (con-éc-shon), s., conexión, asociación, relación.

CONSECUTIVE (con-séc-iu-tiv), adj., consecutivo.

CONSENT (con-sént), s., v., consentimiento, consentir.

CONSEQUENCE (kón-se-kuens), s., consecuencia, resultado.

CONSERVATIVE (kon-sérv-a-tiv), adj., conservador, moderado. —**MANAGEMENT** (mána-dch-ment), s., gerencia o dirección conservadora. —**POLICY** (póli-si), s., política conservadora.

CONSIDERABLE (kon-sí-der-abl), adj., considerable, bastante.

CONSIDERATION (kon-sider-éi-shon), s., consideración, prestación, compensación.

CONSIGN (kon-sáin), v., consigna.

CONSIGNER (kon-sáin-er), s., consignador.

CONSIGNEE (kon-sain-í), s., consignatario.

CONSOLE (kón-soul), s., mueble para aparatos electrónicos, tablero de mando.

CONSOLIDATED (kon-sóli-deit-ed), adj., consolidado, unido, junto. —**EN-**

TERPRISES (énter-práis-es), s., empresas consolidadas. **—STATEMENT** (stéit-ment), s., declaración o balance consolidado. **—SURPLUS** (sír-plas), s., superávit consolidado.

CONSORTIUM (kon-sór-shum) s., grupo de banqueros, agrupación de hombres de negocios.

CONSPIRACY (kons-píra-si), s., conspiración.

CONSTANT PRICE (kon-stant prais), s., precio constante.

CONSTITUTION (kon-sti-tú-shon), s., constitución, carta magna.

CONSTITUTIONAL (kon-sti-tú-shon-al), ajd., constitucional. **—GUARANTEES** (garan-tís), s., garantías constitucionales. **—IMMUNITY** (imiú-ni-ti), s., inmunidad constitucional.

CONSTRAINT (kon-stréint) s., presión, fuerza, compulsión.

CONSTRUCT (kons-tráct), rv., construir, edificar, interpretar.

CONSTRUCTION (kons-trác-shon), s., construcción, estructura, interpretación. **—COSTS** (costs), s., costos de construcción. **—TIME** (taim), s., tiempo necesario para construir.

CONSUL (kón-sul), s., cónsul.

CONSULAR (kón-su-lar), adj., consular. **—INVOICE** (ín-vois), s., factura consular. **—OFFICIAL** (ofí-shal), s., oficial o funcionario consular. **—VISA** (visa), s., visa consular.

CONSULT (kon-sált), rv., consultar.

CONSULTANT (con-sált-ant), s., consejo, asesor.

CONSULTATION (con-salt-éi-shon), s., consulta, consultación.

CONSUME (con-súm), rv., consumir, destruir, terminar.

CONSUMER (con-súm-er), s., consumidor. **—DEMAND** (di-mánd), s.,

demanda del consumidor. **—GOODS** (guds), s., bienes de consumo.

CONSUMER'S, adj., del consumidor. **—LEAGUE** (lig), s., liga o asociación de consumidores. **—MARKET** (már-ket), s., mercado del consumidor. **—PRICE** (prais), s., precio para el consumidor. **—RIGHTS** (raits), s., derechos del consumidor.

CONSUMPTION (con-sámp-shon), s., consumo, uso. **—GOODS** (guds), s., bienes de consumo. **—HABITS** (jáb-its), s., hábitos del consumidor. **—TREND** (trend), s., tendencia del consumo.

CONTAINER (kon-téin-er), s., envase, empaque.

CONTAMINATE (kon-támi-neit), rv., contaminar.

CONTEMPT (con-témpt), s., desprecio, desacato. **—OF COURT** (kort), s., desacato al tribunal, rebeldía.

CONTENTS (cón-tents), s., contenido.

CONTEST (cón-test), s., v., concurso, competencia, concursar, desafiar, disputar.

CONTESTED (cón-test-ed), adj., disputado, peleado. **—DIVORCE** (divórs), s., divorcio disputado o peleado. **—LAW SUIT** (lá sut), s., demanda disputada, pleito disputado. **—WILL** (guil), s., testamento disputado.

CONTINGENT (con-tín-dchent), adj., contingente, condicional.

CONTINGENCY (con-tín-dchen-si), s., contingencia, asunto inesperado.

CONTINUANCE (con-tín-iu-ans) s., continuación, aplazamiento.

CONTRABAND (cóntra-band), s., contrabando.

CONTRACT (cón-tract), s., contrato, convenio. **—LABOR** (lei-bor), s., mano de obra contratada. **—OBLIGATION** (obli-géi-shon), s., obligación o responsabilidad contractual. **—OF**

RECORD (af ré-cord), s., contrato registrado o notarial. —OF SALE (seil), s., contrato de venta. —PENALTY (pén-alti), s., pena o castigo por incumplimiento de contrato. —TERM (term), s., plazo o vigencia de contrato.

CONTRACTEE (con-tract-i), s., contratante.

CONTRACTING PARTIES (pár-tis), s., partes contratantes

CONTRACTOR (con-tráct-or) s., contratista.

CONTRACTUAL (con-tráct-ual), adj., contractual. —COMPLIANCE (complái-ans), s., cumplimiento contractual. —OBLIGATION (obli-géi-shon), s., obligación contracual. —RIGHTS (raits), s., derechos contractuales.

CONTRIBUTE (con-tríb-iut), rv., contribuir, aportar, donar.

CONTRIBUTED (con-trib-iut-ed), adj., contribuido. —CAPITAL (cá-pital), s., capital aportado —SURPLUS (súr-plas), s., superávit pagado o donado.

CONTRIBUTION (contri-bíu-shon), s., contribución, aportación, donación.

CONTRIBUTORY NEGLIGENCE (con-tríb-iut-ori nég-li-dchens), s., negligencia que contribuye a un accidente.

CONTROL: adj., s., v., control, dominio, controlar. —BOARD (bord), s., tablero de control, junta de control. —DATA CENTER (data cénter), s., centro de control de datos. —DEVICE (di-váis), s., plan o método para medir y controlar las operaciones de computación. —PANEL (panel), s., tablero de control. —PRICE (prais), s., precio controlado, precio tope. —UNIT (íu-nit), s., componente que dirige la operación de la computadora paso por paso.

CONTROVERSY (cón-tro-ver-si), s., controvérsia, polémica, desacuerdo.

CONVENE (con-vín), rv., convocar, citar, llamar.

CONVENTION (cor-vén-shon), s., convención, asamblea, junta.

CONVERT (con-vért), rv., convertir, canjear, apoderarse.

CONVERTER (con-vért-er), s., convertidor, unidad que cambia el lenguaje de información de una computadora.

CONVEY (con-véi), rv., transferir, enviar, traspasar, comunicar.

CONVEYANCE (con-véi-ans), s., traslado, traspaso, título, vehículo.

CONVICT (cón-vict), s., rv., convicto, reo, fallo de culpable.

CONVOKE (con-vóuk), rv., convocar, citar, llamar.

CONVOY (cón-voi), s., rv., convoy, acompañar, proteger.

COOPERATE (ko-óper-eit), rv., cooperar.

CO-OWNER (ko-óuner), s., copropietario.

CO—PARTNER (ko-párt-ner), s., cosocio

CO—WORKER (ko-guork-er), s., compañero de trabajo.

COPE (coup), rv., hacer frente a, competir con.

COPY (copi), s., rv., copia, ejemplar, copiar, imitar.

COPYRIGHT (cópi-rait), s., derecho de autor. Registro literario.

CORE (kor), s., -corazón, círculos de metal magnetizado que forman la "memoria" de una computadora.

CORPORATE (cór-por-at), *adj.*, perteneciente a una sociedad o corporación, corporativo. **—ADMINISTRATION** (admin-is-tréi-shon), s., administración corporativa. **—CONTROL** (control), s., control corporativo. **—GAINS** (geins), s., ganancias corporativas. **—HEADQUARTERS** (jéd-kuar-ters), s., oficinas generales de la sociedad. **—IMAGE** (ím-adch), s., imagen de la sociedad, imagen corporativa. **—LOSSES** (loses), s., pérdidas de la sociedad. **—OFFICER** (óf-iser), s., ejecutivo o funcionario corporativo. **—ORGANIZATION** (orga-niz-éi-shon), s., organización corporativa. **—PROFITS** (prá-fits), s., utilidades de la sociedad. **—REGULATIONS** (regiu-léi-shons), s., reglamentos de la sociedad. **—SALES** (seils), s., ventas de la sociedad. **—YEAR** (djir), s., año social, año de actividades corporativas.

CORPORATION (cor-por-éi-shon), s., corporación, sociedad anónima.

CORRECTION ENTRY (koréc-shon), s., asiento de corrección, contra asiento.

CORRELATION (korel-éi-shon), s., correlación.

CORRESPONDENCE (kores-póndens), s., correspondencia.

CORRESPONDENT (kores-pón-dent), s., corresponsal. **—BANK**, s., banco corresponsal.

CORROBORATE (korrób-or-eit), *rv.*, corroborar, confirmar.

CO-SIGNER (ko-sáin-er), s., cofirmante, avala.

COST (cost), s., *iv.*, costo, costar. **—ACCOUNTING** (ak-káunt-ing), s., contaduría de costos. **—PRICE** (prais), s., precio de costo.

COSTING (cóst-ing), s., v., cálculo de costos, contabilidad de costos.

COUNCIL (káun-sil), s., comité, consejo, gabinete, cámara.

COUNSEL (káun-sel), s., consejero, abogado, asesor. **—FOR THE DEFENDANT**, s., defensor, abogado del demandado. **—FOR THE PLAINTIFF**, s., abogado del demandante.

COUNSELLOR (káun-sel-or), s., abogado, consejero.

COUNTER (káun-ter), adj., v., s., contra, oponerse, mostrador. **—ACTION** (ák-shon), s., contra-demanda, contra-ataque. **—BALANCE** (bá-lans), v., s., contra-balancear, contra-balance o ajuste. **—CLAIM** (kleim), s., contra-reclamación, reconvención. **—ENTRY** (entri), s., contraasiento, asiento de reversión, contrapartida **—EVIDENCE** (évi-dens) s., evidencia contraria, refutación. **—MOVE** (muv), s., contracción, contramovimiento.

COUNTERTRADE (cáunter-traid), s., intercambio comercial entre naciones.

COUNTY (cáunti), s., condado.

COURSE (kors), s., curso, dirección, flujo.

COURT (kort), s., corte, tribunal, juzgado. **—DECREE** (di-crí), s., decreto de la corte. **—OPINION** (opín-ion), s., opinión de la corte. **—SENTENCE** (sén-tens), s., sentencia de la corte.

COVENANT (cóv-en-ant), s., v., pacto, contrato, contratar.

COVENANTOR (cóven-ant-or), s., contratante.

COVER (caver), *rv.*, s., cubrir, proteger, ocultar.

COVERAGE (caver-adch), s., protección bajo una póliza de seguro.

CRASH (crash), *rv.*, s., fracaso, fracasar, derrumbar, derrumbe.

CRATE (creit), s., caja de madera para empaque.

CREATING A DEMAND, v., crear demanda para un producto.

CREDENCE (krí-dens), s., creencia, fe.

CREDENTIAIS (cre-dén-shals), s., credenciales, identificación.

CREDIT (kré-dit), s., rv., crédito, confianza, acreditar. **—ACCOUNT** (a-cáunt), s., cuenta de crédito. **—AS-SOCIATION** (aso-shi-éi-shon), s., asociación de crédito. **—BALANCE** (bá-lans), s., saldo acreedor, saldo a favor. **—CARD** (kard), s., tarjeta de crédito. **—DEPARTAMENT** (di-párt-ment), s., departamento de crédito. **—ENTRY** (entri), s., asiento al haber. **—LIMIT** (limit), s., límite de crédito. **—OPERATION** (oper-éi-shon), s., operación o negocio a crédito. **—PO-SITION** (pos-ísh-on), s., posición o situación de crédito. **—PURCHASE** (púr-chas), s., compra a crédito. **—RATING** (réit-ing), s., rango de crédito, clasificación de crédito. **—SALES** (seils), s., ventas a crédito.

CREDITOR (cré-di-tor), s., acreedor.

CRIME (kráim), s., crimen, delito

CRIMINAL: (krími-nal), adj., s., criminal. **—INDICTMENT** (in-dáit-ment), s., acusación penal. **—OFFENSE** (ofens), s., delito penal.

CRISIS (krai-sis), s., crisis, emergencia.

CROOKED (kruk-ed) adj., fraudulento, deshonesto.

CROP INSURANCE (crap in-shúr-ans), s., seguro de cosecha o de siembra.

CROSS (cros), rv., cruzar, oponerse. **—ACTION** (ak-shon), s., contraacción, acción defensiva. **—CLAIM** (kleim), s., contrarreclamación. **—OUT** (aut), v., cancelar, tachar, borrar. **—RATE** (reit), s., tipo de cambio entre tres o más divisas.

CROSSED INTERESTS (ínter-ests), s., intereses cruzados u opuestos.

CRUDE (krud), adj., crudo, sin refinar. **—OIL** (oil), petróleo crudo, aceite sin refinar.

CULPRIT (cál-prit), s., reo, delincuente, culpable.

CUMULATIVE (kíu-miu-lei-tiv), adj., cumulativo, acumulativo. **—DEBTS** (dets), s., deudas u obligaciones acumulativas. **—INTEREST** (in-ter-est), s., intereses acumulativos.

CURRENCY (kúr-ensi), s., divisa, dinero. **—DEVALUATION** (di-val-iu-éi-shon), s., devaluación del dinèro. **—RESERVES** (ri-sérvs), s., reservas de dinero.

CURRENT (kúr-ent), adj., corriente, al día, actual. **—ASSETS** (á-sets), s., activo actual o corriente. **—COSTS** (costs), s., costos corrientes. **—EX-PENSES** (ex-pén-ses), s., gastos corrientes o al día **—FILE** (fail), s., archivo actual o archivo vivo. **—IN-VESTMENT** (in-vest-ment), s., inversión del día. **—LIABILITIES** (lai-a-bíl-itis), s., pasivo actual o circulante. **—OUTLAY** (áut-lei), s., desembolso corriente. **—PRICE** (prais), s., precio actual, precio del día.

CUSTODIAN (cas-tóu-dian), s., custodio, guardían, encargado.

CUSTODY (cás-to-di), s., custodia, cuidado, cargo.

CUSTOMER (cás-to-mer), s., cliente.

CUSTOMHOUSE (cástom-jaus), s., aduana, administración de aduana.

CUSTOM-MADE (castom-méid), adj., hecho a la medida, hechura especial.

CUSTOMS (cás-toms), s., adj., aduana, aduanero, aduanal. **—AGENT** (éi-dchent), s., agente aduanal. **—BRO-KER** (bróu-ker), s., agente aduanal. **—DUTIES** (dú-tis), s., derechos aduanales o arancelarios.

CUT (cat), *s.*, *iv.*, *mod.*, participación o comisión ilegal, separarse, cortar. **—DOWN** (daun), *v.*, *mod.*, reducir, reducir la cantidad. **—IN**, *mod.*, *v.*, arrebatar participación en un negocio. **—OFF** (af), *v.*, mod., separarse, cortar, terminar. **—OUT** (aut), *v.*, *mod.*, retirarse, dejar el negocio.

CYCLE (sái-kel), *s.*, ciclo, grupo de operaciones de computadora repetidas como una unidad.

D

DAILY (déi-li), *adj.*, diariamente, diario. —**EXPENSES** (ex-pén-ses), *s.*, gastos diarios. —**FLUCTUATION** (flack-chu-éi-shon), *s.*, fluctuación diaria. —**OUTPUT** (áut-put), *s.*, producción diaria. —**PRODUCTION** (pro-dác-shon), *s.*, producción diaria. —**QUOTA** (kuota), *s.*, cuota diaria. —**SALES** (seils), *s.*, venta diaria. —**WAGE** (gueidoh), *s.*, sueldo diario.

DAMAGE (dám-adch), *s.*, daño, avería. —**TO THE REPUTATION** (re-piu-téi-shon), *s.*, daño a la imagen o a la reputación.

DAMAGED (dáma-dchd), *adj.*, dañado, lastimado, perjudicado.—**MERCHANDISE** (mér-chan-daiz), *s.*, mercancía dañada. —**VEHICLE** (ví-jicl), *s.*, vehículo dañado o averiado.

DATA (data), *s.*, datos, información. —**FILE** (fail), *s.*, archivo de datos, almacenamiento de datos. —**PROCESSING** (pro-sés-ing), *s.*, proceso de datos.

DATE (deit), *s.*, fecha, día.

DAY: (dei), *adj.*, *s.*, día, diurno. —**LETTER** (dei leter), *s.*, telegrama diurno.—**OFF** (af),*s.*, día de descanso. —**SHIFT** (shift), *s.*, turno de trabajo diurno, jornada.

DEAD (ded) *adj.*, muerto. —**FILE** (ded fail), *s.*, archivo muerto o inactivo. —**TIME** (taim), *s.*, tiempo perdido o muerto.

DEADLINE (déd-lain), *s.*, límite de tiempo para terminar una operación.

DEAL (dil), *s.*, *iv.*, asunto, trato, negociar, tratar.

DEALER (díl-er), *s.*, distribuidor, representante.

DEALERSHIP (dil-er-ship) *s.*, distribución, representación.

DEARTH (derth), *s.*, escasez, carencia.

DEBENTURE (di-bén-chur), *s.*, documento que reconoce una deuda. Bonos oficiales del gobierno. —**BOND**, *s.*, bonos oficiales sin respaldo específico.

DEBIT (dé-bit), *s.*, *rv.*, cargo, débito, debe, debitar, cargar. —**BALANCE** (bá-lans), *s.*, balance o saldo deudor. —**ENTRY** (entri), *s.*, asiento al debe.

DEBRIS (de-brí) *s.*, basura, residuo, chatarra.

DEBT (det), *s.*, deuda, adeudo. —**DUE** (du), *s.*, deuda vencida o pagadera. —**OVERDUE** (óver-du) *s.*, deuda demasiado vencida.

DEBTOR (det-ór), *s.*, deudor. —**IN ARREARS** (in-arírs), *s.*, deudor atrasado en sus pagos.

DEBUG (de-bág), *v.*, remover o reparar fallas, depurar.

DECALITER (déca-liter), *s.*, decalitro.

DECAMETER (déca-miter), *s.*, decámetro.

41

DECEASED (dí-sist), *adj.*, fallecido, muerto.

DECENTRALIZED (di-céntral-aizd), *adj.*, descentralizado. —**COMPANY** (cóm-pani), *s.*, compañía descentralizada.

DECIMAL (dé-ci-mal), *s.*, decimal. —**SYSTEM** (sís-tem), *s.*, sistema decimal.

DECLARATION (de-cla-réi-shon), *s.*, declaración, anuncio, proclamación.

DECLARE (di-klér), *rv.*, declarar, proclarmar, anunciar. —**A DIVIDEND** (dívi-dend), *v.*, declarar un dividendo. —**A STATE OF EMERGENCY** (ei steit af imér-dchen-si), *v.*, declarar un estado de emergencia. —**A STRIKE** (straik), *v.*, declarar una huelga.

DECLARED REVENUE (di-klerd- réven-iu), *s.*, ingresos declarados.

DECLINE (di-cláin), *rv.*, *s.*, declinar, bajar, rehusar, baja, caída. —**IN PRICE**, (prais), *s.*, baja de precio. —**IN PRODUCTION** (pro-dác-shon), *s.*, baja de producción. —**IN PROFITS** (prá-fits), *s.*, baja de utilidades. —**PAYMENT** (péi-ment), *v.*, rehusar el pago.

DECLINING SALES (di-cláin-ing seils), *s.*, ventas en baja.

DECODE (dí-koud), *rv.*, descifrar, convertir una clave en lenguaje común (computadora).

DECREASE (dí-cris), *rv.*, *s.*, disminuir, disminución. —**IN SALARY** (sá-la-ri), *s.*, disminución o baja de salario. —**IN PURCHASING POWER** (púr-chas-ing páu-er), *s.*, disminución en el poder adquisitivo. —**IN PRODUCTION** (pro-dác-shon), *s.*, disminución en producción. —**IN SALES** (seils), *s.*, disminución en ventas.

DECREE (di-krí), *s.*, *rv.*, decreto, decretar.

DEDUCT (di-dáct), *rv.*, reducir, restar, deducir.

DEDUCTIBLE (di-dáct-ibl), *adj.*, deducible, descontable. —**EXPENDITURES** (ex-pénd-i-churs), *s.*, gastos o egresos deducibles. —**TAX** (tax), *s.*, impuesto deducible.

DEDUCTION (di-dác-shon), *s.*, deducción, descuento, reducción.

DEED (did), *s.*, título, escritura.

DEFAME (di-féim) *rv.*, difamar, calumniar.

DEFAULT (di-falt), *s.*, rebeldía, incumplimiento, falta.

DEFECT (dí-fect), *s.*, defecto, vicio.

DEFECTIVE (di-féc-tiv), *adj.*, defectuoso. —**CONTRACT** (cón-tract), *s.*, contrato defectuoso. —**MERCHANDISE** (mér-chan-daiz), *s.*, mercancía defectuosa. —**PROCEEDURE** (prosíd-dchur), *s.*, procedimiento defectuoso. —**TITLE** (tái-tl) *s.*, título defectuoso. —**WORKMANSHIP** (guórk-man-ship), *s.*, mano de obra defectuosa.

DEFENDANT (di-fénd-ant), *s.*, el acusado, el demandado.

DEFER (di-fér), *rv.*, diferir, demorar, retrasar.

DEFERRED (di-férd), *adj.*, diferido, demorado, retrasado. —**DIVIDENDS** (dívi-dends), *s.*, dividendos diferidos. —**EXPENSES** (ex-pén-ses), *s.*, gastos diferidos. —**INCOME** (ín-cam) *s.*, ingresos diferidos. —**PAYMENT** (péy-ment), *s.*, pago diferido. —**LETTER OF CREDIT' S"** carta de crédito con pago diferido. —**REVE—NUE** (ré-ve-niu), *s.*, ingresos diferidos. —**TAXES**, *s.*, impuestos diferidos.

DEFICIENCY (defí-shen-si), *s.*, deficiencia, falta, incapacidad.

DEFICIENT (defí-shent), *adj.*, deficiente, imperfecto. —**EQUIPMENT** (ekuíp-ment), *s.*, equipo deficiente. —**MATERIAL** (ma-tér-ial), *s.*, material deficiente. —**ORGANIZATION** (orga-niz-éi-shon), *s.*, organización deficiente. —**PERSONNEL** (person-él), *s.*, personal ineficiente o inepto.

DEFICIT (défi-sit), *s.*, déficit, exceso del pasivo sobre el activo. —**SPEND-ING** (spénd-ing) *s.*, gastar dinero sin ganarlo.

DEFINE (di-fáin) *rv.*, definir, explicar.

DEFINITE (dé-fin-it), *adj.*, definido, exacto.

DEFINITION (defin-i-shon) *s.*, definición, aclaración.

DEFLATION (di-fléi-shon), *s.*, deflación.

DEFRAUD (di-fráud), *rv.*, defraudar, estafar, engañar.

DEGREE (di-grí), *s.*, grado, licencia profesional, diploma, estado.

DELAY (di-léi), *rv.*, *s.*, demorar, retrasar, demora, retraso, —**IN ANSWE-RING** (án-ser-ing), *s.*, demora en contestar. —**IN PAYMENT** (péi-met), *s.*, demora en pagar, demora de pago. —**INSHIPPING** (shíp-ing), *s.*, demora en embarcar, demora de embarque.

DELEGATE (déle-gat), *s.*, delegado, representante.

DELEGATE (del-géit), *rv.*, delegar.

DELIBERATE (delí-ber-eit), *rv.*, *adj.*, deliberar, deliberadamente, deliberado.

DELINQUENT (del-ín-kuent), *s.*, delincuente, atrasado. —**ACCOUNT** (akáunt), *s.*, cuenta atrasada. —**DEBT** (det), deuda atrasada. —**JUVENILE** (dchúven-ail), *s.*, delincuente juvenil. — **PAYMENT** (péi-met), *s.*, pago atrasado. —**TAXES**, *s.*, impuestos atrasados.

DELIVERY (de-lí-veri), *s.*, entrega, reparto. —**OF MERCHANDISE** (mérchan-daiz), *s.*, entrega de mercancía. —**SYSTEM** (sis-tem), *s.*, sistema de

entregas. —**TIME** (taim), *s.*, tiempo de entrega.

DEMAND (di-mánd), *s.*, *rv.*, demanda, demandar, exigir.

DEMOLISH (di-mól-ish), *rv.*, demoler, destruir, arrasar.

DEMOLISHED (di-mól-isht), *adj.*, demolido, destruido.

DEMONSTRATE (dé-mon-streit), *rv.*, demostrar, enseñar.

DEMONSTRATION (demon-stréishon), *s.*, demostración.

DEMONSTRATOR (demon-stréit-or), *s.*, demostrador.

DEMUR (di-múr), *rv.*, tomar excepción, oponerse.

DEMURRAGE (dimúr-adch), *s.*, (com.) estadía, recargo por no recoger mercancía. —**CHARGES** (chár-dches), *s.*, los cobros por estadía o por demora.

DENOMINATION (di-nom-in-éi-shon), *s.*, denominación.

DENOTE (di-nóut), *rv.*, denotar, significar, indicar.

DENOUNCE (di-náuns), *rv.*, denunciar.

DENOUNCEMENT (di-náuns-ment), *s.*, denuncia.

DENSITY (dén-si-ti), *s.*, densidad, unidades de información almacenadas en un espacio dado (computadoras).

DENY THE ACCUSATION (dinai thi akiu-séi-shon), *v.*, negar la acusación.

DEPARTMENT (di-párt-ment), *s.*, departamento. —**OF AGRICULTURE** (ágri-cal-chur), *s.*, Departamento de Agricultura. —**OF COMMERCE** (kómers), *s.*, Departamento de Comercio. —**OF DEFENSE** (di-féns), *s.*, Departamento de Defensa. —**OF HEALTH** (jelth), *s.*, Departamento de Salubridad. —**OF THE INTERIOR** (intí-rior), *s.*, Departamento del Interior o de Gobernación. —**OF JUSTICE** (djástis), *s.*, Departamento de Justicia.

—OF LABOR (léi-bor), s., Departamento de Trabajo —OF THE POST OFFICE (póust-ofis), s., Administración ó Departamento de Correos. —OF THE TREASURY (tréi-shuri), s., Departamento de la Tesorería. —OF WELFARE (guél-fer), s., Departamento de Bienestar social.

DEPARTAMENTAL (dipart-a-méntal), adj., departamental. —CHIEF (chif), s., jefe de departamento.

DEPEND (di-pénd), rv., depender, confiar, pertenecer. —TOO MUCH (tu mach), v., depender demasiado.

DEPENDANCY (dipénd-an-si), s., dependencia, sucursal.

DEPLETE (di-plít), rv., agotar, acabar.

DEPLETABLE ASSETS (diplít-abl), s., bienes o activo agotable.

DEPLETION (di-plí-shon), s., agotamiento de material, terminación.

DEPLETIVE (di-plí-tiv), adj., agotable, terminable. —ASSETS (á-sets), s., activo agotable.

DEPORT (di-pórt), rv., deportar, expatriar.

DEPOSIT (di-pósit), s., rv., depósito, depositar.

DEPOSITOR (depó-sit-or), s., depositante.

DEPOSITS (depó-sits), s., depósitos, reservas. —OF MERCHANDISE (mér-chan-daiz), s., depósitos o reservas de mercancía. —OF RAW MATERIALS (rá materials), s., depósitos o reservas de materia prima.

DEPOT (dí-po), s., estación, punto de concentración de materiales o equipo.

DEPRECIABLE (diprí-sha-bl), adj., depreciable. —ASSETS (a-sets), s., activo depreciable. —EQUIPMENT (ekuíp-ment), s., equipo depreciable. —INVENTORY (ín-vent-ori), s., inventario depreciable.

DEPRECIATE (dipri-shi-eit), rv., depreciar, bajar de valor.

DEPRECIATION (dipri-shi-éi-shon), s., depreciación. —RATE (reit), s., tipo o proporción de depreciación, tasa de depreciación. —RESERVE (ri-sérv), s., reserva para depreciación.

DEPRECIATED (diprí-shi-eited), adj., depreciado.

DEPRIVE (di-práiv), rv., privar, prohibir, despojar.

DEPRESSION (di-pré-shon), s., depresión económica, retroceso, baja, —CAUSES (kases), s., causas de la depresión. —CONTROL (control), s., control de la depresión.

DEPUTY (dé-piu-ti), s., diputado, delegado, asistente.

DERIVE (di-raív), rv., derivar, originar.

DERIVATIVE (der-ív-a-tiv), s., derivado, derivativo.

DESIGN (di-sáin), rv., s., diseñar, trazar, diseño, dibujo.

DESIGNATE (dés-ig-neit), rv., designar, nombrar, señalar.

DESIGNATED (dés-ig-neit-ed), adj., designado, señalado, nombrado.

DESK COPY (desk copi), s., ejemplar de trabajo.

DETAIL (dí-teil), s., detalle, parte específica.

DETACH (di-tách), rv., desprender, despegar, separar.

DETER (di-tér), rv., impedir, retrasar, detener.

DETRIMENT (detri-ment), s., detrimento, daño, desventaja.

DESTROY (des-trói), rv., destruir, derrumbar.

DESTRUCTION (des-trák-shon), s., destrucción, ruina.

DETERIORATE (det-ér-ior-eit), rv., deteriorar, perder valor.

DETERIORATED (detér-ior-eited), adj., deteriorado.

DETERIORATION (deter-ior-éishon), *s.*, deterioro, pérdida de valor.

DETERMINE (detér-min), *rv.*, determinar, establecer.

DETERMINATION (deter-min-éishon), *s.*, determinación, resolución, decisión.

DEVALUATE (di-vál-iu-eit), *rv.*, devaluar, bajar de valor.

DEVALUATED (di-váliu-eit-et), *adj.*, devaluado. **—MONEY** (mó-ni), *s.*, dinero devaluado.

DEVALUATION (di-valiu-éi-shon), *s.*, devaluación.

DEVELOP (di-vél-op), *rv.*, desarrollar, impulsar.

DEVELOPING (di-vél-op-ing), *adj.*, en desarrollo. **—COUNTRIES** (kón-tris), *s.*, naciones en desarrollo.**—BANK,***s.*, banco para el desarrollo. **—OF AGRICULTURE** (ágri-cal-chur), *s.*, el desarrollo de la agricultura. **OF INDUSTRY** (índas-tri), *s.*, de la industria.

DEVIATE (dí-vi-eit), *rv.*, desviar, salir de lo normal.

DEVICE (di-váis), *s.*, aparato, artefacto, letra de cambio.

DEVISE (di-váiz), *rv.*, idear, inventar, desarrollar, legar una propiedad a través de un testamento,

DEVOLUTION (de-vo-lú-shon), *s.*, devolución.

DIAGRAM (dái-a-gram), *s.*, diagrama, gráfica, dibujo.

DIAMOND (dái-mond), *s.*, diamante, símbolo en forma de diamante indicando que se espera una decisión (computadoras).

DICTATE (díc-teit), *rv.*, dictar, ordenar.

DICTATION (dic-téi-shon), *s.*, dictado.

DICTATOR (dic-téi-tor), *s.*, dictador.

DICTUM (díc-tum), *s.*, juicio, declaración.

DIGEST (dái-dchest), *s.*, *rv.*, sumario, recopilar datos, seleccionar, condensar.

DIGIT (dí-djet), *s.*, dígito, símbolo que representa una cantidad.

DIGITAL COMPUTER (com-píu-ter), *s.*, computadora digital.

DILIGENCE (díli-dchens), *s.*, diligencia, interés.

DIMENSION (dimén-shon), *s.*, dimensión, área, medida.

DIMINISHING (dimín-ish-ing), *adj.*, disminuyendo, decreciendo, desapareciendo poco a poco. **—DEMAND** (di-mánd), *s.*, demanda que está disminuyendo. **—NATURAL RESOURCES** (nách-u-ral rísor-ses), *s.*, recursos naturales que están desapareciendo. **—RETURNS** (ri-túrns), *s.*, utilidades o beneficios que están disminuyendo.

DINGY (dín-dchi), *adj.*, de mal aspecto, sucio.

DIRECT (di-réct), *adj.*, directo. **—ANSWER** (án-ser), *s.*, contestación directa. **—CHARGE** (chardch), *s.*, cargo o cobro directo. **—EXPENSES** (ex-pén-ses), *s.*, gastos directos. **—PAYMENT** (péi-ment), *s.*, pago directo. **—SALE** (seil), *s.*, venta directa.

DIRECTOR (di-réct-or), *s.*, director, jefe.

DIRECTOR'S MEETING (diréct-ors-mít-ing), *s.*, junta de directores, sesión de la junta directiva.

DIRTY (dír-ti), *adj.*, *mod.*, sucio, en computadoras cuando los datos no son correctos.

DISADVANTAGE (dis-advántadch), *s.*, desventaja, perjuicio.

DISALLOW (dis-aláu), *rv.*, desaprobar, denegar, rechazar.

DISALLOWANCE (dis-aláu-ans), s., desaprobación, denegación.

DISALLOWED (dis-aláud), adj., desaprobado, rechazado.

DISASSEMBLE (dís-as-embl), rv., desmontar.

DISASTER (dis-áster), s., desastre, destrucción, fracaso.

DISBURSE (dis-búrs), rv., desembolsar, pagar.

DISBURSEMENT (dis-búrs-ment), s., desembolso, pago.

DISC STORAGE (disc-stór-adch), s., almacenamiento de discos.

DISCARD (dís-card), rv., desechar, descontinuar, descartar.

DISCARDED (dís-carded), adj., desechado, descontinuado. —**EQUIPMENT** (equíp-ment), s., equipo desechado. —**MACHINERY** (ma-shín-eri), s., maquinaria desechada. —**PROCEEDURE** (pro-síd-iur), s., procedimiento descontinuado.

DISCHARGE (dís-chardch), s., v., descargar, despido, disparo, despedir, disparar.

DISCIPLINE (dís-i-plin), s., disciplina.

DISCOUNT (dís-caunt) s., rv., descuento, descontar. —**RATE** (dís-caunt reit), s., tasa de intereses.

DISCOUNTABLE (dis-cáunt-abl), adj., descontable, deducible.

DISCOUNTED (dís-caunted), adj., descontado, deducido. —**NOTES** (nouts), s., letras de cambio descontadas. —**PAPER** (peiper), s., documentos descontados.

DISCREPANCY (dis-krép-ansi), s., discrepancia, cuando la información que acompaña una carta de crédito es insuficiente o equivocada; desacuerdo.

DISCUSS (dis-cás), rv., discutir, dialogar.

DISCUSSION (dis-cásh-ion), s., discusión, plática.

DISFRANCHISE (dis-frán-chaiz), rv., privar de derechos civiles o del voto.

DISHONEST (dis-ónest), adj., deshonesto.

DISINHERIT (dis-in-jér-it), rv., desheredar.

DISINVESTMENT (dís-invest-ment), s., desinversión, retiro de capital.

DISK (disc), s., disco, en computadoras, el disco almacenador de impulsos magnéticos. —**DRIVE** (disc draiv), s., artefacto que transmite o recibe impulsos magnéticos de los discos (computadoras).

DISMANTLE (dis-mántl), rv., desmantelar, desarmar.

DISMISS (dis-mís), rv., despedir, destituir.

DISMISSAL (dismís-al), s., despido, destitución.

DISORDER (dis-órder), s., desorden, irregularidad, enfermedad.

DISPATCH (dís-pach), rv., s., enviar, despachar, envío, mensaje.

DISPERSE (dis-pérs), rv., dispersar, regar, derramar, difundir, esparcir.

DISPERSED (dis-pérsed), adj., disperso, esparcido, derramado.

DISPLACE (dis-pléis), rv., desplazar, reponer, desalojar.

DISPLACEMENT (dis-pléis-ment), s., s., desplazamiento.

DISPLAY (dís-pley), s., v., exhioición, exhibir.

DISPOSE (dis-póus), rv., disponer, deshacer, ceder, mandar.

DISPOSAL (dis-póus-al), s., disposición, eliminación.

DISPOSITION (dis-pos-íshon), s., disposición, orden, acuerdo.

DISPOSSESS (dis-pos-és), rv., desahuciar, lanzar, desalojar, despojar.

DISSENT (di-sént), *s.*, desconformidad, inconformidad, objeción.

DISSENTING OPINION (opín-ion), *s.*, opinión en desacuerdo o contraria.

DISSOLUTION (dis-sol-úshon), *s.*, disolución, separación.

DISSOLVE (dis-ólv), *rv.*, disolver, deshacer, terminar.

DISTRIBUTE (dis-trí-biut), *rv.*, distribuir, repartir, dividir.

DISTRIBUTED (dis-tríb-u-ted), *adj.*, distribuido, repartido. —**DIVIDENDS** (dívi-dends), *s.*, dividendos distribuidos o repartidos. —**PROFITS** (práfits), *s.*, utilidades distribuidas.

DISTRIBUTING (dis-tríb-iut-ing), *adj.*, para distribuir, distribuidora. —**AGENCY** (éi-dchen-si), *s.*, agencia distribuidora.

DISTRIBUTION (dis-tri-bíu-shon), *s.*, distribución.

DISTRIBUTIVE (dis-tríb-iu-tiv), *adj.*, distributivo.

DISTRIBUTOR (dis-tríb-iu-tor), *s.*, distribuidor.

DISTRICT (dís-trict), *s.*, distrito, región. —**ATTORNEY** (a-tór-ni), *s.*; abogado del distrito, fiscal. —**MANAGER** (mána-dcher), *s.*, gerente de distrito.

DISTRUST (dis-trást), *rv.*, *s.*, desconfiar, desconfianza.

DITTO (dito), *s.*, idem., igual.

DIVE (daiv), *rv.*, *s.*, desplomarse, caer súbitamente, desplome, caída.

DIVERT (di-vért), *rv.*, desviar, salir del camino usual, apartar. —**ATTENTION** (atén-shon), *v.*, desviar la atención.

DIVERTED (di-vért-ed), *adj.*, desviado.

DIVIDE (di-váid), *rv.*, dividir, repartir.

DIVISION (di-ví-shon), *s.*, división, partición.

DIVIDEND (dívi-dend), *s.*, dividendo, premio. —**RESERVE** (ri-sérv), *s.*, reserva para dividendos. —**EQUALIZING RESERVE** (íkual-aiz-ing ri-sérv), *s.*, reserva estabilizadora de dividendos.

DIVIDENDS DISTRIBUTED (dis-tríbiuted), *s.*, dividendos distribuidos.

DOCK (dok), *s.*, *v.*, embarcadero, cobrar demasiado.

DOCKET (dók-et), *s.*, el calendario de la Corte, minuta, sumario, actas.

DOCUMENT (dók-iu-ment), *s.*, documento, valor, letra.

DOCUMENTARY (dok-iu-mént-ari), *adj.*, documentario. —**COLLECTION** (kol-éct-shon), cobro sobre documentos o de una factura con documentos anexos.

DOCUMENTATION (dok-iu-ment-éishon), *s.*, documentación. —**PROGRAM** (pró-gram), *s.*, el **FLOW-CHART** con instrucciones para aplicar el programa.

DOLLAR (dó-lar), *s.*, dólar, la unidad básica del sistema monetario de EE.UU. —**ACCOUNT** (ak-áunt), *s.*, cuenta en dólares. —**INDEBTEDNESS** (in-dét-ed-nes), *s.*, deuda en dólares. —**PAYMENT** (péy-ment), *s.*, pago en dólares. —**PURCHASE** (púrchas), *s.*, compra pagada en dólares.

DOMESTIC (dom-és-tic), *adj.*, interno, nacional, —**COMMERCE** (kóm-ers) *s.*, comercio interno —**SALES** (seils), *s.*, ventas domésticas. —**PRODUCT** (prác-dact), *s.*, producto interno.

DOMICILE (dómi-sail), *s.*, domicilio.

DOMINION (dom-ín-ion), *s.*, dominio, control. —**OF CANADA** (af-cána-da), *s.*, Dominio de Canadá.

DONATE (dóun-eit), *rv.*, donar, dar.

DONATED (dóun-eit-ed), *adj.*, donado. —**CAPITAL** (cá-pi-tal), *s.*, capital donado. —**STOCK** (stok), *s.*, acciones donadas.

DONATION (doun-éi-shon), *s.*, donación, dádiva.

DONOR (dóu-nor), *s.*, donante, donador.

DOUBLE (dobl), *adj.*, doble. **—DUTY** (dobl duti), *adj.*, de doble propósito. **—ENTRY** (én-tri), *s.*, asiento doble. **—LIABILITY** (laia-bíli-ti), *s.*, responsabilidad doble., pago doble. **— SHIFT** (shift), *s.*, turno doble de trabajo.

DOUBTFUL ACCOUNT (dáut-ful ak-áunt), *s.*, cuenta dudosa, cuenta mala.

DOURY (dáu-eri), *s.*, dote.

DOWN (daun), *prep., adj.*, abajo, sin movimiento, ocioso, pronto. **—PAY-MENT** (péi-ment), *s.*, primer pago, enganche. **—TIME** (taim), *s.*, el tiempo inoperable de una máquina. Tiempo ocioso.

DOZEN (dá-zen), *s.*, docena.

DRAFT (draft), *s., v.*, giro, orden de pago, croquis, girar, redactar un escrito.

DRAW (drau), *iv.*, girar, retirar, devengar. **—AGAINST** (a-génst), *v.*, girar contra. **—INTEREST** (ínter-est), *v.*, devengar intereses. **—ON**, *v.*, girar contra, girar sobre.

DRAWEE (drau-í), *s.*, persona o banco a quien se le presenta un giro o letra para efectuar su cobro.

DRAWING ACCOUNT (dráu-ing ak-aunt), *s.*, fondo para gastos.

DRAWDOWN (dráu-daun), *v., v.*, girar sobre un fondo específico o el hecho de hacerlo.

DRAYAGE (dréi-adch), *s.*, acarreo, transporte.

DROP (drap), *rv., s.*, bajar, caer, baja, descenso. **—IN THE BUCKET** (drap in thi baket), *s., mod.*, cosa sin importancia.

DRUBBING (dráb-ing), *s.*, una derrota.

DRUM (dram), *rv., s.*, impulsar, promover, barril y tambor de metal. **—UP BUSINES** (dram ap bíz-nes), *v.*, impulsar negocio, promover ventas. **—STORAGE** (stó-radch), *s.*, almacenamiento en tambores o barriles de acero.

DUAL (dúal), *adj.*, doble, binario, gemelo. **—CURRENCY ACCOUNT** (cúr-en-si ak-áunt), *s.*, cuenta pagable en moneda de dos países. **—POSTING** (póust-ing), *s.*, asiento doble del diario al mayor.

DUE (diu), *adj.*, vencido, cobrable. **—ACCOUNT** (ak-áunt), *s.*, cuenta vencida. **—FROM ACCOUNT** (from ak-áunt), *s.*, cuenta cobrable de un banco a otro. **—DUE PROCESS OF LAW** (pró-ses), *s.*, debido procedimiento legal. **—TO ACCOUNT** (diu tu ak-aunt), *s.*, depósito pagadero de un banco a otro. **—TO BANKS** (banks), *s.*, pagadero a bancos, por pagar a bancos.

DUMMY (dami), *s.*, hombre de paja, persona ficticia.

DUMPING (dámp-ing), *s., v.*, exportar a menor precio para eliminar la competencia.

DUPLICATE (dú-pli-keit), *rv.*, duplicar.

DUPLICATOR (dú-pli-kei-tor), *s.*, duplicador, copiador.

DURABLE (dú-ra-bl), *adj.*, durable, resistente.

DURATION (dur-éi-shon), *s.*, duración, vigencia, término.

DURESS (du-rés), *s.*, compulsión, coacción.

DUTIES (dú-tis), *s.*, derechos, cuotas aduanales.

DUTY (dú-ti), *s.*, deber, obligación. **—EXEMPT** (ex-émpt), *adj.*, exento de derechos aduanales. **EXEMPTION** (exémp-shon), *s.*, exención de impuestos aduanales.

DWINDLE (duín-dl), *rv.*, *mod.*, termi-narse poco a poco, disminuir.

DYNAMIC (dai-nám-ic), *adj.*, dinámico.

E

EAGER BEAVER (íger bíver), s., persona demasiado ambiciosa.

EAR-MARK (ír mark), v., mod., señalar, separar, designar.

EAR-MARKED (ir markt) adj., mod., señalado, marcado, separado.

EARN (ern), rv., ganar, devengar (con trabajo).

EARNED (érn-d), adj., ganado, devengado, aprovechado, logrado. —INCOME (íncam), s., ingresos devengados. —PROFITS (prá-fits), s., utilidades devengadas. —SURPLUS (súrplas), s., superávit devengado.

EARNING CAPACITY (capá-siti), s., capacidad para ganar, productividad.

EARNINGS (érn-ings), s., ganancias, utilidades, rentas.

EARTHQUAKE INSURANCE (érth-kueik in-shúr-ans), s., seguro contra terremotos.

EASMENT (is-ment) s., derecho usuario sobre propiedad ajena.

EASTERN (íst-ern), adj., oriental, del oriente.

EASY (ísi), adj., fácil. —MONEY (mó-ney), s., mod., dinero fácil. —PAYMENTS (péi-ments), s., pagos fáciles, pagos en abonos, a plazos.

ECONOMIC (eko-nóm-ic), adj., económico. —ACTIVITY (act-ívi-ti), s., actividad económica. —DEVELOPMENT (di-vélop-ment), s., desarrollo económico. —PLANNING (plán-ing), s., planeación económica. —SITUATION (sit-iu-éi-shon), s., la situación económica. —STABILITY (stabí-liti), s., estabilidad económica.

ECONOMICAL (eko-nómi-cal), adj., económico, de bajo precio.

ECONOMICS (eko-nómics), s., la economía.

ECONOMY (ikón-omi), s., economía, ahorro.

EDICT (í-dict), s., decreto, ley, proclamación.

EDITION (ed-í-shon), s., edición.

EDITOR (édit-or), s., editor.

EDUCATIONAL (ediu-kéi-shon-al), adj., educacional. —ORGANIZATION (orga-niz-éi-shon), s., organización educacional. —PLANS, s., planes educacionales. —TAX, s., impuesto para la educación.

EFFECTIVE (eféct-iv), adj., efectivo, eficiente. —ACTION (ák-shon), s., acción efectiva. —MEASURES (méi-shurs), s., medidas efectivas, pasos efectivos.

EFFICIENCY (efí-shi-ensi), s., eficiencia. —EXPERT (éx-pert), s., perito en métodos de eficiencia. —METHODS (mé-thods), s., métodos de eficiencia.

EFFORT (é-fort), s., esfuerzo, lucha.

EJECT (í-dchect), rv., lanzar, despojar, expulsar.

EJECTMENT (i-dchéct-ment), s., lanzamiento, expulsión.

ELECT (e-léct), rv., elegir, nombrar.

ELECTIVE OFFICER (eléct-iv ófiser), s., oficial o funcionario electivo.

ELECTRIC (eléc-tric), s., adj., eléctrico. **—APPLIANCE** (aplái-ans), s., aparato doméstico eléctrico. **—POWER** (páuer), s., potencia eléctrica. **—SOURCE** (sors), s., fuente de electricidad. **—SUPPLY** (sa-plái), s., abastecimiento de potencia eléctrica.

ELECTRICITY (elect-rí-siti), s., electricidad.

ELECTRONIC (elec-trónic), adj., electrónico. **—COMPUTER** (com-piút-er), s., computadora electrónica. **—COMMUNICATIONS** (comiuni-kéi-shons), s., comunicaciones electrónicas. **—DATA PROCESSING** (data prosés-ing), s., proceso electrónico de datos. **—EQUIPMENT** (equíp-ment), s., equipo electrónico. **—IMPORTS** (ím-ports), s., importaciones de artículos electrónicos. **—INDUSTRY** (ín-das-tri), s., industria electrónica.

ELEMENT (éle-ment), s., elemento, sustancia, componente, factor.

ELEVATOR (éle-vei-tor), s., elevador, ascensor.

ELICIT (el-ícit), rv., extraer, obtener.

ELIMINATE (elím-in-eit), rv., eliminar, desechar, remover.

ELIMINATION (elim-in-éishon), s., eliminación. **—OF OVERHEAD** (óuver-jed), s., eliminación de gastos fijos. **—OF WASTE** (gueist), s., eliminación de desperdicio.

ELIMINATED (elím-in-eited), adj., eliminado.

EMBARGO (em-bárgo), s., embargo.

EMBARRASSED (em-bárast), adj., en apuros, avergonzado. **—FINANCIALLY** (finán-shali), adj., en problemas financieros.

EMBEZZLE (em-bézl), rv., desfalcar, hurtar.

EMBEZZLER (em-bézl-er), s., desfalcador.

EMBEZZLEMENT (em-bézl-ment), s., desfalco, hurto, fraude.

EMBLEM (ém-blem), s., emblema, símbolo, insignia.

EMBRACE (em-bréis), rv., abarcar, contener.

EMBRACES THE FIELD (fild), v., mod., abarca el campo de acción.

EMERGENCY (emér-dchen-si), s., emergencia. **—LOAN** (loun), s., préstamo de emergencia. **—MEASURES** (méi-shurs), s., medidas de emergencia. **—PLAN** (plan), s., plan de acción en caso de emergencias.

EMINENT DOMAIN (émi-nent douméin), s., derecho de expropiación.

EMISSION (em-íshon), s., emisión.

EMIT (emit), rv., emitir. **—BONDS** (bonds), v., emitir bonos, poner bonos a la venta. **—SECURITIES** (seciúr-itis), v., poner valores a la venta.

EMITION OF STOCK (emí-shon af stok), s., emisión de acciones.

EMPLOY (em-plói), rv., emplear, ocupar, contratar.

EMPLOYEE (emploi--í), s., empleado. **—BENEFITS** (béne-fits), s., prestaciones para los empleados. **—WITH SENIOR RIGHTS** (guith sinior raits), s., empleado de planta o con derechos de antigüedad.

EMPOWER (em-páu-er), rv., apoderar, autorizar.

EMPLOYER (emploi-er), s., patrón, jefe, amo.

ENACT (en-áct), rv., decretar, ordenar, aprobar una ley.

ENCLOSE (en-clóus), rv., anexar, incluir.

ENCLOSURE (en-clóushur), s., anexo, recinto.

ENCODE (en-kóud) *rv.*, codificar, poner en clave.

ENCUMBER (en-cám-ber), *rv.*, gravar, afectar.

ENDEAVOR (en-dé-vor), *rv.*, *s.*, esfuerzo, lucha, luchar, esforzarse.

ENDORSE (en-dórs), *rv.*, endosar, apoyar, recomendar.

ENDORSER'S LIABILITY (en-dórs-ers laia-bíliti), *s.*, responsabilidad del endosante.

ENDOW (en-dáu), *rv.*, dotar, dar en herencia, donar.

ENDOWMENT (endáu-ment), *s.*, donación, fondo para la caridad. **—COLLEGE** (cól-edch), *s.*, colegio establecido con dotación privada.

ENERGY (éner-dchi), *s.*, energía. **—COSTS** (costs), *s.*, costos de energía. **—CRISIS** (krái-sis), *s.*, crisis de la energía.

ENFORCE (en-fórs), *rv.*, hacer cumplir, ejecutar dar fuerza poner en vigor.

ENFORCEABLE (enfórs-abl), *adj.*, exigible, ejecutable. **—CONTRACT** (cón-tract), *s.*, contrato exigible o ejecutable. **—OBLIGATION** (obligéi-shon), *s.*, obligación ejecutable o exigible.

ENFRANCHISE (en-frán-chaiz), *rv.*, dar licencia o permiso, otorgar poder, otorgar el poder de votar.

ENGAGEMENT (en-géi dch-ment), *s.*, cita importante, compromiso.

ENGINE (én-dchin), *s.*, máquina, ingenio, motor de combustión interna.

ENGINEER (en-dchin-ír), *s.*, ingeniero.

ENGINEERED (endchin-írd), *adj.*, diseñado, proyectado, ideado.

ENGINEERING (endchin-ír-ing), *s.*, ingeniería. **—DEPARTMENT** (dipárt-ment), *s.*, departamento de ingeniería.

ENGRAVE (en-gréiv), *rv.*, grabar en madera u otro material, esculpir.

ENHANCE (en-jáns), *rv.*, aumentar, incrementar, mejorar.

ENHANCEMENT (en-jáns-ment), *s.*, aumento, incremento, mejoría.

ENJOIN (en-dchóin), *rv.*, prohibir, restringir.

ENJOYMENT (endchói--ment), *s.*, goce, disfrute.

ENLARGE (en-lárdch), *rv.*, aumentar, ampliar, extender.

ENLARGEMENT (en-lárdch-ment), *s.*, amplificación.

ENROLL (en-rol), *rv.*, matricular, inscribirse.

ENROLIMENT (en-ról-ment), *s.*, matriculación, inscripción.

ENSUE (en-sú), *rv.*, resultar, suceder, seguir.

ENTER (en-ter), *rv.*, hacer un asiento contable, entrar. **—IN THE BOOKS**, *v.*, hacer un asiento en libros. **—IN BUSINESS** (bís-nes), *v.*, entrar en un negocio.

ENTRY (entri), *s.*, entrada, asiento.

ENUMERATE (enum-er-eit), *rv.*, enumerar, contar.

ENUMERATION (enum-er-éishon), *s.*, enumeración, recapitulación.

ENVELOPE (én-vel-oup), *s.*, sobre, envoltura.

ENVIRONMENT (en-váiron-ment), *s.*, ambiente, atmósfera, los alrededores.

EQUALIZE (í-kual-aiz), *rv.*, igualar, compensar, nivelar.

EQUALIZATION (i-kual-izéi-shon), *s.*, compensación, nivelación, establilización.

EQUIP (e-kuíp), *rv.*, equipar, surtir.

EQUIPMENT (e-kuíp-ment), *s.*, equipo.

EQUITABLE (équi-tabl), *adj.*, justo, equitativo.

EQUITY (é-quiti), s., justicia, equidad, derechos de propiedad.

EQUIVALENT (equí-valent), s., adj., equivalente, igual.

ERA (ira), s., época, tiempo.

ERASE (i-réis), rv., borrar, tachar, eliminar.

ERRONEOUS (eró-neos), adj., erróneo, equivocado.

ERROR (ér-or), s., error, equívoco.

ERRORS AND OMISSIONS, s., errores e omisiones.

ESCALATION (es-cal-éishon), s., escalación, aumento paso por paso.

ESCAPE (es-kéip), rv., s., escapar, escape. —**CLAUSE** (klaus), s., claúsula de un contrato que libera al firmante de responsabilidades en ciertas circunstancias.

ESCROW (és-krou), s., plica, depósito en fideicomiso.

ESSENCE (és-ens), s., la condición esencial de un contrato.

ESTABLISH (es-táb-lish), rv., establecer, confirmar, construir. —**A CORPORATIVE IMAGE**, v., crear una imagen corporativa. —**CREDIT** (krédit), v., establecer crédito.

ESTABLISHMENT (estáb-lish-ment), s., (mod.) establecimiento, el grupo en control, el sistema.

ESTATE (es-téit), s., herencia, bienes heredados, patrimonio. —**ADMINISTRATION** (admin-is-tréishon), s., administración de una herencia o patrimonio. —**PROBATE** (pro-beit), s., adjudiciar la herencia o el patrimonio.. —**TAXES** (taxes), s., impuestos sobre sucesiones o herencias.

ESTIMATE (ésti-meit), rv., s., estimar, calcular, estimación, cálculo.

ESTIMATED (esti-meit-ed), adj., estimado, calculado, aproximado.

—**COST** (cost), s., costo estimado o aproximado. —**LOSS** (los), s., pérdida estimada o aproximada. —**PROFIT** (prá-fit), s., utilidad estimada o aproximada. —**SALES** (seils), s., ventas estimadas o aproximadas.

ESTOP (es-tóp), rv., impedir, prevenir, parar.

ESTOPPEL (es-tóp-el), s., impedimento, preclusión. —**BY LACHES** (estópel bai lách-es), s., impedimento por negligencia. —**BY SILENCE** (sái-lens), s., impedimento por silencio.

ET AL (latín), y otros, y asociados.

ET CETERA (et cétera), s., etcétera.

ETCH (ech), rv., grabar, hacer una marca permanente.

ETHICS (é-thics), s., ética, moralidad.

ETHICAL (éthic-al), adj., con ética. —**BEHAVIOR** (bi-jéi-vior), s., comportamiento con ética. —**STANDARDS** (stánd-ards), s., normas impuestas por la ética.

EURO (iú-ro), abr., adj., europeo. —**BOND** (bond), s., eurobonos, bonos emitidos para obtener eurodólares. —**CURRENCY** (kúr-ensi), s., depósitos en divisas europeas logradas contablemente sin traslado actual. —**DOLLARS** (dó-lars), s., eurodólares dólares depositados en bancos europeos, dólares resultantes de un balance adverso comercial respecto a EE. UU. —**LEAGUE** (lig), s., liga europea. —**MARKET** (már-ket), s., euromercado, mercado europeo.

EVACUATE (e-vák-iu-eit), rv., evacuar, abandonar.

EVADE (i-véid), rv., evadir.

EVALUATE (e-vál-iu-eit), rv., evaluar, valorar, tasar.

EVALUATION (e-valiu-éishon), s., evaluación. —**OF THE POLITICAL SITUATION**, s., evaluación de la situación política.

EVASION (e-véi-shon), *s.*, evasión, escape.

EVENT (e-vént), *s.*, evento, acontecimiento, suceso.

EVENTUAL (evént-iu-al), *adj.*, eventual, contingente, fortuito

EVICT (i-víct), *rv.*, desalojar, desplazar, lanzar.

EVIDENCE (évi-dens), *s.*, evidencia, prueba.

EVIDENTIAL (evi-den-shal), *adj.*, probatorio.

EXACT (ex-áct), *adj.*, exacto. —QUALITY (kuáli-ti), *s.*, calidad exacta. —QUANTITY (kuánti-ti), *s.*, cantidad exacta.

EX CONTRACTU (latín), por contrato, contractual.

EX DELICTO (latín), por delito.

EX POST FACTO (latín), posterior al hecho.

EXAMINATION (ex-am-in-éishon), *s.*, examen, prueba.

EXAMINE (ex-ám-in), *rv.*, examinar, probar.

EXAMINER (ex-ámin-er), *s.*, examinador, inspector, investigador.

EXCEED (ex-síd) *rv.*, exceder, superar.

EXCEPTION (ex-sep-shon), excepción, salvedad, objeción.

EXCESS (ex-és), *s.*, exceso, inmoderación. —BAGGAGE (bág-adch), *s.*, exceso de equipaje. —INVENTORY (ín-vent-ori), *s.*, excedente de inventario o de existencias. —PROFITS (prá-fits), *s.*, exceso de utilidades, utilidades excesivas. —PROFITS TAX (prá-fits tax), *s.*, impuesto sobre utilidades excesivas.

EXCESSIVE (ex-sés-iv), *adj.*, excesivo. —PRICE (prais), *s.*, precio excesivo. —PROFIT (prá-fit), *s.*, utilidad excesiva.

EXCHANGE (ex-chéindch), *rv.*, *s.*, canjear, cambiar, cambio, canje, bolsa.

—VALUE (vá-liu), *s.*, valor de cambio.

EXCISE TAX (éx-aiz), *s.*, impuesto sobre la venta de cierta mercancía dentro del país.

EXCLUSIVE (ex-clús-iv), *adj.*, exclusivo, único. —AGENT (éi-dchent), *s.*, agente exclusivo. —DEALER (díl-er), *s.*, distribuidor exclusivo. —FRANCHISE (frán-chaiz), *s.*, franquicia exclusiva. —REPRESENTATION (repre-sent-éishon), *s.*, representación exclusiva.

EXECUTE (éxe-kiut), *rv.*, ejecutar, efectuar.

EXECUTIVE (exé-kiu-tiv), *s.*, ejecutivo, el presidente de la nación. —DECREE (decrí), *s.*, decreto ejecutivo o presidencial. —POWER (páuer), *s.*, poder ejecutivo. —WASH ROOM (guásh rum), *s.*, mod., broma para ridiculizar la costumbre de tener "comedor ejecutivo", "sala ejecutiva", etc. Este significa "sanitario ejecutivo."

EXECUTOR (exé-kiu-tor), *s.*, albacea, administrador de una herencia. —APPOINTED BY THE COURT, *s.*, albacea dativo, albacea nombrado por la Corte.

EXEMPT (ex-émpt), *adj.*, *s.*, exento, libre, eximir.

EXEMPTION (ex-émp-shon), *s.*, exención, libertad de compromiso.

EXERCISE (éx-er-saiz), *s.*, *v.*, ejercicio, ejercitar, hacer uso de los derechos, —CONSTITUTIONAL RIGHTS, *v.*, hacer uso de los derechos constitucionales.

EXHAUST (ex-ást), *rv.*, agotar, terminar, fatigar.

EXHAUSTED (exást-d), *adj.*, agotado, terminado, cansado. —MERCHANDISE (mérch-an-daiz), *s.*, mercancía agotada. —**STOCK** (stak), *s.*, existencias agotadas.

EXHIBIT (ex-íbit), *rv.*, *s.*, exhibir, exhibición, objeto que se exhibe.

EXHIBITION (exibí-shon), *s.*, exhibición. —**MATERIAL** (ma-tér-ial), *s.*, material para exhibir. —**SPACE** (speis), *s.*, espacio para la exhibición.

EXORBITANT (ex-órbit-ant). *adj.*, excesivo, inmoderado, exorbitante.

EXPAND (ex-pánd), *rv.*, extender, ampliar.

EXPANSE (ex-páns), *s.*, campo, área.

EXPANSION (ex-pán-shon), *s.*, expansión, extensión, aumento. —**PLANS** (plans, *s.*, planes para expansión.

EXPANSIVE (ex-pán-siv), *adj.*, amplio.

EXPEDIENT (ex-píd-ient), *s.*, *adj.*, expediente, oportuno, conveniente.

EXPEDITE (éx-pe-dait), *rv.*, acelerar, apresurar, dar preferencia a un trabajo; expedito.

EXPENDABLE (ex-pén-dabl), *adj.*, expendible, consumible, sacrificable. —**MERCHANDISE** (mér-chan-daiz), *s.*, mercancía expendible. —**MONEY** (mó-ni), *s.*, dinero sacrificable. —**PERSONNEL** (per-sonél), *s.*, personal expendible o sacrificable. —**SHARES** (shers), *s.*, acciones expendibles, acciones amortizables.

EXPENDITURES (expénd-i-churs), *s.*, gastos, egresos.

EXPENSE (ex-péns), gasto, erogación. —**ALLOWANCE** (aláu-ans), *s.*, asignación para gastos o viáticos. —**ANALYSIS** (aná-li-sis), *s.*, análisis de los gastos. —**BUDGET** (bád-chet), *s.*, presupuesto de gastos.

EXPENSES ACCRUED (ak-rúd), *s.*, gastos acumulados.

EXPENSIVE (ex-pén-siv), *adj.*, caro, costoso.

EXPERIENCE (ex-pér-iens), *s.*, experiencia.

EXPERIENCED (ex-pér-ienst), *adj.*, experimentado, entrenado, con experiencia, capacitado.

EXPERIMENTAL (ex-peri-méntal), *adj.*, experimental. —**COSTS** (costs), *s.*, costos de experimentación. —**RESULTS** (ri-sálts), *s.*, resultados de la experimentación.

EXPERT (éx-pert), *s.*, experto, perito. —**OPINION** (opín-ion), *s.*, opinión experta, peritaje.

EXPERTISE (exper-tíz), *s.*, técnica, experiencia.

EXPIRE (ex-páir), *rv.*, vencerse, terminarse, caducar.

EXPIRATION (ex-pi-éishon), *s.*, vencimiento, terminación.

EXPIRED (ex-páird), *adj.*, vencido, terminado, caducado. —**CONTRACT** (cón-tract), *s.*, contrato vencido o caducado. —**LETTER OF CREDIT**, *s.*, carta de crédito vencida o caducada. —**TIME** (taim), *s.*, tiempo vencido.

EXPLANATION (ex-plan-éishon), *s.*, explicación, aclaración.

EXPLOIT (ex-plóit), *s.*, *v.*, hecho, logro, explotar, obtener provecho.

EXPLOITATION (ex-ploit-éishon), *s.*, explotación.

EXPORT (ex-port), *s.*, *v.*, exportación, exportar. —**COSTS** (costs), *s.*, costos de exportación. —**FACILITIES** (facíl-i-tis), *s.*, facilidades para exportar. —**LOAN** (loun), *s.*, préstamo para financiar exportaciones. —**MARKETS** (már-kets), *s.*, mercados de exportación. —**PERMIT** (pér-mit), *s.*, permiso de exportación. —**PROCEEDURE** (pro-síd-iur), *s.*, procedimiento para exportar. —**PRODUCTS** (prá-dacts), *s.*, productos para exportación. —**QUALITY** (quá-li-ti), *s.*, calidad de exportación. —**SALES** (seils), *s.,* ventas de exportación. —**SHIPMENTS** (shíp-ments), *s.,* embarques para exportación.

EXPORT-IMPORT BANK, *s.,* banco para impulsar las exportaciones e importaciones.

EXPORTATION (export-éi-shon), *s.,* exportación.

EXPOSE (ex-póus), *rv.,* exponer, exhibir, revelar.

EXPOSED (ex-póusd, *adj.,* expuesto, exhibido, revelado.

EXPOSITION (ex-pos-íshon), *s.,* exposición, exhibición.

EXPRESS (ex-prés), *rv., s.,* expresar, expresión, servicio de carga rápida, específico. —**AGREEMENT** (agrí-met), *s.,* convenio explícito. —**CONDITION** (con-dí-shon), *s.,* condición explícita o específica.

EXTEMPORANEOUS (extem-poréin-ios), *adj.,* extemporáneo, espontáneo.

EXTEND (ex-ténd), *rv.,* extender, ofrecer, emitir, expedir.

EXTENSION (ex-tén-shon), *s.,* extensión. —**OF TIME** (af-taim), *s.,* extensión o ampliación del plazo, prórroga.

EXTENSIVE (ex-tén-siv), *adj.,* extensivo, amplio.

EXTENT (ex-tént), *s.,* alcance, cantidad, posibilidad.

EXTERIOR (ex-tér-ior), *s., adj.,* exterior, el extranjero.

EXTERMINATE (ex-tér-min-eit), *rv.,* exterminar, aniquilar, abolir.

EXTERNAL (ex-tér-nal), *adj.,* externo. —**AUDIT** (á-dit), *s.,* auditoría externa. —**CONTROL** (con-trol), *s.,* control externo.

EXTORT (ex-tórt), *rv.,* extorsionar, obtener por la fuerza.

EXTORTION (ex-tór-shon), *s.,* extorsión.

EXTRA (extra), *adj.,* extra, superior, adicional. —**QUALITY** (quá-liti), *s.,* calidad extra o superior.

EXTRACURRICULAR (extra-curricular), *adj.,* fuera de lo programado.

EXTRACT (éx-tract), *s., rv.,* extracto, porción, extraer.

EXTRACTION (extrác-shon), *s.,* extracción, derivación, origen, lo extraído.

EXTRADITION (extra-díc-shon), *s.,* extradición.

EXTRAORDINARY (extra-órdi-neri), *adj.,* extraordinario.

ESTRAVAGANT (extrá-va-gant), *adj.,* extravagante, derrochador.

EXTRINSIC (ex-trín-sic), *adj.,* extrínseco, objetivo, foráneo.

EXTRUDE (ex-trúd) *rv.,* forzar, empujar.

EYE WITNESS (áy guit-nes), *s.,* testigo ocular.

F

FABRIC (fá-bric), s., tela, material.

FABRICATE (fáb-ri-keit), rv., fabricar, construir, inventar.

FACE VALUE (feis-vál-iu), s., adj., valor nominal.

FACILITIES (fasíl-itis), s., facilidades, instalaciones.

FACSIMILE (fak-símili), s., facsímile, reproducción.

FACT (fact), s., hecho, verdad.

FACTION (fác-shon), s., grupo combinación, partido.

FACTOR (fác-tor), s., factor, corredor, representante.

FACTORY (fác-tori), s., fábrica, factoría. —**BUILDINGS** (bíld-ings) s., edificios de la fábrica. —**EQUIPMENT** (equíp-ment), s., equipo de la fábrica. —**MACHINERY** (ma-shín-eri), s., maquinaria de la fábrica.—**PERSONNEL** (person-él), s., personal de la fábrica. —**SITE** (sait), s., local o ubicación de la fábrica.

FACULTY (fá-cul-ti), s., facultad, habilidad, aptitud, conocimiento.

FAD (fad), s., novedad, moda, manía.

FAIL (feil), rv., fracasar, quebrar.

FAILURE (féil-iur), s., fracaso, quiebra, incumplimiento. —**TO COMPLY** (tu complái), s., falta de cumplimiento.

FAIR (fer), s., adj., feria, justo, correcto. —**RETURN** (ri-túrn), s., rendimiento justo. —**PRICE** (prais), s., precio justo. —**TREATMENT** (trítment), s., trato justo.

FAITHFTUL (feith-ful), adj., fiel.

FAITHFULLY YOURS (féith-fuli yurs), adj. Suyo sinceramente, atentamente.

FAKE (feik), s., impostor, cosa falsa o falsificada, imitación.

FALL (fal), iv., s., caer, caída, baja. —**DUE** (du), v., vencerse, cobrable en determinada fecha.

FALSE (fals), adj., falso, falsificado. —**INVOICES** (in-vóis-es), s., facturas falsas o falsificadas. —**MONEY** (mónei), s., dinero falsificado. —**PASSPORT** (pas-port), pasaporte falsificado.

FANCY (fansi), adj., calidad regular o aceptable. —**GRADE** (greid), adj., calidad regular o aceptable.

FARM (farm), s., granja, finca, hacienda.—**ASSOCIATION** (aso-shi-éi-shon), s., asociación o unión agrícola. —**LOAN** (loun), s., préstamo agrícola. **MACHINERY** (ma-shín-eri), s., maquinaria agrícola. —**PRODUCTS** (prád-acts), s., productos agrícolas. —**WORKERS** (guórk-ers), s., trabajadores agrícolas.

FARMER (farm-er), s., agricultor, granjero.

FASHION (fá-shion), s., moda, costumbre.

FAVORABLE (féi-vor-abl) adj., favorable. —**BALANCE OF TRADE** (balans af treid), s., balance favorable del comercio exterior. —**CONDI-**

59

TIONS (con-dí-shons), condiciones favorables.

FAVOR OF (feivor av), *adj.*, a favor de.

FEASIBLE (fís-ibl), *adj.*, factible, posible.

FEATURE (fí-chur), *s.*, aspecto, calidad, cualidad.

FEDERAL (fé-deral), *adj.*, federal. **—AID PROGRAM** (eid program), *s.*, programa de ayuda o apoyo federal. **—ASSISTANCE** (asíst-ans), *s.*, asistencia o ayuda federal. **—BUREAU OF INVESTIGATION** (biu-ro af inves-ti-geishon), *s.*, Departamento Federal de Investigación (F.B.I.). **—CONTROL** (con-trol), *s.*, control federal. **—JURISDICTION** (juris-dícshon), *s.*, jurisdicción federal. **—PROJECT** (pró-ject), *s.*, proyecto federal. **—REGULATION** (regiu-lai-shon), *s.*, reglamento federal. **—RESERVE** (ri-sérv), *s.*, reserva monetaria federal. **—TAX** (tax), *s.*, impuesto federal. **—SUBSIDY** (sáb-si-di), *s.*, subsidio federal.

FEDERATION (feder-ei-son), *s.*, federación.

FEE (fi), *s.*, cuota, honorario.

FEE SIMPLE (sím-pl), *s.*, dominio absoluto de propiedad.

FEED (fid), *iv.*, *s.*, alimentar, surtir, comida para animales.

FEEDBACK (fid-bak), *s.*, retroalimentación.

FEET (fit), *s.*, pies, medida de doce pulgadas o 30.5 cm. **—PER MINUTE** (per mín-ut), *s.*, pies por minuto.

FELONY (fél-oni), *s.*, delito mayor.

FIDELITY (fi-dél-iti), *s.*, fidelidad, lealtad. **—BOND** (bond), *s.*, fianza de fidelidad.

FIDUCIARY (di-dú-shi-eri), *adj.*, fiduciario.

FIELD (fild), *s.*, campo de acción, giro, área. **—OFFICE** (ofis), *s.*, oficina de campo, sucursal. **—OPERATIONS** (oper-éi-shons), *s.*, operaciones de campaña o externas. **—WORK** (guork), *s.*, trabajo de campo o externo.

FIFO (first in first out), *s.*, primeras entradas, primeras salidas.

FIGURE (fíg-iur), *s.*, *rv.*, figura, cifra, número, calcular, estimar.

FILE (fail), *s.*, *rv.*, archivo, archivar, presentar un documento para trámite. **—CLERK** (klerk), *s.*, archivista. **—COPY** (copi), *s.*, copia para el archivo. **—FOLDER** (fóul-der), *s.*, carpeta de archivo. **—STORAGE** (stóradch), *s.*, almacenamiento para archivos.

FILING (fáil-ing), *adj.*, para archivar. **—CABINET** (fáil-ing-cábi-net), *s.*, archivero. **—CLERK** (klerk), *s.*, archivista. **—SYSTEM** (sís-tem), *s.*, sistema de archivar.

FILL (fil), *rv.*, llenar, surtir, cumplir los requisitos. **—AN ORDER** (or-der), *s.*, surtir un pedido. **THE JOB** (thi jab), *v.*, cumplir con el trabajo.

FILM (film), *s.*, película, película de cine.

FINAL (fai-nal), *adj.*, final, último. **—INVENTORY** (ín-ven-tori), *s.*, inventario final, inventario de cierre. **—PAYMENT** (péi-ment), *s.*, pago final, pago total, liquidación. **—TOUCH** (toch), *s.*, el toque final.

FINANCE (fi-náns), *s.*, *v.*, finanza, financiar.

FINANCIAL (finán-shal), *adj.*, financiero, relativo a la finanza. **—ADMINISTRATION** (admin-is-tréi-shon), *s.*, administración financiera. **—ASPECT** (ás-pect), *s.*, el aspecto financiero. **—BUDGET** (bá-dchet), *s.*, presupuesto financiero. **—CENTER**

(cent-er), *s.*, centro financiero.
—**CONSULTANT** (con-súlt-ant), *s.*, consejero financiero, asesor financiero. —**CHARGES** (chár-dches), *s.*, cargos financieros. —**CHART** (chart), *s.*, gráfica o cuadro financiero. —**EXPENSE** (ex-péns), *s.*, gasto financiero. —**EXPERT** (ex-pert), *s.*, experto financiero. —**FORECAST** (fór-kast), *s.*, pronóstico financiero. —**HEDGING** (jéd-ching), *s.*, maniobras defensivas financieras. —**INFORMATION** (in-form-éi-shon), *s.*, información financiera. — **POSITION** (pos-í-shon), *s.*, condición o estado financiero. —**REGULATIONS** (re-giu-léi-shons), *s.*, reglamentos financieros. —**STATEMENT** (stéit-ment), *s.*, estado financiero, declaración financiera.
FINANCIALLY (finán-shali), *adj.*, *adv.*, financieramente. —**EMBARRASSED** (em-bár-ast), *adj.*, con problemas financieros. —**SOUND** (saund), *adj.*, solvente.
FINANCIER (finans-ír), *s.*, financiero.
FINDING (fáind-ing), *s.*, fallo de la Corte, resolución.
FINE (fain), *s.*, multa, castigo.
FINGERPRINT (finger-print), *s.*, huella digital.
FIRM (firm), *adj.*, *s.*, sólido, firme empresa. —**NAME** (neim), *s.*, nombre de la empresa. —**OFFER** (ófer), *s.*, oferta en firme. **ORDER** (ór-der), *s.*, pedido en firme. —**PRICE** (prais), *s.*, precio en firme.
FIRST: *adj.*, primero, anterior —**CLASS** (first clas), *adj.*, de primera clase o calidad —**IN FIRST OUT**, *adj.*, primeras entradas, primeras salidas. —**MORTGAGE** (mórgadch), *s.*, primera hipoteca. —**BONDS** (first morgadch bonds), *s.*, bonos o títulos sobre primeras hipotecas.
FISCAL (fis-cal), *adj.*, fiscal, relativo a finanza o hacienda. —**ACCOUNTING** (ak-áunt-ing), *s.*, contaduría fiscal. —**AGENT** (éi-dchent), *s.*, funcionario o agente fiscal. —**DECLARATION** (decla-réi-shon), *s.*, declaración fiscal. —**MATTERS** (mát-ers), *s.*, asuntos fiscales. —**PERIOD** (pér-iod), *s.*, período o término fiscal. —**PROCEEDURE** (pro-síd-iur), *s.*, procedimiento fiscal. —**REGULATIONS** (regiu-leí-shons), *s.*, reglamentos fiscales. —**REPORT** (ri-pórt), *s.*, informe fiscal. —**YEAR** (jir), *s.*, año fiscal.
FITTING ROOM (fit-ing-rúm), *s.*, vestidor.
FITTINGS (fitings), *s.*, accesorios, aditamentos.
FIX (fix) *rv.*, fijar, arreglar, reparar. —**BEFOREHAND** (bifór-jand), *v.*, arreglar de antemano. —**TOO LATE** (tu leit), *v.*, *mod.*, arreglar demasiado tarde.
FIXED (fixt), *adj.*, arreglado, determinado, fijo. —**ASSETS** (ás-ets), *s.*, bienes fijos, activo fijo. **CAPITAL** (capital), *s.*, capital fijo. —**COST** (cost), *s.*, costo fijo. —**EXPENSES** (ex-pén-ses), *s.*, gastos fijos. —**FUND** (fand), *s.*, fondo fijo. —**INCOME** (ín-cam), *s.*, entradas fijas, rentas fijas. —**LIABILITIES** (laia-bíili-tis), *s.*, pasivo fijo a largo plazo. —**POINT** (point), *s.*, punto fijo. **PRICE** (prais)., *s.*, precio fijo. —**PROPERTY** (práp-er-ti), *s.*, propiedad fija, inmuebles. **FIXER** (fix-er), *s.*, *mod.*, gestor, "coyote" (Méx).
FIXTURES (fíx-churs), *s.*, muebles, enseres.
FLAG (flag), *s.*, bandera, señal.
FLAT LOAN (flat loun), *s.*, préstamo sin intereses.
FLAW (flau), *s.*, defecto, vicio, falla.
FLEECE (flis), *rv.*, *mod.*, estafar, defraudar, esquimar.

FLEXIBLE (fléx-ibl), *adj.*, flexible, adaptable.

FLOAT (flout), *rv.*, flotar, emitir, lanzar, promover. —**A BOND ISSUE** (a bond ishu), *s.*, lanzar una emisión de bonos al mercado. —**A LOAN** (a loun), *v.*, promover un préstamo.

FLOATING (flóu-ting), *adj.*, flotante, sin base firme. —**ASSETS** (ás-ets), *s.*, activo flotante. —**LIABILITIES** (laia-bíli-tis), *s.*, pasivo flotante. —**MONEY** (mó-ney), *s.*, dinero flotante. —**RATE** (reit), *s.*, tipo de cambio flotante.

FLOORWALKER (flór-guak-er), *s.*, jefe de piso.

FLOP (flop), *s.*, *mod.*, fracaso, derrumbe, ruina.

FLOURISH (fló-rish), *rv.*, prosperar, crecer, florecer.

FLOW (flou), *rv.*, *s.*, fluir, flujo, movimiento.

FLOW CHART (flou-chart), *s.*, gráfica o diagrama de flujo o de movimiento. —**CHARTING** (chart-ing), *s.*, hacer una gráfica de flujo o mantener sus movimientos diariamente.

FLUCTUATE (flák-chu-eit), *rv.*, fluctuar, variar.

FLUID ASSETS (fluid ás-ets), *s.*, bienes fácilmente convertibles en efectivo.

FOLDER (fóul-der), *s.*, carpeta, legajo.

FOLIO (folio), *s.*, página, folio.

FOLLOW (fálou), *rv.*, seguir. —**THE TREND** (thi trend), *v.*, seguir la corriente o la tendencia. —**UP** (ap), *v.*, continuar un esfuerzo. —**LETTER** (fálo ap léter). *s.*, carta recordatoria.

FOOT AND CROSS FOOT (fut and cros fut), *v.*, sumar vertical y horizontalmente.

FOOTING (fut-ing), *s.*, la suma de una columna, la base, el pie.

FOOT THE BILL (fut thi bil), *v.*, mod., pagar la cuenta, soportar los gastos.

FOOTNOTE (fút-nout), *s.*, nota al calce, nota al pie.

FOR ANY PURPOSE (for éni púr-pos), *adj.*, para cualquier propósito.

FORCE (fors), *s.*, *rv.*, fuerza, presión, forzar, presionar.

FORCED (forst), *adj.*, forzado, obligado. —**ACTION** (ak-shon), *s.*, *adj.*, acción forzada, acción obligatoria. —**PURCHASE** (púr-chas), *s.*, compra forzada. —**RESIGNATION** (res-ig-néi-shon), *s.*, renuncia forzada o involuntaria. —**SALE** (seil), *s.*, venta forzada, remate.

FORECAST (fór-kast), *s.*, *rv.*, pronóstico, pronosticar.

FORECLOSE (fór-clous), *rv.*, embargar, ejecutar, entablar juicio hipotecario.

FORECLOSURE (for-clóuz-iur), *s.*, embargo, ejecución.

FOREIGN (fó-ren), *adj.*, foráneo, extranjero, exterior. —**AID** (eid), *s.*, ayuda extranjera, ayuda para el exterior. —**COMMERCE** (cóm-ers), *s.*, comercio exterior. —**CORPORATION** (cor-por-éi-shon), *s.*, compañía o sociedad extranjera. **CREDIT** (kré-dit), *s.*, crédito foráneo, crédito para el exterior.—**CURRENCY** (kúr-en-si), *s.*, divisas o moneda extranjera. —**DRAFT** (draft), *s.*, giro foráneo. —**EXCHANGE** (ex-chéin-dch), *s.*, cambio de divisas extranjeras. —**LETTER OF CREDIT** (leter af krédit), *s.*, carta de crédito foránea. —**MARKET** (már-ket), *s.*, mercado foráneo, mercado exterior.—**OFFICE** (óf-is), *s.*, oficina de asuntos exteriores, oficina en el extranjero. —**SUPPLIERS** (sep-lái-ers), *s.*, proveedores foráneos. —**TAX ALIOWANCE** (tax-alán-ans) *s.*, compensación por impuestos pagados en el exterior, exención de impuestos por exportaciones. —**TRADE** (treid), *s.*, comercio exterior.

FOREMAN (for-man), *s.*, supervisor, mayordomo, capataz.

FOREMOST (fór-most), *adj.*, principal, sobresaliente, primero.

FORESIGHT (fór-sait), *s.*, visión, providencia.

FORGE (for-dch), *rv.*, falsificar, alterar.

FORGERY (fór-dcheri), *s.*, falsificación.

FORM (form), *s.*, *rv.*, forma, machote, modelo, formar.

FORMALITY (for-mál-iti), *s.*, formalidad, trámite.

FORMAT (fór-mat), *s.*, formato.

FORMULA (for-míu-la), *s.*, fórmula.

FORMULATE (fór-miu-leit) *rv.*, formular.

FOR THE ACCOUNT OF, *adv.*, por cuenta de, para la cuenta de. —**THE TIME BEING** (taim béing), *adv.*, por ahora, por el momento.

FORTHWITH (fórth-guith), *prep.*, *adj.*, de inmediato.

FORTRAN (fór-tran), *s.*, lenguaje de programación para problemas científicos.

FORTUNE (fór-chun), *s.*, fortuna, suerte, riqueza.

FOSTER CHILD (foster cháild), *s.*, hijo adoptivo.

FOUNDATION (faun-déi-shon), *s.*, fundación, base.

FOUNDER (fáun-der), *s.*, fundador.

FOUNDER'S, SHARES (fáunders shers), *s.*, acciones de fundadores.

FOUNDRY (fáun-dri), *s.*, fundición, fundidora.

FRAMEWORK (freim-guork), *s.*, armazón, estructura, anteproyecto.

FRANCHISE (frán-chais), *s.*, franquicia, privilegio.

FRAUD (fraud), *s.*, fraude, engaño.

FRAUDULENT (fraud-iu-lent), *s.*, fraudulento.

FREE (fri), *adj.*, libre, gratis, independiente. —**ALONGSIDE** (alóng-said), *adj.*, libre al costado de. —**COPY** (copi), *s.*, ejemplar gratuito. —**FREE IN AND OUT**, *adj.*, libre de entrada y salida. —**HAND** (jand), *s.*, *adj.*, mano libre, con toda libertad, sin limitación. —**MARKET** (már-ket), *s.*, mercado libre. —**ON BOARD** (on bord), *adj.*, libre a bordo. —**ON RAIL** (on reil), *adj.*, libre a bordo del ferrocarril. —**ON SIDING** (on sáid-ing), *adj.*, libre en la espuela del ferrocarril.

FREELY CONVERTIBLE MONEY (fríli con-vért-ibl moni), *s.*, dinero libremente convertible.

FREEWHEELING (fri-juíl-ing), *adj.*, *mod.*, libre, independiente.

FREEZE (friz), *iv.*, congelar, inmovilizar, controlar.

FREIGHT (freit), *s.*, flete, carga. —**AILOWANCE** (aláu-ans), *s.*, bonificación sobre fleter. —**ALIOWED** (a-láud), *adj.*, flete incluido, flete pagado. —**COLLECT** (co-léct), *adj.*, flete por cobrar. —**IN**, *s.*, flete recibido, flete entrante. —**OUT** (aut), *s.*, flete enviado o por enviar, flete por salir. —**PREPAID** (pri-péid), *s.*, flete pagado.

FRINGE (frindch) *s.*, al borde, al margen, adicional. —**BENEFITS** (bénefits), *s.*, prestaciones adicionales al sueldo.

FROM THIS DAY ON, *adv.*, de este día en adelante.

FRONT (front), *adj.*, *s.*, frente, adelante. —**MAN** (man), *s.*, hombre de paja, persona que está al frente.

FROZEN (fróu-zen), *adj.*, congelado, inmovilizado. —**ASSETS** (á-sets), *s.*, bienes a activo congelado. —**BANK ACCOUNT** (bank ak-áunt), *s.*, cuenta bancaria congelada. —**FUNDS** (fands), *s.*, fondos congelados. —**PRICES** (praises), *s.*, precios congelados. —**RENT** (rent), *s.*, renta congelada. **WAGES** (guei-dches), *s.*, sueldos congelados.

FRUGAL (frú-gal), *adj.*, frugal, ahorrativo.

FUEL (fíu-el), *s.*, combustible. —**CONSUMITION** (con-sámp-shon), *s.*, consumo de combustible. —**OIL** (oil), *s.*, aceite o petróleo para combustible. —**RATIONING** (rá-shon-ing), *s.*, racionamiento de combustible. —**SHORTAGE** (shórt-adch), *s.*, escasez de combustible. —**STORAGE** (stó-radch), *s.*, almacenamiento de combustible.

FUELS AND LUBRICANTS (fiu-els and lú-bri-cants), *s.*, combustibles y lubricantes.

FULL (ful), *adj.*, lleno, completo. —**CAPACITY** (kapá-siti), *adj.*, capacidad máxima. —**COSTING** (ful costing) *s.*, cálculo de los costos incluyendo todas las fases de producción. —**LOAD** (loud), *s.*, carga completa. —**FULL SET LETTER OF CREDIT** (ful set le-ter af cré-dit), *s.*, carta de crédito con toda su documentación. —**SPEED AHEAD** (ful spid ajed), *adv., mod.*, a toda velocidad. —**STOP** (stop), *s.*, paro completo. —**TIME** (taim), *s.*, tiempo completo. — **EMPLOYEE** (ful taim employ-i), *s.*, empleado de tiempo completo. —**TREATMENT** (ful trít-ment), *s.*, tratamiento completo, con todo el protocolo, con toda atención.

FULLY (fúli), *adj., adv.*, completamente, totalmente. —**PAID SHARES** (peid shers), *s.*, acciones completamente pagadas. —**PAID UP** (peid ap), *adj.*, completamente pagado.

FUNCTIONS (fánk-shons), *s.*, funciones, operaciones.

FUND (fand), *s.*, fondo.

FUNDED DEBT (fánded det), *s.*, pasivo respaldado por bonos o documentos a largo plazo. —**LIABILITIES** (laia-bíli-tis), *s.*, pasivo a largo plazo.

FUNDS ABROAD (fands abrod), *s.*, fondos en el extranjero.

FURNISH (fúr-nish), *rv.*, surtir, proveer.

FURNITURE AND FIXTURES (fúr-ni-chur and fíx-churs), *s.*, muebles y enseres.

FURTHER (fúr-ther), *adj.*, más allá, subsecuente, en el futuro adicional. —**BUSINESS** (bís-nes), *s.*, negocio subsecuente o en el futuro. —**SALES** (seils), *s.*, ventas adicionales, ventas en el futuro.

FURTHERMORE (fúrther-mor), *prep.*, además.

FUTURE (fíu-chur), *s., adj.*, futuro, porvenir, en el futuro. —**INDICATIONS** (indi-kéi-shons), *s.*, indicaciones futuras. —**OPERATIONS** (oper-ei-shons), *s.*, operaciones futuras. —**OUTLOOK** (áut-luk), *s.*, perspectiva. —**PLANS** (plans), *s.*, planes futuros.

FUTURES (fíu-churs), *s.*, operaciones a futuro. —**TRADING** (treid-ing), *v., s.*, compra-venta a futuro, comprar y vender a futuro.

G

GAINS (geins), *s.*, ganancias, utilidades, beneficios. —**IN THE STOCK MARKET**, *s.*, ganancias en la Bolsa de valores. —**IN SALES** (seils), *s.*, aumento o mejoría en ventas.

GAINFUL (géin-ful), *adj.*, provechoso, con ganancia. —**OCCUPATION** (okiu-péi-shon), *s.*, ocupación o trabajo provechoso.

GALLON (gál-on), *s.*, galón, medida líquida de aprox. 3.8 litros.

GAMBLE (gám-bl), *rv.*, jugar al azar, correr un riesgo.

GANG (gang), *s., adj.*, cuadrilla, equipo, escuadra, pandilla. —**UP** (gang ap) *v.*, confabularse.

GAP (gap), *s.*, espacio, abertura, vacío.

GARMENT (gár-ment), *s.*, prenda de vestir, vestimenta.

GARNISHEE (gar-ni-shí), *rv.*, retener el sueldo de un empleado.

GARNISHMENT (gár-nish-ment), *s.*, embargo del sueldo.

GAS (gas), *s.*, gasolina, gas de combustible. —**PRICE** (prais), *s.*, precio de gasolina o de gas combustible. —**STORAGE** (stó-radch), *s.*, almacenamiento de gas o de gasolina.

GAUGE (géi-dch), *s.*, medidor, manómetro, espesor, calibre.

GELT (gelt), *s., mod.*, dinero.

GENERAL (djén-er-al), *adj.*, en general. —**ACCOUNTING** (ak-áunt-ing), *s.*, contaduría general. —**AVERAGE** (áv-er-adch), *s.*, (seguro marítimo) avería general. —**BALANCE** (bá-lans), *s.*, balance general. —**COVERAGE** (cóvér-adch), *s., adj.*, que cubre o abarca todo. —**MANAGER** (mána-dcher), *s.*, gerente general.

GENTLEMAN'S AGREEMENT (dchént-el-mans agrí-ment), *s.*, convenio o entendimiento de caballeros.

GEOGRAPHICAL BREAKOUT (djiográf-ical bréikaut), *s.*, ventas en un lugar o en una localidad específica.

GET (get), *iv.*, conseguir —**RID OF** (get rid af), *v.*, deshacerse de, eliminar, dar de baja. —**AHEAD** (a-jéd), *v.*, seguir adelante, progresar, continuar —**DONE** (dan), *v.*, acabar, terminar. —**FIRED** (fáird), *v., mod.*, ser despedido. —**HURT** (jurt), *v.*, ser lastimado, ser perjudicado. —**IN** (in), *v.*, meterse, incorporarse, penetrar. —**OVER** (óuver), *v.*, sanar, superar una dificultad. —**PAID** (peid), *v.*, recibir pago, ser pagado. —**RID OF** (rid-af), *v.*, deshacerse de, eliminar. —**STUCK** (stak), *v.*, ser estafado, tener que pagar.

GIGO (garbage in garbage out), *prep.*, basura entra y basura sale, si la computadora recibe información incorrecta el resultado va a ser incorrecto.

GIMMICK (gí-mik), *s.*, truco, cualquier ardid, método de lograr algo, artificio.

GIVE (giv), *ir.*, dar, donar. —**AN OR-DER** (an order), *v.*, dar una orden. —**AWAY** (a-guéi), *v.*, dar, regalar. —**BAIL** (beil), *v.*, dar fianza, poner una fianza. —**CREDIT** (kré-dit), *v.*, dar crédito. —**NOTICE** (nóu-tis), *v.*, notificar, dar aviso. —**OUT** (aut), *v.*, terminarse, agotarse. —**PREFE-RENCE** (pré-fer-ens), *v.*, dar preferencia. —**UP** (ap), *v.*, rendirse, ceder, abandonar.

GLOBAL (glóu-bal), *adj.*, global, general. —**ENTRY** (entri), *s.*, asiento global. —**PROFITS** (prá-fits), *s.*, utilidades globales. —**SALES** (seils), *s.*, ventas globales.

GO (gou), *iv.*, *mod.*, *ir*, caminar. —**AF-TER** (af-ter), *v.*, *mod.*, tratar de conseguir algo. —**BROKE** (brouk), *v.*, *mod.*, irse a la quiebra. —**DOWN** (daun), *v.*, *mod.*, bajar, caer, disminuir. —**OVER** (ou-ver), *v.*, *mod.*, lograr algo, tener éxito. —**STALE** (steil), *v.*, *mod.*, estancarse, parar, no progresar. —**UP** (ap), *v.*, *mod.*, subir, progresar, aumentar.

GOAL (goul), *s.*, meta, fin, objetivo.

GOING; *adv.*, caminando, progresando, actual. —**CONCERN** (góu-ing-kon-sérn), *s.*, negocio establecido, empresa en marcha. —**PRICE** (prais), *v.*, precio actual, precio del día. —**VA-LUE** (vá-lius), *s.*, valor actual, valor del día.

GOLD (gould), *s.*, oro. —**BRICK** (brik), *s.*, *mod.*, persona perezosa. —**MINE** (main), *s.*, *mod.*, mina de oro, un magnífico negocio. —**RESERVE** (ri-sérv), *s.*, reserva de oro. —**STANDARD** (stán-dard), *s.*, patrón o talón oro.

GOOD (gud), *adj.*, bueno. (a). —**AS-PECT** (ás-pect), *adj.*, buen aspecto. —**DEAL** (dil), *s.*, buen negocio, buena

oportunidad. —**GOING** (go-ing) *adj.*, *s.*, *mod.*, progreso, progresando. —**MANAGEMENT** (mána-dch-ment), *s.*, buena dirección, buena organización, buena gerencia. —**UNTIL CAN-CELLED** (antíl cán-seld), *adj.*, bueno hasta que sea cancelado.

GOODS (guds), *s.*, mercancía, mercadería, productos, artículos. —**IN PROCESS** (in pró-ses), *s.*, artículos o productos en proceso. —**STORAGE** (stó-radch), *s.*, mercancía almacenada o en almacén. —**TRANSIT** (trán-sit), *s.*, mercancía en tránsito. —**ON HAND** (on jand), *s.*, mercancía disponible, existencias de mercancía. —**ON SALE** (seil), *s.*, mercancía en venta.

GOODWILL (gud-guíl), *s.*, plusvalía, el valor de la imagen de una empresa, fama.

GOVERNMENT (gav-ern-ment), *s.*, gobierno. —**AGENCY** (éi-dchen-si), *s.*, agencia del gobierno. —**BANK** (bank), *s.*, banco del gobierno. —**BONDS** (bonds), *s.*, bonos del gobierno. —**CONTRACT** (cón-tract), *s.*, contrato con el gobierno. —**CON-TROL** (con-tról), *s.*, control del gobierno. —**CONTROLLED INDUS-TRY** (controld ín-das-tri), *s.*, industria controlada por el gobierno. —**OWNED** (ound), *adj.*, propiedad del gobierno, poseído por el gobierno. —**PROPERTY** (pró-per-ti), *s.*, propiedad del gobierno. —**REQUIREMENTS** (ri-quáir-ments), *s.*, requisitos del gobierno. —**SECURITIES** (si-kíu-ri-tis), *s.*, valores o títulos del gobierno. —**TAX** (tax), *s.*, impuesto del gobierno.

GOVERNMENTAL (govern-mént-al), *adj.*, gubernamental. —**CONTROL** (con-tról), *s.*, control gubernamental. —**POLICY** (pó-li-si), *s.*, política gubernamental. —**TERM** (term), s., término o plazo gubernamental.

GRACE PERIOD (grois pí-ri-od), s., período de gracia.

GRADE (greid), s., grado, calidad, calificación. —**"A"** (greid ei), s., la mejor calidad.

GRADING (gréid-ing), s., v., calificación, calificar.

GRAFT (graft), s., soborno, fraude.

GRAIN (grein), s., grano, cereal —**ELEVATOR** (ele-véi-tor), s., silo para almacenar cereales. —**STORAGE** (stó-radch), s., almacenamiento de granos o cereales.

GRAM (gram), s., gramo.

GRAND (grand), adj., s., magnífico, grandioso, majestuoso.

GRANT (grant), s., v., concesión, cesión, dádiva, conceder, ceder.

GRAPH (graf), s., gráfica, dibujo, diagrama.

GRATIS (grá-tis), adj., gratis, libre, sin cobro, gratuito.

GRATUITOUS (gra-tuí-tos), adj., gratuito.

GRAVE YARD SHIFT (greiv jard shift), s., mod., turno de la media noche.

GRAVY (gréi-vi), s., mod., dinero fácil o ilegal. —**TRAIN** (trein), s., mod., influyentes políticos que ganan dinero fácilmente.

GREENBACK (grín-bak), s., billete (dinero).

GRIEVANCE (griv-ans), s., queja, protesta, inconformidad.

GRIND (graind), iv., moler, pulir, tarea pesada.

GROSS (grous), adj., s., en bruto, una gruesa (medida). —**EARNINGS** (érnings), s., ganancia bruta. —**LOSSES** (loses), s., pérdidas brutas. —**NATIONAL PRODUCTION** (ná-shon-al pro-dák-shon), s., producción bruta nacional (GNP). —**PROFITS** (práfits), s., utilidad bruta. —**VALUE** (vá-liu), s., valor bruto. —**WEIGHT** (gueit), s., peso bruto.

GROUP (grup), s., grupo, combinación, gremio. —**EFFORT** (é-fort), s., esfuerzo combinado o de grupo. —**INSURANCE** (in-shúr-ans), s., seguro en grupo.

GROW (grou), iv., producir, cultivar, crecer.

GROWER (grou-er), s., productor de productos agrícolas.

GROWTH (grouth), s., crecimiento, expansión, ampliación.

GUARANTEE (gar-an-tí), s., rv., garantía, garantizar.

GUARANTEED (gar-an-tíd), adj., garantizado. —**CREDIT** (kré-dit), s., crédito garantizado. —**INTEREST** (ín-ter-est), s., intereses garantizados. —**PERFORMANCE** (per-fórm-ans), s., cumplimiento garantizado, actuación garantizada. —**PRODUCTS** (prád-acts), s., productos garantizados —**QUALITY** (kuál-iti), s., calidad garantizada.

GUARANTOR (gar-an-tór), s., garante, fiador, avalista.

GUARDIAN (guar-dí-an), s., tutor, guardián. —**APPOINTED BY THE COURT** (apoint-ed bai thi cort), s., tutela dativa, tutor nombrado por la Corte. —**NAMED BY TESTAMENT** (neimd bai tésta-ment), s., tutela nombrada por el testamento.

GUARDIANSHIP (guar-dían-ship), s., pupilaje, tutela.

GUIDE (gaid), rv., s., guiar, dirigir, guía, manual.

GUILT (gilt), s., culpa, culpabilidad.

GUILTY (gilti), *adj.*, culpable.

GUMMED PAPER (gamd pei-per), *s.*, papel engomado o adhesivo. —**TAPE** (teip), *s.*, cinta engomada o adhesiva.

GYP (djip), *rv., mod.*, defraudar, engañar, sorprender.

H

HABEAS CORPUS (jéi-bi-as corpus), s., habeas corpus; auto de comparecencia.

HANDBOOK (jand-buk), s., manual, libro de instrucciones.

HANDICAP (jandi-cap), s., desigualdad, desventaja.

HANDICRAFT (jandi-kraft), s., artesanía.

HANDLE (jandl), rv., manejar, dirigir, tramitar. —**WITH CARE** (guith ker), v., manéjese con cuidado.

HANDLING (jand-ling), s., manejo, trámite, gestión. —**AND STORAGE** (and stór-adch), s., maniobras y almacenamiento.

HAND TOOL (jand tul), s., herramienta de mano.

HARD (jard), adj., duro, difícil. —**CORE** (kor), s., adj., inalterable, de corazón duro. —**CURRENCY** (kúrensi), s., moneda fácilmente convertible en otra. —**GOODS** (guds), s., equipo o material duro o permanente. —**LINE** (lain), s., línea dura, política dura o estricta. —**MONEY** (mo-ney), s., dinero metálico o sonante. —**TIMES** (taims), s., mod., tiempos difíciles.

HARDSHIP (jard-ship), s., sacrificio, sufrimiento, penalidad.

HARDWARE (jard-guér), s., ferretería, herramientas; equipo fijo o permanente en un sistema de computación.

HARM (jarm), s., daño, perjuicio.

HARVEST (jár-vest), s., rv., cosecha, cosechar.

HAUL (jal), rv., s., transportar, acarrear, acarreo, transporte.

HAZARD (jáz-ard), s., riesgo, peligro.

HEAD (jed), s., rv., cabeza, principal, jefe, encabezar, dirigir. —**MAN** (man), s., el hombre a la cabeza de una empresa. —**OFFICE** (ó-fis), s., oficina general, cuartel general.

HEADING (jed-ing), s., encabezado, dirección, título.

HEADQUARTERS (jéd-quar-ters), s., jefatura, oficina principal.

HEALTH (jelth), s., salud. —**CERTIFICATE** (cer-tíf-ikat), s., certificado de salubridad. —**DISABILITY** (disabí-liti), s., incapacidad por motivo de salud. —**INSURANCE** (in-shúrans), s., seguro de salubridad.

HEARING (jír-ing), s., audiencia, juicio preliminar, vista.

HEARSAY (jír-sei), s., testimonio indirecto o dudoso.

HEATING OIL (jít-ing oil), s., aceite o petróleo para calefacción.

HECTARE (jek-tar), s., hectárea.

HEDGE (jedch), rv., s., maniobra o maniobrar para protegerse o neutralizar un riesgo, evadir pérdida.

HEIR (er), s., heredero.

HEIRESS (ér-es), s., heredera.

HELD (jeld), *adj.*, retenido, detenido, poseído. —IN CUSTODY (in cós-to-di), *adj.*, detenido en custodia. —IN JAIL (dcheil), *adj.*, detenido en la cárcel.

HEREAFTER (jír-after), *prep.*, de aquí en adelante, en lo sucesivo.

HEREBY (jír-bai), *prep.*, por tanto, por lo presente.

HEREDITARY (jer-édi-teri),*adj.*, hereditario.

HEREIN (jír-in), *prep.*, dentro de, anexo, incluido.

HEREINAFTER (jír-in-after), *prep.* después de esto, más adelante, en lo sucesivo.

HEREOF (jír-of), *prep.*, acerca de ésto pertinente a ésto.

HERETOFORE (jír-to-for),*prep.*, *adv.*, anteriormente, antes, hasta ahora.

HEREUNDER (jír-ander), *prep.*, *adv.*, lo suscrito, lo que sigue, en virtud de esto.

HEREUPON (jír-apon), *prep.*, sobre esto, en esto, pertinente a esto.

HEREWITH (jír-guith), *prep.*, con el presente, incluido, anexo, adjunto.

HERITAGE (jéri-tadch), *s.*, herencia.

HIDDEN,*adj.*, oculto.—ASSETS (jiden asets), *s.*, bienes o activo oculto. —PROFITS (pró-fits), *s.*, utilidades ocultas. —RESERVES (ri-sér-vs), *s.*, reservas ocultas.

HIGH (jai) *adj.*, alto, elevado. —COST (cost), *s.*, alto costo. —MORTALITY (mor-tál-iti), *s.*, alta mortalidad, alto riesgo de fracaso. —PRESSURE (pré-shur), *adj.*, alta presión, de mucha potencia. —PRICED (praist), *adj.*, de alto precio. —PRODUCTION (pra-dác-shon), *s.*, *adj.*, alta producción, producción elevada. —POWER-ED (páu-erd), *adj.*, de alta potencia. —RANK (rank), *s.*, *adj.*, alto rango.

—RATE (reit), *s.*, tipo o tasa alta. —RISK (risk), *s.*, *adj.*, alto riesgo.

HIGHEST, *adj.*, lo más alto, lo mejor. —BIDDER (jai-est bider), *s.*, el mejor postor. —OFFER (of-er), *s.*, la mejor oferta. —PRICE (prais), *s.*, el mejor precio. —QUALITY (kuál-iti), *adj.*, la más alta calidad.

HIGHWAY (jái-guei), *s.*, carretera, camino principal.

HIRE (jair), *rv.*, contratar para trabajo, alquilar, rentar.

HIT (jit), *s.*, *mod.*, éxito, acierto.

HITCH (jitch), *s.*, *rv.*, estorbo, demora, acoplar.

HOARD (jord), *rv.*, acaparar, acumular.

HOLD (jould), *rv.*, sostener, retener, poseer, aguantar. —BACK (bak), *v.*, abstenerse, detenerse.

HOLDER (jould-er), *s.*, tenedor, portador, poseedor.

HOLDING COMPANY (jóuld-ing cómpani), *s.*, sociedad dominatriz que controla a un grupo de empresas al poseer la mayoría de sus acciones o suficientes "apoderados" para tener la mayoría de votos. Conocida como "Holding".

HOLDINGS (jould-ings), *s.*, tenencias, propiedades.

HOLDOUT (jóuld-aut), *s.*, *v.*, persona que resiste o se niega, resistir, rehusar.

HOLD OVER (jóuld-ouver), *s.*, cosa o persona retenida, remanente, resto.

HOLIDAY (jóli-dei), *s.*, día de descanso, vacaciones, día de fiesta.

HOLOGRAPHIC (jolo-gráf-ic), *adj.*, hológrafo. —WILL (guil), *s.*, testamento hológrafo.

HOMICIDE (jómo-said), *s.*, homicidio.

HONOR (ón-er), *rv.*, honrar, aceptar o pagar un documento. —BOUND (baund), *adj.*, obligado por honor.

HONORED DRAFT (ón-erd draft), *s.*, giro aceptado o pagado.

HOOK (juk), *rv.*, *mod.,,* estafar, enganchar, obligar.

HORIZONTAL (jori-zón-tal), *adj.*, horizontal. **—INTEGRATION** (integréi-shon), *s.*, integración horizontal. **—ORGANIZATION** (organ-izéi-shon), *s.*, organización horizontal.

HORSEPOWER (jórs-pauer), *s.*, potencia, caballos de potencia.

HORSE SENSE (jors sens), *s.*, buen juicio.

HOURLY (áuerli), *adj.*, cada hora. **—COST** (cost), *s.*, costo por hora. **—PRODUCTION** (pro-dák-shon), *s.*, producción por hora. **—RATE** (reit), *s.*, capacidad por hora, precio por hora, unidades por hora. **—WAGE** (gueidch), *s.*, sueldo por hora.

HOUSEHOLD (jáus-jould), *s.*, hogar. **—APPLIANCE** (a-plái-ans), *s.*, utensilio del hogar, aparato para el hogar. **—FURNITURE** (fúr-ni-chur), *s.*, muebles para el hogar.

HOUSEKEEPING (jáus-kip-ing), *s.*, mantenimiento de una instalación, limpieza.

HOUSING (jáus-ing), *s.*, vivienda. **—PROGRAM** (pró-gram), *s.*, programa para la vivienda. **—TAXES** (taxes), *s.*, impuesto sobre la vivienda.

HUMAN (jíu-man), *s.*, *adj.*, humano. **—RELATIONS** (ri-léi-shons), *s.*, relaciones humanas. **—RIGHTS** (raits), *s.*, derechos humanos.

HUNDREDWEIGHT (jándred-gueit), *s.*, cien libras, quintal.

HURRICANE INSURANCE (júri-kein in-shúr-ans), *s.*, seguro contra huracanes.

HYPHEN (jaifen), *s.*, guión.

HYPOTHECATE (jai-póthe-keit), *rv.*, hipotecar.

I

IDENTIFICATION (identi-fi-kéi-shon), s., identificación.

IDENTIFY (identi-fái), rv., identificar.

IDENTITY (ai-dénti-ti), s., identidad.

IDLE (ái-dl), adj., ocioso, desocupado, no utilizado. —CAPACITY (kapá-siti), s., capacidad no utilizada. —CAPITAL (ká-pi-tal), s., capital no utilizado. —EQUIPMENT (equíp-ment), s., equipo desocupado o no utilizado. —LABOR (lei-bor), s., mano de obra desocupada. —MACHINERY (ma-shín-eri), s., maquinaria no utilizada. —MONEY (mo-ney), s., dinero ocioso o desocupado. —TIME (taim), s., tiempo ocioso o desocupado.

ILLEGAL (i-lígal), adj., ilegal. —BUSINESS (bís-nes), s., negocio ilegal. —GAINS (geins), s., ganancias ilegales.

ILLEGALITY (i-ligál-iti), s., ilegalidad.

ILLEGITIMATE (i-ledjít-imat), adj., ilegítimo. —CHILD (chaild), s., hijo ilegítimo, hijo natural.

ILLICIT (il-ícit), adj., ilícito, ilegal. —ACTIVITIES (ak-tív-itis), s., actividades ilícitas.

IMAGE (im-adj), s., imagen, aspecto, valor abstracto de una empresa.

IMMATERIAL (im-matérial), adj., inmaterial, sin importancia. —EVIDENCE (évi-dens), s., evidencia inmaterial o no aplicable.

IMMIGRANT (ím-mig-rant), s., inmigrante. —REMITANCES (re-mít anses), s., envíos de dinero hechos por trabajadores extranjeros.

IMMIGRATION (imi-gréi-shon), s., inmigración. —AUTHORITIES (a-thór-itis), s., autoridades o funcionarios de inmigración. —LAWS AND REGULATIONS (laus and regiu-léi-shons), s., leyes y reglamentos de inmigración. —QUOTA (quó-ta), s., cuota para inmigrar.

IMMOBILIZE (im-móbil-aiz), rv., inmovilizar, parar, paralizar.

IMMOBILIZED (im-móbil-aizd), adj., inmovilizado. —ASSETS (ás-ets), s., activo inmovilizado. —EQUIPMENT (e-quíp-ment), s., equipo inmovilizado.

IMMODERATE (im-móder-at), adj., inmoderado, excesivo. —ACTION (ák-shon), s., acción inmoderada. —BEHABIOR (bi-jéiv-ior), s., comportamiento inmoderado. —EXPENSES (ex-pén-ses), s., gastos excesivos.

IMPAIR (im-pér), rv., impedir, dañar, perjudicar.

IMPAIRMENT (im-pér-ment), s., defecto, perjuicio, daño.

IMPARTIAL (im-pár-shal), adj., imparcial.

IMPEACH (im-pích), rv., impugnar, cesar a un funcionario por mala conducta.

IMPERATIVE (im-pér-a-tiv), adj., indispensable, esencial, imperativo.

IMPERIL (im-péril), *rv.*, poner en peligro.

IMPLANT (im-plánt), *rv.*, implantar, introducir, establecer.

IMPLEMENTS (ímple-ments), *s.*, implementos, equipo, maquinaria.

IMPLICATE (ím-pli-keit),*rv.*, implicar, comprometer.

IMPLIED (im-pláid), *adj.*, implícito, tácito.

IMPLY (im-plái), *rv.*, intimar, sugerir, implicar.

IMPORT (ím-port), *rv.*, s., importar, importación. —DUTIES (dú-tis), *s.*, derechos de importación. —PERMIT (pér-mit), *s.*, permiso de importación.

IMPORTED (ím-port-ed), *adj.*, importado. —GRAIN (grein), *s.*, grano o cereales importados. —MACHINERY (ma-shín-eri), *s.*, maquinaria importada. —MERCHANDISE (mér-chan-daiz), *s.*, mercancía importada. —TECHNOLOGY (tek-nólo-dji), *s.*, tecnología importada.

IMPOSE (ím-pous), *rv.*, imponer, establecer, requerir.

IMPOUND (im-paund) *rv.*, embargar, retener, encerrar, acorralar.

IMPRESS (im-pres), *rv.*, confiscar, expropiar.

IMPREST (im-prest), *adj.*, confiscado, cautivo, restringido, forzado. —FUNDS (fonds), *s.*, fondos separados o restringidos, fondos fijos.

IMPRISON (im-prison), *rv.*, encarcelar.

IMPROVE (im-prúv), *rv.*, mejorar.

IMPROVED (im-prúvd),*ad.*, mejorado. —EQUIPMENT (equíp-ment), *s.*, equipo mejorado. —MANAGEMENT (mána-djment), *s.*, administración o dirección mejorada. —PROCEED-URES (pro-sid-iurs),*s.*, procedimientos mejorados. —TECHNOLOGY (tek-nólo-dji), *s.*, tecnología mejorada.

IMPROVEMENT (im-prúv-ment), *s.*, mejora, mejoramiento.

IMPULSE (ím-pals), *rv.*, s., impulsar, motivar, urgencia, deseo. —BUYING (bai-ing), *s.*, compras impulsivas.

IMPUT : (ím-put),*s.*, insumo, consumo, entrada, inversión.

IN REM (latín), contra la cosa.

INABILITY (in-abíliti), *s.*, inhabilidad, ineptitud, incapacidad.

INACCURATE (in-ák-iur-at), *adj.*, impreciso, incorrecto, inexacto.

INACTIVE (in-ák-tiv), *adj.*, inactivo.

INADEQUATE (in-áde-kuat), *adj.*, inadecuado.

INADMISSIBLE (in-admís-ibl), *adj.*, inadmisible.

IN, *prep.*, en dentro de. —ARREARS (arirs), *adv.*, atrasado en pago —BOND (bond),*adv.*, *adj.*, afianzado, bajo fianza. —BULK (balk), *adj.*, a granel. —CHARGE (chair-dj), *adv.*, a cargo de, encargado —DEFAULT (dí-falt), *adj.*, *adv.*, en rebeldía, perder por incomparescencia. —STOCK (stok), *adv.*, en existencia.

INASMUCH (in-as-mach), *prep.*, por (lo) tanto.

INAUGURATE (in-ágiu-reit),*rv.*, inaugurar, iniciar, abrir.

INCENTIVE (in-sént-iv), *s.*, incentivo, aliciente, estimulación.

INCH (inch), *s.*, pulgada, medida lineal de aproximadamente 2.5 cm.

INCIDENT (ín-sident), *s.*, incidente, suceso, evento.

INCOME (ín-kam), *s.*, ingreso, estrada. —AND EXPENSE STATEMENT (and ex-pens stéit-meht), *s.*, estado de pérdidas y ganancias. —BONDS (bonds), *s.*, bonos sobre utilidades. —DEDUC-TION (de-dáct-shon),*s.*, deducción de ingresos. —FROM INVESTMENTS (fram invést-ments), *s.*, productos de inversiones. **—PROPERTY** (próp-erti), s., propiedad que produce ingresos. **—REGISTER** (rédjis-ter), s., registro de ingresos. **—STATEMENT** (stéit-ment), s., declaración de ingresos, estado de ganancias. **—TAX** (tax) s., impuesto sobre la renta. **—RETURN** (ri-túrn), s., declaración del impuesto sobre la renta.

INCOMPETENT (in-kóm-petent), *adj.*, incompetente, incapaz.

INCONVERTIBILITY (in-convert-ibíl-iti), s., inconvertibilidad, no fácil de convertir.

INCORPORATE (in-cór-por-eit), *rv.*, incorporar, formar una sociedad.

INCORPORATED (in-cór-por-eited), *adj.*, incorporada, sociedad anónima (Inc.).

INCORPORATION (in-cor-por-éishon), s., formación de una sociedad.

INCORPORATORS (in-cor-por-éit-ors), s., fundadores de una sociedad.

INCREASE (ín-kris), *rv.*, s., aumentar, incrementar, aumento. **—IN COSTS** (in costs), s., incremento en costos. **—IN PRICE** (in prais), s., aumento de precio. **—IN SALARY** (in sá-la-ri), s., aumento de salario. **—IN QUALITY** (in kuáli-ti), s., mejoramiento de calidad.

INCREMENT (ín-cre-ment), s., aumento, ampliación.

INCUMBENT (in-cám-bent), s., *adj.*, titular, obligatorio.

INCUR (in-cúr), *rv.*, incurrir, adquirir obligaciones o riesgos.

INCURRED (in-cúrd), *adj.*, incurrido. **—DEBTS** (dets), s., deudas incurridas o adquiridas.

INDEBTED (in-déted), *adj.*, obligado adeudado, endeudado.

INDEBTEDNESS (in-déted-nes), s., adeudo, pasivo, obligaciones.

INDEFINITE (in-défin-it), *adj.*, indefinido. **—AMOUNT** (a-maunt), s., cantidad indefinida.

INDEMNIFICATION (indem-ni-fikéi-shon), s., indemnización.

INDEMNIFY (indém-ni-fai), *rv.*, indemnificar.

INDEMNITY (indém-ni-ti), s., indemnización.

INDENTURE (indén-chur), s., escritura, contrato.

INEFICIENT (in-efí-shent), *adj.*, ineficiente. **—MANAGEMENT** (mána-djment), s., administración o dirección ineficiente. **—PERSONNEL** (person-él), s., personal ineficiente. **—PROCEEDURE** (pro-síd-chur), s., procedimiento ineficiente.

INDEPENDENT (in-di-pénd-ent), *adj.*, independiente.

INDEX (in-dex), s., índice, coeficiente, relación. **—OF ACCOUNTS** (of ak-áunts), s., catálago de cuentas.

INDICATION (indi-kéi-son), s., indicación.

INDICATOR (índi-keit-or), s., indicador.

INDICT (ín-dáit), *rv.*, encausar, procesar.

INDICTMENT (in-dáit-ment), s., acusación, procesamiento.

INDIRECT (in-diréct), *adj.*, indirecto. **—CHARGES** (chár-dches), s., cargos indirectos. **—COSTS** (costs), s., costos indirectos. **—GAIN** (gein), s., ganancia indirecta. **—LABOR COSTS** (leibor costs), s., costos indirectos de mano de obra. **—RESULTS** (ri-sálts), s., resultados indirectos.

INDIVIDUAL (indi-ví-dchual), *adj.*, s., individual, individuo. **—PROPRIE-TORSHIP** (pro-prái-etor-ship), s., propiedad de un solo dueño.

INDIVIDUALLY (indi-ví-dchuali), *adv.*, individualmente.

INDIVISIBLE (in-divís-ibl), *adj.*, indivisible.

INDOCTRINATION (in-doctrin-éi shon), *s.*, adoctrinamiento, adiestramiento.

INDORSE (in-dórs), *rv.*, endosar, avalar.

INDORSEE (in-dorsí), *s.*, endosatario.

INDORSEMENT (in-dórs-ment), *s.*, endoso, aval.

INDORSER (in-dórs-er), *s.*, endosante.

INDUSTRIAL (in-dás-trial), *adj.*, industrial. **—ACCIDENT** (ák-si-dent), *s.*, accidente industrial. **—COMPLEX** (com-plex), *s.*, complejo industrial. **—ENGINEER** (en-dchin-ír), *s.*, ingeniero industrial. **—LOAN** (loun), *s.*, préstamo industrial. **—RELATIONS** (ril-éi-shons), *s.*, relaciones industriales. **—RESEARCH** (rí-serch), *s.*, investigación industrial. **—SAFETY** (séif-ti), *s.*, seguridad industrial. **—TECHNIQUES** (tek-níks), *s.*, técnicas industriales.

INDUSTRIALIST (in-dás-trial-ist), *s.*, industrial.

INDUSTRY (ín-das-tri), *s.*, industria.

IN EFFECT (in ef-éct), *adv.*, en efecto, en vigor.

INEFECTIVE (in-eféct-iv), *adj.*, inefectivo, sin resultado.

INEFFICIENCY (in-efísh-ensi), *s.*, ineficiencia.

INELIGIBLE (in-élidch-ibl), *adj.*, inelegible, que no cumple los requisitos.

INEQUITY (in-équi-ti), *s.*, cosa inequitativa o injusta.

INESTIMABLE (in-éstim-abl), *adj.*, inestimable, incalculable.

INFIDELITY (in-fidél-iti), *s.*, infidelidad.

INFLATED (in-fléit-ed), *adj.*, inflado. **—PRICE** (prais), *s.*, precio inflado.

INFLATION (in-flei-shon), *s.*, inflación.

INFLATIONARY CONTROL (in-fleishon-éri con-trol), *s.*, control inflacionario. **—TREND** (trend), *s.*, tendencia inflacionaria.

INFLOW (ín-flou), *s.*, alimentación, entrada.

INFORMATION (in-for-méi-shon), *s.*, información, conjunto de datos. **—CENTER** (sén-ter). *s.*, centro de información.

INFRACTION (infrák-shon), *s.*, infracción, violación.

INFRASTRUCTURE (infra-strúkchur), *s.*, infraestructura, estructura interna.

INFRINGE (in-fríndch), *rv.*, infringir, violar, abusar.

INGRESS (ín-gres), *s.*, *rv.*, ingreso, ingresar, entrar, penetrar.

INHERENT (in-jér-ent), *adj.*, inherente, intrínseco.

INHERIT (in-jér-it), *rv.*, heredar, recibir por testamento.

INHERITANCE (in-jer-itans), *s.*, herencia. **—TAX** (tax), *s.*, impuesto sobre herencias y legados.

INHERITED (in-jér-ited), *adj.*, heredado. **—ERROR** (eror), *s.*, error heredado de operaciones anteriores.

INITIAL (iní-shal), *adj.*, *s.*, inicial, primero.

INITIATE (iní-shi-eit), *rv.*, iniciar, principiar, introducir.

INJUNCTION (in-dchánk-shon), *s.*, mandato, requerimiento judicial, interdicto.

INJURY (ín-dchu-ri), *s.*, daño, herida, perjuicio. **—TO THIRD PERSONS** (tu third per-sons), *s.*, daño o perjuicio a terceras personas.

INLAND (ín-land), *s.*, *adj.*, interior, central, provincial. **—TRANSPORTATION** (trans-port-éi-shon), *s.*, transporte interior.

INNER (iner), *adj.*, interno. **—CIRCLE** (sir-kl), *s.*, círculo o grupo que domina.

INPUT (in-put), alimentación, entrada.

INQUEST (ín-kuest), s., encuesta, investigación.

INSCRIBE (in-scráib), *rv.*, inscribir.

INSCRIPTION (in-scríp-shon), *s.*, inscripción, registro, matrícula.

INSIGHT (ín-sait), *s.*, percepción, discernimiento, perspicacia.

INSOLVENCY (in-sólv-ensi), *s.*, insolvencia, incapacidad de pagar.

INSOLVENT (in-sól-vent), *adj.*, insolvente. **—BUSINESS** (bis-nes), *s.*, negocio insolvente. **—COMPANY** (cómpa-ni), *s.*, compañía insolvente. **—PERSON** (pér-son), *s.*, persona insolvente.

INSPECT (in-spéct), *rv.*, inspeccionar, examinar, investigar.

INSPECTION (in-spéc-shon), *s.*, inspección.

INSTALL (in-stál), *rv.*, instalar.

INSTALLATION (in-stal-éi-shon), *s.*, instalación. **—COST** (cost), *s.*, costo de instalación. **—EXPENSES** (ex-pénses), *s.*, gastos de instalación. **—TIME** (taim), *s.*, tiempo necesario para la instalación.

INSTALLED (in-stáld), *adj.*, instalado.

INSTALIMENT (in-stal-ment), *s.*, abono, pago parcial. **—ACCOUNTS** (akáunts), *s.*, cuentas a plazo. **—BUYING** (bái-ing), *s.*, compras a plazo o en abonos. **—SELLING** (sel-ing), *s.*, ventas a plazo o en abonos.

INSTITUTE (ín-sti-tut), *s., v.*, instituto, instituir fundar, inaugurar, principiar.

INSTRUCTION (in-strák-shon), *s.*, instrucción, enseñanza.

INSTRUMENT (ín-stru-ment), *s.*, instrumento, documento, giro, letra.

INSTRUMENTALITY (instru-ment-áliti), *s.*, medio, agencia, vehículo.

INSUFFICIENCY (in-sufí-shen-si), *s., adj.*, insuficiencia, falta, carestía.

INSUFFICIENT (in-sufí-shent), *adj.*, insuficiente. **—FUNDS** (fands), *s.*, fondos insuficientes. **—MONEY** (money), *s.*, falta de dinero. **—RESOURCES** (rí-sor-ses), *s.*, recursos insuficientes.

INSULATION (in-sul-éi-shon), *s.*, aislante, aislamiento, separación.

INSURABLE (in-shúr-abl), *adj.*, asegurable. **—VALUE** (vál-iu), *s.*, valor asegurable.

INSURANCE (in-shúr-ans), *s.*, seguro, protección. **—ADJUSTOR** (a-dchóster), *s.*, ajustador de seguros. **—AGENCY** (éi-dchen-si), *s.*, agencia de seguros. **—AND BONDS** (and bonds), *s.*, seguros y fianzas. **—BROKER** (brouker), *s.*, corredor de seguros. **—COST** (cost), *s.*, costo de seguros. **—COVERAGE** (cóver-adch), *s.*, protección del seguro, lo que cubre el seguro. **—POLICY** (póli-si), *s.*, póliza de seguros. **—PREMIUM** (prí-mi-um), *s.*, prima de seguros. **—RATE** (reit), *s.*, tasa de seguros. **—RISK** (risk), *s.*, riesgo del asegurado. **—UNEXPIRED** (an-ex-páird), *s.*, seguro en vigencia, seguro no vencido.

INSURE (in-shur), *rv.*, asegurar, proteger.

INSURED (in-shurd), *adj.*, asegurado.

INSURER (in-shur-er), *s.*, asegurador.

INTAKE (in-teik), *s.*, ingreso, consumo, toma, admisión.

INTANGIBLE (in-tán-dchibl), *adj.*, intangible. **—ASSETS** (asets), *s.*, bienes intangibles. **—VALUE** (vál-iu), *s.*, valor intangible.

INTEGRATE (ínte-greit), *rv.*, integrar, unir, fusionar.

INTEGRATION (inte-gréi-shon), *s.*, integración.

INTEGRITY (in-tég-ri-ti), *s.*, integridad, honor, honradez.

INTENT(in-tént), *s.*, intención, intento.

INTENTIONAL (in-tén-shon-al), *adj.*, intencional, deliberado.

INTER-BANK (inter-bank), *s.*, agrupación de bancos internacionales, entre bancos.

INTER BRANCH (inter-branch), *s.*, división o sucursal dentro de la organización.

INTERCEDE (inter-síd), *rv.*, intervenir, mediar, arbitrar.

INTER—COMPANY (inter-cómpani), *adj.*, entre compañías, dentro de la compañía.

INTERCOURSE (ínter-cors), *s.*, comunicación, trato.

INTERFACE (inter-féis), *s.*, conexión, aditamento, extensión.

INTER—OFFICE (inter ofis), *adj.*, entre oficinas.

INTEREST (ín-ter-est), *s.*, interés, rédito, participación. **—BEARING** (béring), *adj.*, que devenga intereses. **—EARNED** (ernd), *s.*, intereses ganados o devengados. **—IN ARREARS** (in arirs), *s.*, intereses atrasados, intereses no pagados. **—INCOME** (íncam), *s.*, ganancias o ingresos por intereses. **—PAID** (peid), *s.*, intereses pagados.

INTERFERENCE (inter-fír-ens), *s.*, interferencia, injerencia.

INTERIM (interim), *adj.*, interino, provisorio.

INTERLINE (ínter-lain), *adj.*, *rv.*, entre líneas, poner entre líneas.

INTERLOCKING (inter-lák-ing), *adj.*, entrelazado, encadenado. **—DIRECTORATE** (diréct-or-at), *s.*, mando entrelazado, administración encadenada.

INTERMEDIARY (inter-míd-ieri), *adj.*, *s.*, intermediario, mediador.

INTERNAL (in-tér-nal), *adj.*, interno. **—AUDIT** (a-dit), *s.*, auditoría interna. **—CONTROL** (con-trol), *s.*, control interno. **—REVENUE** (ré-ve-niu), *s.*, impuestos internos, impuestos federales. **—SECURITY** (se-kíur-iti), *s.*, seguridad interna.

INTERNATIONAL (inter-ná-shon-al), *adj.*, internacional. **—BANK** (bank), *s.*, banco internacional. **—COLLECTIONS** (col-ék-shons), *s.*, cobros internacionales. **—FINANCE CORPORATION**, *s.*, banco internacional que otorga préstamos a la industria privada. **—MONETARY FUND** (monetéri fond), *s.*, fondo internacional que presta a corto plazo a sus miembros. **—PAYMENTS** (pei-ments), *s.*, pagos internacionales. **—RELATIONS** (ri-léi-shons), *s.*, relaciones internacionales. **—TRADE** (treid), *s.*, comercio internacional.

INTERPLACE (inter-pléis), *rv.*, intercalar.

INTERPOLATE (intér-po-leit), *rv.*, interpolar, interponer.

INTERPRET (intér-pret), *rv.*, interpretar.

INTERSTATE (ínter-steit), *adj.*, entre estados, dentro de los estados.

INTERVENE (ínter-vin), *rv.*, intervenir, interferir.

INVENTORY (ín-vent-ori), *s.*, inventario. **—OF FINISHED MATERIALS** (finisht), *s.*, inventario de material terminado. **—OF RAW MATERIALS** (ra), *s.*, inventario de materia prima. **—PROFIT** (prá-fit), *s.*, utilidad por aumento de precio del inventario. **—SHORTAGE**: (shórt-adch), *s.*, faltante de inventario. **—SHRINKAGE** (shrínk-adch), *s.*, merma de inventario. **STOCK** (stok), *s.*, mercancía según inventario. —**TURNOVER** (túrn-ouver), *s.*, rotación o movimiento del inventario.

INVEST (in-vest), *rv.*, invertir.

INVESTED (in-vést-ed), *adj.*, invertido. —**CAPITAL** (ká-pi-tal), *s.*, capital invertido. —**EFFORT** (é-fort), *s.*, esfuerzo invertido. —**TIME** (taim), *s.*, tiempo invertido.

INVESTIGATE (in-vés-tig-eit), *rv.*, investigar.

INVESTIGATION (inves-tigéi-shon), *s.*, investigación.

INVESTMENT (in-vést-ment), *s.*, inversión. —**BANKER** (bán-ker), *s.*, banquero inversionista, empresa que se especializa en la compra-venta de inversiones o valores. —**BROKER** (bróu-ker), *s.*, corredor de títulos y valores. —**TRUST** (trast), *s.*, consorcio de inversionistas.

INVESTMENTS IN SECURITIES (sikíur-itis), *s.*, inversiones en títulos y valores.

INVESTOR (in-vést-or), *s.*, inversionista.

INVISIBLE TRADE (in-visi-bl treid), *s.*, comercio invisible, comercio de servicios o de tecnología.

INVOICE (ín-vois), *s.*, *rv.*, *adj.*, factura, facturacion, facturar. —**CLERK** (klerk), *s.*, facturista. —**COST** (cost), *s.*, costo según factura. —**FILE** (fail), *s.*, archivo de facturas. —**PRICE** (prais), *s.*, precio según factura. —**STAMPS** (stamps), *s.*, timbres para factura.

INVOICED (ín-voist), *adj.*, facturado.

INVOICES NEGOTIATED (negó-shi-eited), *s.*, facturas negociadas o descontadas. —**RECEIVABLE** (ri-sív-abl), *s.*, facturas por cobrar.

INVOKE (in-vóuk), *rv.*, exhortar, imponer, citar.

INVOLUNTARY (in-vól-un-teri), *adj.*, involuntario. —**BANKRUPTCY** (bánk-rap-ci), *s.*, quiebra involuntaria. —**HOMICIDE** (jómi-said), *s.*, homicidio imprudencial.

INVOLVED (in-vól-vd), *adj.*, involucrado, mezclado, implícito, comprometido.

I/O DEVICES (ai oh di-vái-ses), *s.*, artefactos para alimentar o recibir información.

IPSO FACTO (latin), ipso facto, por el hecho mismo.

IRON (ái-ron), *s.*, hierro, acero. —**OUT** (aut), *v.*, *mod.*, resolver un problema.

IRRECOVERABLE (i-recóver-abl), *adj.*, irrecuperable, incobrable.

IRREDEEMABLE (i-redím-abl), *adj.*, irredimible.

IRREFUTABLE (i-refíut-abl), *adj.*, irrefutable. —**CONTRACT** (cóntract), *s.*, contrato irrefutable.

IRREGULAR (i-régiu-lar), *adj.*, irregular.

IRREGULARITY (i-regiu-láriti), *s.*, irregularidad.

IRREPAIRABLE (i-ripér-abl), *adj.*, irreparable, irremediable. —**DAMAGE** (dám-adch), *s.*, daño irreparable. —**LOSS** (los), *s.*, pérdida irreparable.

IRRESPONSIBLE (i-res-pón-sibl), *adj.*, irresponsable.

IRREVERENT (i-rév-er-ent), *adj.*, irreverente, irrespetable.

IRREVOCABLE (i-revóuk-abl), *adj.*, irrevocable. —**AGREEMENT** (a-grí-ment), *s.*, acuerdo irrevocable. —**CONTRACT** (kón-tract), *s.*, contrato irrevocable. —**LETTER OF CREDIT** (leter af kré-dit), *s.*, carta de crédito irrevocable.

ISSUANCE (í-shu-ans), *s.*, emisión, publicación.

ISSUE (í-shu), *rv., s.*, emitir, publicar, emisión, punto de debate. **—OF BONDS** (af-bonds), *s.*, emisión de bonos. **—OF STOCK** (af stok), *s.*, emisión de acciones.

ISSUED (í-shud), *adj.*, emitido, publicado, declarado. **—CAPITAL** (ká-pi-tal), *s.*, capital declarado o emitido.

ITEM (ái-tem), *s.*, artículo, partida.

ITEMIZE (áitem-aiz), *rv.*, contar o asentar detalladamente, pormenorizar.

ITEMIZED (aitem-aizd), *adj.*, detallado. **—ACCOUNT** (ak-áunt), *s.*, cuenta detallada.

ITINERANT (ai-tín-erant), *adj.*, ambulante. **—SALESMAN** (séils-man), *s.*, agente viajero.

ITINERARY (ai-tín-er-eri), *s.*, itinerario, plan de viaje, ruta.

IVORY TOWER (áivori tauer), *s., mod.*, la torre de marfil, la oficina del jefe.

J

JACKPOT (ják-pot), s., mod., el gran premio.

JAIL (dchéil), s., cárcel, prisión.

JEOPARDY (dché-pardi), s., riesgo, peligro.

JOB (dchob), s., trabajo, tarea. —CLASSIFICATION (klas-ifi-kéi-shon), s., clasificación de tarea o trabajo. —EVALUATION (ival-iu-éi-shon), s., evaluación de tarea o trabajo. —ORDER (ór-der), s., orden de trabajo.

JOBBER (jáb-er), s., distribuidor mayorista.

JOHN DOE (dchón dou), s., mod., persona desconocida, apodo general, fulano de tal.

JOIN (dchoin), rv., unirse, fusionarse, afiliarse.

JOINT (dchóint), adj., mancomunado, unido, junto. —ACCOUNT (ak-áunt), s., cuenta mancomunada. —(AD) VENTURE (ad-vén-chur), s., empresa o riesgo colectivo, coinversión. —EFFORT (e-fort), s., esfuerzo mancomunado o en conjunto. —PROPERTY (prá-per-ti), s., propiedad mancomunada, copropiedad. —RESPONSIBILITY (res-pons-ibíli-ti), s., responsabilidad mancomunada. —SIGNATURE (sig-na-chur), s., firma mancomunada. —VENTURE (vénchur), s., negocio o aventura conjunta.

JOINTLY AND SEVERALLY (dchóintli and séver-ali), adj., solidaria y mancomunadamente.

JOURNAL (dchór-nal), s., libro diario, el diario, periódico. —ENTRY (entri), s., asiento en el libro diario. —VOUCHER (váu-cher), s., comprobante o póliza del diario.

JOURNEYMAN (dchór-ni-man), s., trabajador experimentado, jornalero.

JUDGE (dchadch), s., v., juez, juzgar.

JUDICIAL (dchu-dí-shal), adj., judicial, jurídico. —DECREE (di-krí), s., decreto judicial.

JUDGMENT (dchádch-ment), s., juicio, fallo, sentencia.

JUMP BAIL (dchamp beil), v., violar una fianza.

JUNIOR (dchú-ni-or), s., persona menor, empleado auxiliar. —EXECUTIVE (exéc-iu-tiv), s., ejecutivo menor o auxiliar. —PARTNER (part-ner), s., socio minoritario.

JUNK (dchank), s., chatarra, desecho. —VALUE (vá-liu), s., valor como chatarra o desperdicio.

JURISDICTION (dchur-is-dík-shon), s., jurisdicción, alcance o límite de la autoridad.

JURY (dchúri), s., jurado.

JUSTICE (dchás-tais), s., justicia. —OF THE PEACE (af thi pis), s., juez de paz.

JUSTIFY (dchás-ti-fai), *rv.*, justificar. **JUSTIFIABLE** (dchas-ti-fái-abl), *adj.*, justificable. **—HOMICIDE** (jómi-said), *s.*, homicidio justificable o inculpable.

JUVENILE (dchú-ven-ail), *s.*, *adj.*, juvenil, menor de edad. **—DELIN-QUENT** (delín-kuent), *s.*, delincuente juvenil. **—JURISDICTION** (dchuris-díc-shon), *s.*, patria potestad.

K

KEELAGE (kíl-adch), *s.*, derechos de quilla o de puerto.

KEEP, llevar, guardar, mantener. — **BOOKS** (kip buks), *v.*, llevar los libros. —**UP** (ap), *v.*, mantenerse al día, persistir —**WITHIN THE BUDGET** (guith-in the bád-dchet), *v.*, mantenerse dentro del presupuesto.

KEY (ki), *s.*, clave, tecla, llave. —**BOARD** (bord), *s.*, teclado, tablero de control. —**INDUSTRY** (ín-das-tri), *s.*, industria clave o básica. —**MAN** (man), *s.*, hombre clave. —**PAD** (pad), *s.*, tablero, teclado. —**POSITION** (pos-ísh-on), *s.*, puesto clave, lugar clave.

KEYPUNCH (kí-pánch), *s.*, máquina perforadora. —**OPERATOR** (operéi-tor), *s.*, operador de perforadora de tarjetas.

KICK-BACK (kik-bak), *s., mod.,* devolución, descuento o comisión ilegal o indebido.

KICK, *v.*, patear (mex.), golpear, retroceder. —**IN** (in), *v., mod.,* contribuir dinero involuntariamente. —**OUT** (aut), *v., mod.,* destituir, cesar, despedir. —**UPSTAIRS** (áp-sters), *v., mod.,* quitar a un empleado de un puesto y asignarle otro de más categoría.

KIN (kin), *s.*, pariente, familiar, parentesco, vínculo.

KING SIZE (king-saiz), *adj., mod.,* tamaño gigante.

KINKS AND BUGS (kinks and bags), *s., mod.,* defectos menores.

KIT (kit), *s.*, estuche, conjunto de componentes.

KITING (káit-ing), *rv., mod.,* desfalco por medio de cheques falsos o traslado de cuentas.

KNACK (nak), *s.*, habilidad especial, don, talento.

KNOW-HOW (nóu-jau), *s.*, conocimientos, técnica.

KNOWLEDGE (nó-ledch), *s.*, conocimientos, entendimiento.

KNOWLEDGEABLE (nó-ledch-abl), *adj.*, con conocimientos, bien enterado.

L

LABEL (léi-bel), *s.*, etiqueta, marbete.

LABOR (léi-bor), *s.*, *rv.*, trabajo, labor, trabajar, laborar, mano de obra. **—AGREEMENT** (agrí-ment), *s.*, convenio laboral, contrato de trabajo. **—CODE** (koud), *s.*, ley de trabajo, código de trabajo, derecho obrero. **—CONCILIATION AND ARBITRATION BOARD** (kon-sili-eishon and arbi-trei-shon bord), junta de conciliación y arbitraje de trabajo. **—CONTRACT** (kón-tract), *s.*, contrato de trabajo. **—COST** (cost), *s.*, costo de mano de obra. **—DISPUTE** (dis-piút), *s.*, conflicto laboral, conflicto obrero. **—LAW** (la), *s.*, ley de trabajo. **—RELATIONS** (ri-lei-shons), *s.*, relaciones laborales. **—UNION** (iú-nion), *s.*, sindicato de trabajadores. **—UNION MEMBERS** (iú-nion mém-bers), *s.*, agremiados.

LABORATORY (láb-ora-tori), *s.*, laboratorio.

LABORER (leí-bor-er), *s.*, obrero, trabajador.

LACK (lak), *s.*, *rv.*, falta, faltar, carecer, carencia **—OF CAPITAL** (af ká-pi-tal), *s.*, falta de capital. **—OF GOOD MANAGEMENT** (af gud mána-dch-ment), *s.*, falta de buena dirección. **—OF MERCHANDISE** (mér-chan-daiz), *s.*, falta de mercancía. **—OF ORGANIZATION** (orga-ni-zéi-shon), *s.*, falta de organización.

LADDER (lá-der), *s.*, escala, escalera de mano, niveles o etapas en orden de importancia.

LADIES' WEAR (léi-diz guer), *s.*, ropa para dama.

LAG (lag), *s.*, *rv.*, retraso, demora, retrasar, demorar.

LAME DUCK (leim dak), *s.*, persona que continúa en su puesto aun cuando éste ya terminó, funcionario saliente.

LAND (land), *s.*, terreno, predio. **—BANK** (bank), *s.*, banco hipotecario, banco para el desarrollo de terrenos. **—DEVELOPMENT** (divél-op-ment), *s.*, desarrollo de terrenos, fraccionar, urbanizar. **—DISTRIBUTION** (dis-tri-bíu-shon), *s.*, reparto de tierras. **—EXPROPIATION** (ex-pro-pri-éishon), *s.*, expropiación de tierras. **—RECLAMATION** (recla-méi-shon), *s.*, recuperación de tierras. **—SEIZURE** (sí-ziur), *s.*, invasión ilegal de tierras. **—SHARK** (shark), *s.*, especulador en bienes raíces o en terrenos.

LANDLORD (lánd-lord), *s.*, arrendador, propietario.

LAPSE (laps), *rv.*, caducar, terminar, vencerse.

LAPSED (lapst), *adj.*, vencido, caducado. **—DOCUMENT** (dók-iu-ment), *s.*, documento vencido.

LAPSING SCHEDULE (lap-sing ské-dchul), *s.*, programa o calendario de vencimientos.

LARGE SCALE (lardch skeil), *adj.*, en gran escala. **—PRODUCTION** (pro-dák-shon) *s.*, producción en gran escala. **—PROJECT** (pró-dch-ect), *s.*, proyecto de gran escala.

LAST IN FIRST OUT, *adj.*, *adv.*, ultima entrada primera salida.

LATEST (léit-est), *adj.*, lo último, lo más moderno, lo más reciente. **—FASHION** (fá-shion), *s.*, la última moda. **—QUOTATION** (quo-téis-shon), *s.*, la última cotización.

LAW (la), *s.*, ley, derecho, jurisprudencia. **—FOR DEVELOPING INDUSTRY**, *s.*, ley para el fomento de la industria. **—OF FINANCES** (af faínans-es), *s.*, ley de finanza, ley financiera. **—OF SECURITIES** (sí-kíuritis), *s.*, ley de títulos y valores. **—OF TORTS** (torts), *s.*, ley de daños y perjuicios a personas.

LAWFULL (lá-ful), *adj.*, legal. **—BUSINESS** (bís-nes), *s.*, negocio legal. **—ENTERPRISE** (énter-praiz), *s.*, empresa legal. **—GAIN** (gein), *s.*, ganancia legal.

LAWSUIT (lá-sut), *s.*, pleito legal, acción legal, demanda.

LAWYER (lá-yer), *s.*, abogado.

LAYMAN (léi-man), *s.*, lego.

LAY-OFF (léi-of), *s.*, *rv.*, despido, despedir, reducir el número de empleados.

LAYOUT (léi-aut), *s.*, croquis, trazado, plan rústico.

LEAD (lid), *iv.*, dirigir, encabezar. **—BANK** (bank), *s.*, banco principal de un consorcio bancario. **—TIME** (taim), *s.*, el tiempo que transcurre desde que se ordena la mercancía hasta que se pone en venta.

LEADER (lider), *s.*, jefe, líder.

LEAK (lik), *s.*, *rv.*, merma, derrame, fuga, derramar, fugar.

LEAKAGE (lík-a-dch), *s.*, merma, fuga.

LEASE (lis), *s.*, *rv.*, arrendamiento, rentar, arrendar. **—AND/OR SALE** (and or seil), *s.*, arrendamiento con derecho de compra. **—MONTH TO MONTH** (manth tu manth), *s.*, arrendamiento de mes por mes.

LEASED (list), *adj.*, arrendado, rentado, alquilado. **—APARTMENT** (a-pártment), *s.*, apartamento o departamento arrendado. **—BUILDING** (bíld-ing), *s.*, edificio arrendado. **—EQUIPMENT** (e-quíp-ment), *s.*, equipo arrendado o rentado. **—LAND** (land), *s.*, terreno arrendado o rentado. **—MACHINERY** (ma-shín-eri), *s.*, maquinaria arrendada o rentada **—OFFICE** (óf-is), *s.*, oficina arrendada o rentada. **—PROPERTY** (próper-ti), *s.*, propiedad rentada o arrendada.

LEASEHOLD (lís-jould), *s.*, propiedad en arrendamiento, tenencia en arrendamiento.

LEAVE (liv), *s.*, *iv.*, permiso, licencia, dejar, abandonar, despedida **—OF ABSENCE** (af áb-sens), *s.*, permiso para ausentarse del trabajo. **—WITH PAY** (with pei), *s.*, permiso con goce de sueldo. **—WITHOUT PAY** (guithóut pei), *s.*, permiso sin sueldo.

LEDGER (lé-dch-er), *s.*, libro mayor. **—ACCOUNT** (ak-áunt), *s.*, cuenta del libro mayor. **—BALANCE** (bá-lans), *s.*, balance del libro mayor. **—ENTRY** (entri), *s.*, asiento o entrada al libro mayor. **—POSTING** (póust-ing), *s.*, traslado del diario al mayor.

LEGACY (léga-si), *s.*, legado, herencia.

LEGAL (lí-gal) *adj.*, legal. **—ACTION** (ak-shon), *s.*, acción legal. **—CODE** (koud), *s.*, código legal. **—EXPENSES** (ex-pén-ses), *s.*, gastos legales, gastos por servicios legales. **—FEES** (fis), *s.*, honorarios por servicios legales.

—**GAINS** (geins), *s.*, ganancias legales. —**INTEREST** (ínter-est), *s.*, interés legal. —**REMEDY** (réme-di), *s.*, remedio legal. —**RESERVE** (ri-sérv), *s.*, reserva legal. —**SIZE** (saiz), *adj.*, tamaño oficio. —**STANDARD** (stándard), *s.*, norma legal. —**QUALITY** (quá-li-ti), *s.*, calidad legal. —**WEIGHT** (gueit), *s.*, peso legal. —**TENDER** (tender), *s.*, moneda legal, moneda obligatoria.

LEGALIZE (lígal-aiz), *rv.*, legalizar.

LEGALLY (lígal-li), *adj.*, legalmente.

LEGATION (leg-éi-shon), *s.*, legación, embajada.

LEGISLATION (le-dchis-léi-shon), *s.*, legislación.

LEGITIMATE (le-dchít-imat), *adj.*, legítimo. —**CHILD** (chaild), *s.*, hijo legítimo. —**ENTERPRISE** (énter-prais), *s.*, empresa o negocio legítimo. —**PROFITS** (prá-fits), *s.*, utilidades legítimas.

LEND (lend), *iv.*, prestar.

LENDING LIMIT, (lénd-ing lim-it), *s.*, límite de préstamo.

LEND-LEASE (lend-lis) *s.*, *adj.*, préstamo y arriendo, material bajo convenio de préstamo y arriendo.

LENDER (lend-er), *s.*, prestador, prestamista.

LESS THAN CARLOAD (les than kárloud), *adj.*, menos del furgón (LCL).

LESSEE (les-í), *s.*, arrendatario, inquilino.

LESSOR (les-or), *s.*, arrendador.

LET (let), *iv.*, rentar, alquilar.

LETTER (lét-er), *s.*, carta, letra. —**FILE** (fail), *s.*, archivo de correspondencia. —**OF AUTHORITY** (af a-thór-iti), *s.*, carta de autorización. —**OF CREDIT** (kré-dit), *s.*, carta de crédito. —**CONDITIONS** (con-dí-shons), *s.*, condiciones de la carta de crédito.

—**OF RECOMMENDATION** (af recomend-éi-shon), *s.*, carta de recomendación. —**PROXY** (pró-xi), *s.*, carta poder para votar acciones.

LEVEL (lé-vel), *s.*, *adj.*, *rv.*, nivel, punto, a la par, nivelar. —**OF EARNINGS** (ern-ings), *s.*, nivel de ganancias, punto de ganancias. —**OF LIFE** (laif), *s.*, nivel de vida. —**OF PROFITS** (prá-fits), *s.*, nivel o punto de utilidades. —**OF PRODUCTION** (pro-dak-shon), *s.*, nivel de producción. —**OF UNEMPLOYMENT** (an-emplói-ment), *s.*, nivel de desempleo.

LEVY (levi), *rv.*, *s.*, imponer un impuesto, recaudar, recaudación.

LIABILITY (lia-b íli-ti), *s.*, responsabilidad, obligación, riesgo. —**CLAUSE** (klaus), *s.*, cláusula que define la obligación de las partes. —**TO WORTH RATIO** (tu guorth réisho), *s.*, relación del riesgo contra la recompensa.

LIBOR (London Interbank Offering Rate), tarifa u honorarios que cobra London Interbank por efectuar transacciones financieras internacionales; lo que se cobra por transferir depósitos de eurodollars de un banco a otro.

LIFE (laif), *s.*, *adj.*, vida. —**EXPECTANCY** (expéc-tan-si), *s.*, probabilidad de vida. —**ANNUITY** (an-úiti), *s.*, anualidad por vida, pensión vitalicia. —**INSURANCE** (in-shúr-ans), *s.*, seguro de vida. —**PENSION** (pénshon), *s.*, pensión vitalicia.

LIFO (last in first out), *adv.*, últimas entradas, primeras salidas.

LIMITED (límit-ed), *adj.*, limitado, restringido. —**AUTHORITY** (au-thóriti), *s.*, autoridad limitada. —**CAPITAL** (ká-pi-tal), *s.*, capital limitado. —**CREDIT** (kré-dit), *s.*, crédito limitado. —**ENDORSEMENT** (en-dórs-ment), *s.*, endoso limitado. —**LIABILITY** (lia-bíli-ti), *s.*, responsabilidad limitada. —**PARTNERSHIP** (párt-ner-ship), *s.*, sociedad limitada. —**SCOPE** (skoup), *s.*, campo de acción limitado. —**VOTE** (vout), *s.*, voto limitado.

LINE (lain), *s.*, línea, renglón, giro. —**OF BUSINESS** (bís-nes), giro, línea de negocio. —**OF CREDIT** (krédit), *s.*, línea de crédito. —**OF MERCHANDISE** (mér-chan-daiz), *s.*, línea de mercancía. —**PERSONNEL** (person-él), *s.*, personal de línea.

LINEAL (lín-ial), *adj.*, lineal.

LINKAGE (línk-adch), *s.*, conexión en cadena. —**EDITOR** (edi-tor), *s.*, programa que dirige el flujo de datos entre distintos artefactos.

LIQUID (lí-quid), *s., adj.*, líquido, solvente, activo, circulante. —**ASSETS** (á-sets), *s.*, activo líquido o circulante. —**PAPER** (pei-per), *s.*, documentos o valores fáciles de negociar. —**STATE** (steit), *s.*, estado solvente.

LIQUIDATE (líqui-deit), *rv.*, liquidar, pagar, vender.

LIQUIDATING DIVIDENDS (liquidéiting dívi-dends), *s.*, dividendos de liquidación.

LIQUIDATION (liqui-déi-shon), *s.*, liquidación, pago. —**SALE** (seil), *s.*, venta de liquidación. —**SHARE** (sher), *s.*, participación en la liquidación. —**VALUE** (vá-liu), *s.*, valor de liquidación.

LIQUIDITY (liquí-diti), *s.*, liquidez, liquidabilidad, convertibilidad.

LIST (list), *s., rv.*, lista, conjunto de datos, hacer una lista. —**PRICE** (prais), *s.*, precio de lista.

LISTED (líst-ed), *adj.*, listado, registrado en la lista. —**BROKER** (bróu-ker), *s.*, corredor registrado. —**SECURITIES** (si-kíur-itis), *s.*, valores registrados en la Bolsa.

LITER (liter), *s.*, litro.

LITIGATION (liti-géi-shon), *s.*, litigación, litigio, pleito.

LIVE (laiv), *adj.*, vivo, activo. —**FILE** (fail), *s.*, archivo vivo. —**SPOT** (spot), *s.*, anuncio corto en vivo, lugar de acción.

LIVESTOCK (laiv-stok), *s.*, ganado, ganadería.

LOAD (loud), *s., rv.*, carga, cargar. —**LIMIT** (li-mit), *s.*, límite de carga. —**MODULE** (má-diul), *s.*, módulo objetivo con datos adicionales. —**WATER LINE** (guá-ter lain), *s.*, línea indicando el límite de la carga de un barco.

LOADED (loud-ed), *adj., mod.*, cargado, repleto de dinero.

LOADING COST (loud-ing cost), *s.*, costo de cargar o de poner a bordo. —**TIME** (taim), *s.*, tiempo para cargar o poner a bordo.

LOAN (loun), *s.*, préstamo, empréstito. —**APPLICANT** (ápli-cant), *s.*, solicitante para un préstamo. —**APPLICATION** (apli-kéi-shon), *s.*, solicitud de préstamo. —**RATES** (reits), *s.*, tipo de intereses sobre préstamos. —**REGISTER** (ré-dch-ister), *s.*, registro de préstamos. —**SHARK** (shark), *s., mod.*, prestamista, usurero. —**WITHOUT SECURITY** (guith-aut-si-kíur-iti), *s.*, préstamo sin garantía.

LOANS (louns), *s.*, préstamos. —**CALLED** (cald), *s.*, préstamos cobrados. —**EXTENDED** (ex-ténd-ed), *s.*, préstamos con plazo diferido. —**PAYABLE** (péi-abl), *s.*, préstamos por pagar. —**RECEIVABLE** (ricív-abl), *s.*, préstamos por cobrar.

LOBBY (lobi), *s., rv.*, antesala, cabildeo, cabildear.

LOBBYIST (lobi-ist), *s.*, gestor legislativo cabildero, (E.U.).

LOCAL (lou-kal), *adj.*, local. —**ADVERTISING** (ád-ver-taiz-ing), *s.*, publicidad local. —**DEMAND** (di-mand), *s.*, demanda local. —**ENTHUSIASM** (en-thú-si-asm), *s.*, entusiasmo local. —**SALES** (seils), *s.*, ventas locales.

LOCATE (lóu-keit), *rv.*, localizar, encontrar, declarar un depósito mineral.

LOCKOUT (lák-aut), *s.*, *rv.*, paro, cierre forzoso, clausurar.

LOG (lag), *s.*, *rv.*, registro, bitácora, registrar.

LOGICAL OPERATORS (la-dch-ical) oper-éitors), *s.*, *and* y *or* en COBOL (véase COBOL). —**RECORD** (ré-kord), *s.* dato u artículo, datos relacionados a una sola área de proceso (computadoras).

LOGISTICS (lo-dch-ís-tics), *s.*, logística, mantenimiento de materiales.

LOGOTYPE (lógo-taip), *s.* logotipo, emblema.

LONG-DATED (long-deited), *adj.*, a largo plazo.

LONG RANGE (long reindch), *s.*, *adj.*, largo plazo, de largo alcance. —**PLANNING** (plan-ing), *s.*, planeación a largo plazo.

LONG TERM (long term), *s.*, largo plazo. —**DEBT** (det), *s.*, deuda a largo plazo. —**INVESTMENT** (in-véstment), *s.*, inversión a largo plazo. —**LOAN** (loun), *s.*, préstamo a largo plazo. —**RECEIVABLES** (ri-sív-abls), *s.*, cuentas por cobrar a largo plazo. —**PAPER** (peiper), *s.*, documentos a largo plazo.

LONGEVITY (lon-dchév-iti), *s.*, longevidad, de larga duración.

LONGHAND (lóng-jand), *s.*, escritura manuscrita.

LOCK INTO (luk intu), *rv.*, averiguar, investigar.

LOOPHOLE (lúp-joul), *s.*, escapatoria, cláusula en un contrato que libera al firmante de responsabilidades en ciertas circunstancias.

LOTTERY (lót-eri), *s.*, lotería. —**TICKET** (tik-et), *s.*, billete de lotería. —**PREMIUM** (prí-mium), *s.*, premio de lotería.

LOW (lou), *adj.*, bajo, limitado. —**CAPACITY** (kapá-siti), *adj.*, baja capacidad. —**RATE** (reit), *s.*, tipo o tasa baja.

L.P. GAS (el pi gas), *s.*, gas combustible.

LUBRICANT (lú-bri-cant), *s.*, lubricante.

LUBRICANTS, OILS AND GREASES (lubri-cants, oils and grises), *s.*, lubricantes, aceites y grasas.

LUCRE (lú-kr), *s.*, lucro, ganancia excesiva.

LUCRATIVE (lúk-ra-tiv), *adj.*, lucrativo.

LUMBER (lamber), *s.*, madera.

LUMP ENTRY (lamp entri), *s.*, asiento global. —**SUM** (sam), *s.*, cantidad global.

LUXURY (láx-uri), *s.*, lujo. —**MERCHANDISE** (mér-chan-dais), *s.*, mercancía de lujo. —**TAX** (tax), *s.*, impuesto sobre artículos de lujo.

M

MACHINE (ma-shín), s., máquina. —BREAKDOWN (bréik-daun),s., falla o descompostura de máquina. —DEFECTS (dí-fects), s., defectos de máquina. —EFFICIENCY (efí-shen-si), s., eficiencia de máquina. —LANGUAGE (lán-guadch), s., instrucciones que se pueden dar por una máquina computadora. —LOAD (loud),s., carga sobre la máquina. —MADE (meid), adj., hecho a máquina. —MAINTENANCE (méin-ten-ans), s., mantenimiento de máquina. —OPERATOR (óper-eit-or), s., operador de máquina. —OUTPUT (áut-put), s., rendimiento o producción de máquina. —PARTS (parts), s., refacciones para máquina. —RENTAL (rental), s., renta de máquina. —REPAIRS (ri-pérs), s., reparaciones de máquina. —TOOL (tul), s., máquina para trabajar metales. —UPKEEP (áp-kip), s., mantenimiento de máquina.

MACHINE-HOUR (auer), s., hora-máquina. —RATE (reit), s., capacidad por hora de máquina.

MACHINERY (ma-shin-eri), s., máquinaria. —AND EQUIPMENT (and equíp-ment), s., maquinaria y equipo. —UPKEEP (áp-kip), s., mantenimiento de maquinaria.

MADE OVER (meid over), adj., reconstruido. —TO ORDER (tu or-der), adj., hecho a la medida o sobre pedido.

MAGAZINE (mága-sin), s., revista. —ADVERTISING (ád-ver-tais-ing), s., propaganda o publicidad en publicaciones. —CIRCULATION (sir-kiu-léi-shon), s., circulación de revistas o ejemplares distribuidos.

MAGNETIC (mag-net-ic), adj., magnético. —STORAGE (stó-ra-dch), s., almacenaje magnético. —STRIP (strip), s., banda o cinta magnética. —TAPE (teip), s., cinta magnética.

MAIL (meil), s., rv., correspondencia, enviar por correo. —BOX (box), s., buzón. —ORDER (ór-der), s., pedido por correo, giro postal. —HOUSE (jaus), s., empresa que vende por correo. —SERVICE (sér-vis), s., servicio de correo.

MAILING (meil-ing), s., envío por correo. —LIST (list), s., lista de clientes para enviar propaganda por correo. —SERVICE (sér-vis), s., empresa que envía propaganda impresa por correo.

MAIN (mein), adj., principal. —OFFICE (ofis), s., oficina principal, matriz. —SOURCE OF SUPPLY (sors af saplai), s., principal fuente de abastecimiento.

MAINLINE (mein-lain), s., ruta principal, línea principal.

MAINTENANCE (méin-ten-ans), s., mantenimiento, conservación.

MAJORITY (ma-dchór-iti), s., mayoría, mayoritario. —PREFERENCE (pré-fer-ens), s., preferencia de la mayoría. —RULE (rul), s., gobierno por mayoría. —STOCKHOLDER (stók-joul-er), s., accionista mayoritario. —VOTE (vout), s., voto mayoritario.

MAKER (meik-er), s., fabricante, otorgante, girador.

MAKER'S GUARANTEE (garan-tí), s., garantía del fabricante.

MAKER'S SIGNATURE (síg-na-chur), s., firma del girador.

MALFEASANCE (mal-fí-sans), s., fechoría, falta de cumplimiento.

MALFUNCTION (mal-fánk-shon), s., falla, funcionamiento incorrecto.

MALPRACTICE (mal-prák-tis), s., conducta ilegal, inmoral o sin ética de profesionistas en el ejercicio de su profesión.

MANAGE (mán-adch), rv., dirigir, administrar.

MANAGEMENT (mán-adch-ment), s., dirección, manejo, administración. —ANALYSIS (aná-li-sis), s., análisis de gestión o de gerencia. —RECORD (rékord), s., logro de la administración.

MANAGERIAL (man-a-dch-érial), adj., administrativo, perteneciente a la gerencia. —ACCOUNTING (ak-áunt-ing), s., contaduría que se especializa en análisis financieros necesarios para la gerencia. —CONTROL (con-trol), control administrativo o de la gerencia. —EFFICIENCY (efí-shen-si), s., eficiencia administrativa. —RESPONSIBILITY (res-pón-si-biliti), s., responsabilidad de la gerencia.

MANDATE (man-deit), s., mandato, orden.

MANDATORY (mánda-tori), adj., obligatorio (for) preceptivo.

MAN-HOURS (man-auers), s., horas-hombre.

MANIFOLD (máni-fould), s., adj., copia, múltiple, variado. —PAPER (pei-per), s., papel para copias.

MANIPULATE (maní-piu-leit), rv., manipular, manejar.

MANIPULATION (mani-piu-léishon), s., manipulación, manejo. —OF FUNDS (af fonds), s., manipulación de fondos.

MANUAL (man-ual), adj., s., manual. instructivo.

MANSLAUGHTER (mán-sla-ter), s., homicidio sin premeditación.

MANUFACTURE (maniu-fák-chur), rv., manufacturar, fabricar.

MANUFACTURED (manin-fák-churd), adj., fabricado, manufacturado. —GOODS (guds), s., artículos manufacturados. —PRODUCTS (prád-octs), s., productos manufacturados.

MANUFACTURER (maniu-fák-chur-er), s., fabricante.

MANUFACTURER'S AGENT (éi-dohent), s., representante de fabricante. —BRAND (brand), s., marca de fabricante.

MANUFACTURING adj., de fabricación, manufacturera. —COMPANY (maniu-fák-chur-ing com-pani), s., compañía manufacturera. —COSTS (costs), s., costos de fabricación. —PROCESS (pró-ses), s., proceso de fabricación. —TECHNIQUES (tek-níks), s., técnicas de fabricación.

MANUSCRIPT (mániu-skript), s., manuscrito.

MAP (map), s., rv., mapa, plano, planear. —MAKER (meik-er), s., cartógrafo.

MARGIN (már-dch-in), s., margen, límite.

MARGINAL (már-dch-inal), adj., marginal, al margen de. —BENEFITS (bé-ne-fits), s., beneficios o prestaciones laborales. —COST (cost), s., costo marginal. —CREDIT (cré-dit), s., crédito marginal. —**PROFITS** (prá-fits), s., utilidades marginales. —**REVENUE** (ré-ven-iu), s., ingreso marginal.

MARINE (ma-rín), adj., s., marítimo, marino. —**DRILLING** (dríl-ing), s., perforación marina. —**TRANSPOR-TATION** (trans-port-éi-shon), s., transporte marítimo.

MARITAL (mári-tal), adj., matrimonial.

MARITIME (mári-taim), adj., marítimo. —**FLEET** (flit), s., flota marítima, flota mercantil. —**JURISDICTION** (dchur-is-díc-shon), s., jurisdicción marítima.

MARKDOWN (márk-daun), s., rebaja, precio rebajado.

MARKUP (márk-ap), s., incremento, aumento de precio.

MARKET (már-ket), s., rv., mercado, lanzar al mercado. —**ANALYSIS** (análisis), s., análisis del mercado. —**CON-DITION** (kon-dí-shon), s., condición del mercado. —**EVALUATION** (ival-iu-éi-shon), s., evaluación del mercado. —**INDEX** (ín-dex), s., índice del mercado, indicación del mercado. —**INDICA-TORS** (índi-keit-ors), s., indicadores del mercado. —**POTENTIAL** (po-tén-shal), s., potencial del mercado. —**RE-SEARCH** (rí-serch), s., investigación del mercado. —**SATURATION** (sat-iur-éi-shon), s., saturación del mercado. —**SURVEY** (súr-vei), s. estudio o análisis del mercado. —**VALUE** (vál-iu), s., valor de mercado.

MARKETABLE (market-abl), adj., vendible, comercial. —**PRODUCTS** (prá-dacts), s., productos vendibles o comerciales.

MARKETING (márket-ing), s. mercadotécnia, comercialización. —**EFFI-CIENCY** (efí-shen-si), s., eficiencia de mercadotécnia. —**KNOW-HOW** (nou-jau), s. mod., experiencia o conocimientos de mercadotécnia. —**MA-NAGEMENT** (mána-dch-ment), s., administración de mercadotecnia. —**MANAGER** (mána-dcher), s., gerente de mecadotecnia. —**METHODS** (mé-thods), s., métodos de mercadotecnia. —**POLICY** (pál-ici), s., política de comercialización. —**PROGRAM** (pró-gram), s., programa de comercialización o de ventas. —**VARIABLES** (vári-abls), s., variables de la comercialización.

MART (mart), s., mercado.

MASS PRODUCTION (mas pro-dák-shon), s., producción en gran volumen o en masa.

MASTER (más-ter), s., adj., maestro, patrón, jefe, dueño, dominar. —**BUD-GET** (bád-chet), s., presupuesto maestro o principal. —**FILE** (fail), s., archivo maestro o principal. —**OF ARTS** (af arts), s., maestro en artes. —**OF SCIENCE** (af sái-ens), s., maestro en ciencias. —**PLAN** (plan), s., plan maestro. —**RECORDS** (ré-kords), s., datos o archivos maestros. —**SHEET** (shit), s., hoja, pliego o página maestra. —**WORKMAN** (guórk-man), s., trabajador maestro o muy experimentado.

MATCH (mach), s., rv., partida, conjunto, contrincante, igualar, hacer juego.

MATERIAL (ma-tí-rial), s., adj., material, sustancia, pertinente. —**DA-MAGES** (dáma-dches), s., daños y perjuicios materiales o importantes. —**EVIDENCE** (évi-dens), s., evidencia material o pertinente. —**FACTS** (fakts), s., hechos pertinentes. —**WIT-NESS** (guít-nes), s., testigo importante.

MATERIALS, s., materiales. —**IN PRO-CESS** (in pro-ses), s., materiales en proceso. —**IN TRANSIT** (in tran-sit), s., materiales en tránsito. —REQUI-SISTION (requi-sí-shon), s., requisición de materiales, vale de almacén.

MATRIX (ma-trix), s., matriz.

MATTER (má-ter), s., asunto, negocio, materia.

MATURE (ma-tiúr), rv., adj., vencerse, terminarse el plazo de pago, maduro.

MATURITY (ma-tiúr-iti), s., vencimiento.

MAXIMUM (máx-im-um), adj., máximo. —CAPACITY (capá-siti), s., capacidad máxima. —OUTPUT (aut-put), s., producción máxima. —PRICE (prais), s., precio máximo. —PRODUCTION (pro-dák-shon), s., producción máxima. —YIELD (jild), s., rendimiento máximo.

MAYOR (mei-or) s., alcalde, presidente municipal.

MEASURES (méi-shurs), s., medidas.

MECHANICAL (me-kánik-al), adj., mecánico, mecánicamente. —DEFECT (dí-fect), s., defecto mecánico.

MECHANISM (méka-nism), s., mecanismo, sistema de máquinas.

MECHANIZATION (meka-ni-séi-shon), s., mecanización.

MECHANIZED (méka-naizd), adj., mecanizado. —FACTORY (fák-tori), s., fábrica mecanizada.

MEDIATE (mí-di-eit), rv., mediar, intervenir amistosamente.

MEDIATION (midi-éi-shon), s., mediación, tercería.

MEDICAL, adj., médico (a). —ATTENTION (mé-di-cal atén-shon), s., atención médica. —CARE (ker), s., cuidado médico. —COSTS (costs), s., costos médicos. —SERVICE (sér-vis), s., servicio médico.

MEDIUM (mí-di-um), adj., s., medio, mediano, el medio. —OF EXCHANGE (ex-chein-dch), s., medio de cambio o de pago. —OF SALES (seils), s., medio de ventas.

MEETING (mit-ing), s., junta, asamblea. —PLACE (pleis), s., lugar para la junta o para la asamblea. —TIME (taim), s., tiempo de la junta.

MEMBER (mem-ber), s., miembro, socio, agremiado. —OF THE BOARD (af thi bord), s., miembro del consejo de administración.

MEMBERSHIP (mémber-ship), s., calidad de miembro, afiliación.

MEMO (memo), s. abr., memorándum.

MEMORANDUM (memo-rán-dum), s., memorándum. —INVOICE (memoran-dum in-vois), s., factura provisional.

MEMORY (mém-ori), s., memoria, información almacenada. —SIZE (saiz), s., capacidad de la memoria.

MEN'S WEAR (mens guer), s., ropa para caballero.

MERCHANTILE (mér-kan-til), adj., mercantil, comercial. —COMPANY (cóm-pani), s., compañía comercial. —OPERATION (oper-ei-shon), s., operación mercantil.

MERCHANDISE (mér-chan-daiz), s., mercancía, mercadería. —BOUGHT (bot), s., mercancía comprada. —IN PROCESS (merchan-dáiz in pró-ses), s., mercancía en proceso. —IN STORAGE (sto-radch), s., mercancía en almacén. —IN TRANSIT (trán-sit), s., mercancía en tránsito. —ON CONSIGNMENT (con-sain-ment), s., mercancía en consignación. —REFUSED OR RETURNED (ri-fiúsed or ri-túrnd) s., mercancía rechazada o devuelta. —SOLD (sould), s., mercancía vendida. —SOLD ON CREDIT (on credit), mercancía vendida a crédito. —TURNOVER (turn-óuver), s., rotación o movimiento de mercancía. —**UNPAID** (an-peid), s., mercancía no pagada.

MERCHANDISING (mer-chan-dái-zing), s., rv., el acto de vender y comprar. —**RESEARCH** (rí-serch), s., investigación de mercado.

MERCHANT (mer-chant), s., mercante, comerciante. —**ASSOCIATION** (aso-si-éi-shon), s., asociación de comerciantes. —**MARINE** (ma-rín), s., la marina mercante.

MERGE (mer-dch), rv., fusionarse, unirse.

MERGED (mer-dchd), adj. fusionado, unido. —**COMBINE** (kóm-bain), s., combinación de empresas fusionadas. —**COMPANIES** (kóm-panis), s., compañías fusionadas o unidas. —**GROUP** (grup), s., grupo fusionado o unido.

MERGER (mer-dcher), s., fusión de empresas, combinación de empresas, unión de empresas.

MERIT (mé-rit), s., rv., mérito, merecer.

MESSAGE (mes-adch), s., mensaje, recado. —**CENTER** (cén-ter), s., centro de comunicaciones.

METALANGUAGE (metal-lán-gua-dch), s., el lenguaje (símbolos) que describe a otro lenguaje de computación.

METHOD (mé-thod), s., método.

METHODS AND PROCEEDURES (méthods and pro-síd-iurs), s., métodos y procedimientos.

METRIC (metric), adj., métrico. —**MEASURE** (meí-ziur), s., medida métrica —**TON** (ton), s., tonelada métrica. —**SYSTEM** (sís-tem), s., sistema métrico.

MICROFILM (maí-kro-film), s., micropelícula.

MIDDLEMAN (mídl-man), s., intermediario, revendedor.

MIDDLING (míd-ling), adj., de valor regular, calidad regular, aceptable —**AMOUNT** (a-máunt), s., cantidad mediana. —**INCOME** (ín-kam), s.; ingresos medianos. —**PROFITS** (prá-fits), s., utilidades medianas.

MILE (mail), s., milla.

MILES PER HOUR (mails per auer), s., millas por hora.

MILL (mil), s., molino, fábrica, ingenio.

MIMEOGRAPH (mímeo-graf), s., mimeógrafo, máquina duplicadora.

MINERAL (mín-er-al), s., adj., mineral. —**PRODUCTION** (pro-dák-shon), s., producción mineral. —**RIGHTS** (raits), s., derechos minerales o mineros. —**WEALTH** (guelth), s., riqueza mineral.

MINIMUM (míni-mam), adj., mínimo. —**CAPACITY** (kapá-siti), s., capacidad mínima. —**COST** (cost), s., costo mínimo. —**EARNINGS** (ér-nings), s., ganancias o utilidades mínimas. — **PRICE** (prais), s., precio mínimo. — **WAGE** (gueidch), s., sueldo o salario mínimo.

MINING (máin-ing), s., minería, explotación de minas. —**COMPANY** (kóm-pani), s., compañía minera. —**ENGINEER** (en-dchin-ír), s., ingeniero minero. —**MACHINERY** (ma-shín-eri), s., maquinaria para minería. —**PRODUCTION** (pro-dák-shon), s., producción minera. —**RIGHTS** (raits), s., derechos mineros.

MINISTER (mín-is-ter) s., ministro, embajador.

MINISTRY (mínis-tri), s., ministerio. —**OF FOREIGN RELATIONS** (af for-en riléi-shons), s., ministerio de relaciones exteriores. —**OF THE INTERIOR** (af thi in-tí-rior), s., Ministerio del Interior o de Gobernación.

MINOR (mai-nor), s., adj., menor, menor de edad, sin importancia. —**AS-**

SETS (as-ets), s., bienes menores, activo de poca importancia. —EXPENSES (ex-pén-ses), s., gastos menores. —INVESTMENT (in-vést-ment), s., inversión menor. —PARTNER (pártner), s., socio minoritario. —PRODUCT (prá-dakt), s., producto de importancia secundaria.

MINUS (mai-nos), adj., menos, cantidad negativa.

MINUTE (mín-ut), s., adj., minuto, minuta, acta, minúsculo.—BOOK (buk), s., libro de actas, minutario.—ENTRY (entri), s., entrada o asiento en el libro de actas.

MINUTES OF THE MEETING (mínuts af thi mít-ing), s., acta o minuta de la junta.

MISADVENTURE(mis-advén-chur),s., fracaso, desgracia, contratiempo.

MISAPROPRIATION (mis-apro-pri-éishon), s., malversación, posesionarse de fondos ilegalmente.

MISBRAND (mis-brand), v., etiquetar fraudulentamente, mal uso de una marca comercial.

MISCELLANEOUS (misel-eí-neos), adj., misceláneo, diverso. —EXPENSES (ex-pén-ses), s., gastos diversos. —DISBURSEMENTS (dis-búrs-ments), desembolsos diversos. —INCOME (íncam), s., ingresos varios.

MISDATE (mis-deit), rv., fechar equivocadamente.

MISDELIVERY (mis-delí-veri), s., entrega equivocada.

MISDEMEANOR (mis-demín-or), s., delito menor.

MISLEADING (mis-líd-ing), adj., incorrecto, engañoso.

MISMANAGE (mis-mána-dch), rv., administrar mal o equivocadamente.

MISNOMER (mís-nomer), s., nombre equivocado o falso.

MISREPRESENT (mis-reprí-sent), rv., engañar, defraudar.

MISSPEND (mis-spend), rv., malgastar, derrochar.

MISTAKE (mis-téik), s., equívoco, error.

MISTAKEN (mis-téiken), adj., equivocado. —IDENTITY (ai-dén-titi), s., identidad equivocada. —EFFORT (é-fort), s., esfuerzo equivocado.

MISTRIAL (mis-trái-al), s., juicio equivocado, erróneo o indeciso.

MISUNDERSTANDING (mís-anderstand-ing), s., mal entendimiento.

MISUSE (mis-íus), s., uso indebido.

MIX (mix), rv., mezclar, combinar.

MIXED (mixt), adj., mezclado, combinado, confuso.

MODEL (mo-del), s., rv., adj., modelo, tipo, modelar. —HOME (joum), s., casa modelo. —OPERATION (oper-éishon), s., operación modelo. —PLANT (plant), s., planta modelo.

MODELS AND DESIGNS (models and di-sáins), s., modelos y diseños.

MODIFY (módi-fai), rv., modificar.

MODIFIER (modi-fai-er), s., modificador.

MONETARY (mon-e-téri), adj., monetario. —CONTROL (con-trol), s., control monetario. —GOLD (gould), s., oro acuñado. —SYSTEM (sis-tem), s., sistema monetario. —UNIT (iunit), s., unidad monetaria.

MONEY (mo-ney), s., dinero. —IN CIRCULATION (sir-kiu-léishon), s., dinero en circulación. —ORDER (or-der), s., giro postal o giro telegráfico.

MONOPOLIZE(monó-pol-aiz),rv., monopolizar.

MONOPOLIZER (monó-polaiz-er), s., monopolista, acaparador.

MONOPOLY (monó-poli), s., monopolio.

MONTH (month), s., mes. —TO MONTH LEASE (lis), s., arrendamiento de mes a mes.

MONTHLY (month-li), adj., mensualmente. —EXPENDITURES (ex-péndi-churs), s., gastos mensuales. INSTALIMENTS (instal-ments), s., abonos mensuales. —INTAKE (in-teik), s., ingresos mensuales. —PAYMENTS (péiments), s., pagos mensuales. —QUOTA (quota), s., cuota mensual. —SALES (seils), s., ventas mensuales.

MOONLIGHTING (mún-lait-ing), s., mod., trabajo extra, trabajo de noche.

MORATORIUM (móra-tor-ium), s., moratoria, suspensión de pagos.

MORATORY (móra-tori), adj., moratorio.

MORTGAGE (mór-gadch), s., rv., hipoteca, hipotecar. —BANK (bank), s., banco hipotecario.—BONDS (bonds), s., bonos o cédulas hipotecarias. —DEBENTURES (di-bén-churs), s., cédulas hipotecarias. —LIEN (lin), s., gravamen hipotecario. —LOAN (loun), s., préstamo hipotecario.

MORTGAGED (mór-ga-dchd), adj., hipotecado. —ASSETS (as-ets), s., bienes o activo hipotecado. —HOME (joum), s., hogar hipotecado. —PROPERTY (práp-er-ti), s., propiedad hipotecada.

MORTGAGEE (mor-ga-dchí) s., acreedor hipotecario, quien posee la hipoteca.

MORTGAGOR (mor-ga-dchór), s., deudor hipotecario, quien hipoteca sus bienes.

MOTIVE (móu-tiv) s., motivo, razón.

MOTIVATION (motiv-éi-shon), s., motivación, impulso. —RESEARCH (ríserch), s., investigación motivacional.

MULTIBANK (multi-bank), s., multibanco.

MULTIFILE (multi-fail), s., archivos múltiples.

MULTINATIONAL (multi-náshon-al), s., multinacional. —BANK (bank), s., banco multinacional. —CORPORATION (cor-por-éishon), s., compañía multinacional.

MULTIPLE (mál-ti-pl), adj., múltiple.

MULTIPLY (mál-ti-plai), rv., multiplicar, incrementar.

MUNICIPAL (miu-ni-si-pal), adj., municipal. —LICENCE (lái-sens), s., licencia municipal. —TAX (tax), s., impuesto municipal.

MUTUAL (míu-chual), adj., mutual, mutualista. —BANK (bank), s., banco mutualista.—COMPANY (cóm-pa-ni), s., compañía mutualista. —FUNDS (fands), s., fondos mutualistas.—SAVINGS BANK (séiv-ings-bank), s., banco mutualista de ahorros.

N

NAME, s., adj., nombre. BRAND (neim brand), s., marca comercial muy conocida. —PLATE (pleit), s., gafete, placa para poner un nombre.

NANOSECOND (nano-sé-cond), s., adj., nanosegundo.

NATION (nei-shon), s., nación.

NATIONAL (ná-shon-al), adj., nacional. —ADVERTISING (ád-ver-taising), s., propaganda en escala nacional. —BANK (bank), s., banco nacional. —BRAND (brand), s., nombre de fábrica conocido nacionalmente. —ECONOMY (i-kón-omi), s. la economía nacional. —PRODUCT (prá-dact), s., producto nacional. —REGISTER OF ALIENS (ré-dchis-ter af éil-iens), s., registro nacional de extranjeros.

NATIONALITY (nashon-áli-ti), s., nacionalidad.

NATIONALIZE (nashon-al-áiz), rv., nacionalizar.

NATIONALIZED INDUSTRY (índas-tri), s., industria nacionalizada.

NATURAL (na-chur-al), ajd., natural, original. —GAS (gas), s., gas natural. —BORN (born), adj. ciudadano por nacimiento. —RESOURCES (rí-sor-ses), s., recursos naturales.

NEGATIVE (néga-tiv), adj., negativo. —OPINION (opín-ion), s., opinión negativa. —RESPONSE (res-póns), s., respuesta negativa. —RESULTS (ri-sálts), s., resultados negativos.

NEGLECT (neg-léct), rv., s., descuidar, descuido.

NEGLIGENCE (négli-dchens), s., negligencia.

NEGLIGENT (négli-dchent), adj., negligente. —ACT (act), s., acto negligente. —CAUSE (kaus), s., causa negligente. —LOSS (los), s., pérdida por negligencia.

NEGOTIABLE (negó-shabl), adj. negociable. —INSTRUMENTS (íns-truments), s., documentos negociables. —REGISTER (ré-dchis-ter), s., registro de documentos negociables. —PAPER (péiper), s., papel o documentos negociables.

NEGOTIABILITY (nego-sha-bíliti), ajd., negociabilidad.

NEGOTIATE (negó-shi-eit), rv., negociar, gestionar.

NEGOTIATION (nego-shi-éi-shon), s., negociación, trámite, gestión.

NEGOTIATOR (nego-shi-éit-or), s., negociador, gestor, promotor.

NEST EGG (nést eg), s., mod., ahorro para el futuro.

NET (net), adj., rv., neto, rendir, producir. —ASSETS (ás-ets), s. activo neto. —BOOK VALUE (buk vá-liu), s., valor neto según libros. —EARNINGS (érn-ings), s., ganancias netas. ERRORS AND OMISSIONS (erors and omísh-ons), s., errores y omisiones netos. —GAIN (gein), s., ganancia neta. —**INCOME** (ín-com), s., ingresos netos. —**LOSS** (los), s., pérdida neta. —**PROCEEDS** (pro-síds), s., ingresos netos. —**PROFITS** (práfits), utilidades netas. —**RETURNS** (ri-túrns), s., utilidad neta, rédito neto, ganancia neta. —**SALES** (seils), s., ventas netas. —**WEIGHT** (gueit), s., peso neto. —**WORTH** (guorth), s., valor neto, el capital y la plusvalía. —**VALUE** (vá-liu), s., valor neto, valor líquido.

NETWORK (nét-guork), s., red de comunicaciones.

NEUTRAL (niú-tral), adj., neutral.

NEWSLETTER (niúz-leter), s., boletín de noticias.

NEWSPAPER (niúz-peiper), s., periódico, diario. —**ADVERTISING** (ad-vertáiz-ing), s., publicidad en periódicos. —**RATES** (reits), s., tarifa de la publicidad en periódicos. —**CIRCULATION** (cir-kiu-léi-shon), s., circulación o ejemplares distribuidos de un periódico en su fecha de publicación.

NEWSPRINT (niúz-print), s., papel para periódico, papel barato.

NICKEL (ní-kel), s., níquel, moneda de cinco centavos de dólar.

NIGHT, s., adj., noche —**LETTER** (nait leter), s., telegrama nocturno. —**SHIFT** (shift), s., turno de noche. —**WORK** (guork), s., trabajo de noche.

NO (no), adv., no, nada, ningún. —**CASH** (no cash), s., neg., ningún dinero en efectivo. —**DEMAND** (dimánd), s., neg., ninguna demanda. —**FUNDS** (fands), s., neg., ningunos fondos. —**GOOD** (gud), adj., neg., no sirve, no tiene valor. —**PROFIT** (práfit), s., neg., ninguna utilidad. —**SALES** (seils), s., neg., ningunas ventas. —**WORK** (guork), s., neg., ningún trabajo.

NOMINAL (nóm-in-al), adj., nominal.

—**DAMAGES** (dáma-dches), s., daños y perjuicios nominales. —**WAGES** (guéi-dches), s., sueldo nominal, salario nominal. —**VALUE** (vál-iu), s., valor nominal.

NOMINATE (nóm-in-eit), rv., nominar, nombrar.

NOMINATIVE (nóm-in-ativ), adj., nominativo. —**SHARES** (shers), s., acciones nominativas.

NOMINEE (nomin-í), s., candidato.

NONACCEPTANCE (non-ak-sép-tans), s., rechazo, falta de aceptación.

NONASSESIBLE (non-asés-ibl), adj., no valorable, exento de impuestos.

NONASSIGNABLE (non-asáin-able), adj., no transferible.

NONCALLABLE (non-cál-abl), adj., no cobrable, no retirable.

NONCOLLECTIBLE (non-coléct-ibl), adj., no cobrable.

NONCOMMERCIAL (non-comér-shal), ajd., no comercial.

NONCOMPLIANCE (non-complái-ans), s., falta de cumplimiento.

NONCUMULATIVE (non-kiú-miu-léitiv), adj., no acumulativo.

NONDEDUCTABLE (non-didákt-abl), ajd., no deducible.

NONDELIVERY (non-delíver-i), s., falta de entrega.

NONDURABLE (non-diú-ra-bl), adj., no durable.

NON-INTEREST BEARING (non-interest bér-ing), adj., que no devenga intereses.

NONMARKETABLE (non-márket-abl), adj., no vendible, no negociable.

NONOPERATING (non-áper-eit-ing), adj., inoperativo.

NONPAYMENT (non-pei-ment), s., falta de pago.

NONPERFORMANCE (non-perfórmans), s., falta de cumplimiento.

NONPROFIT (non-prá-fit), *adj.*, sin beneficio, no lucrativo.

NONRECOURSE (non-rí-kors), *adj.*, sin recurso o remedio.

NONRECURRING(non-rikúr-ing), *adj.*, que no se repite. —EXPENSES, *s.*, gastos que no se repiten.

NONSUPPORT (non-sup-órt), *s.*, falta de responsabilidad económica del padre hacia la familia.

NONTAXABLE (non-táx-abl), *adj.*, exento de impuestos.

NONUNION (non-iúnion), *adj.*, no sindicalizado.;

NORMAL (nor-mal), *adj.*, normal, usual. —CAPACITY (capá-siti), *s.*, capacidad normal.—INTELLIGENCE (intél-i-dchens), *s.*, inteligencia normal. —QUALITY (kuá-li-ti), *s.*, calidad normal o usual. —SALES (seils), *s.*, ventas normales.

NOTARIZED (nóu-tar-aizd), *adj.*, notarial. —CERTIFICATE (ser-tíf-i-kat), *s.*, certificado notarial.—DOCUMENT (dók-iu-ment), *s.*, documento notarial. —TESTAMENT (tés-ta-ment), *s.*, testamento notarial.

NOTARY (nóut-ari), *s.*, notario. —PUBLIC (páb-lik), *s.*, notario público.

NOTARY'S OFFICE (ofis), *s.*, notaría, despacho del notario.

NOTE (nout), *s.*, *rv.*, letra, pagaré nota, notar.

NOTEBOOK (nout-buk), *s.*, libreta para apuntes.

NOTEHOLDER (nóut-jould-er), *s.*, tenedor o poseedor de una letra.

NOTEMAKER (nout-meik-er), *s.*, otorgante de una letra.

NOT (neg), no. —DUE (du), *adv.*, sin vencer, no vencido. —GUILTY (gíl-ti), *adj.*, no culpable, inocente. —ELSEWHERE CLASSIFIED (éls-juer-clási-faid), *adv.*, no especificado en otro lugar.—TO TAKE IN ACCOUNT (tu-teik-in-ak-áunt), *adj.*, para no tomarse en cuenta.

NOTES DISCOUNTED (nouts dís-caunted), *s.*, letras descontadas. —DUE (du), *s.*, letras vencidas. —PAYABLE (péi-abl), *s.*, letras por pagar. —RECEIVABLE (ricív-abl), *s.*, letras por cobrar.

NOTICE (nou-tis), *s.*, noticia, citatorio, aviso. —OF APPEAL (apil), *s.*, notificación de apelación. —OF CHANGE OF ADDRESS (cheindch af a-dres), *s.*, notificación de cambio de residencia. —OF CLAIMS (kleims), *s.*, noticia de reclamaciónes. —OF CLOSURE (klóuz-iur), *s.*, aviso de clausura. —OF THE TRIAL (trái-al), *s.*, noticia del juicio. —OF THE VERDICT (vér-dict), *s.*, notificación del veredicto o del fallo. —TO APPEAR (tu apir), *s.*, notificación que se presente, citatorio.

NOTIFICATION (noti-fi-kéi-shon), *s.*, notificación, citación.

NOTIFY (nóut-i-fai), *rv.*, notificar, avisar.

NOVATION (nou-véi-shon), *s.*, novación, novedad.

NOTORIOUS (nou-tór-ios), *adj.*, notorio.

NOVICE (no-vis), *s.*, novato, aprendiz, novicio.

NUCLEAR (nú-kli-ar), *adj.*, nuclear. —ENERGY (éner-dchi), *s.*, energía nuclear. —PROJECT (pró-dchekt), *s.*, proyecto nuclear.

NUISANCE VALUE (nú-sans vá-liu), *s.*, con valor únicamente para fastidiar.

NULL (nal), *adj.*, nulo, sin afecto.

NULLIFY (nál-ifai), *rv.*, nulificar, anular.

NULLITY (nál-iti), *s.*, nulidad.

NUMBER (nám-ber), *s.*, número.

NUMERICAL SEQUENCE (numérical síquens), *s.*, secuencia numérica.

NUMISMAT (númis-mat), *s.*, coleccionista de monedas o dinero.

NUMISMATIC (numis-mát-ic), *adj.*, numismático.

O

OATH (outh), *s.*, juramento.

OBJECT (áb-dch-ect), *s.*, *rv.*, objeto, objetivo, objetar, oponerse. —COMPUTER (kom-píu-ter), *s.*, computador para procesar una programación específica. —MODULE (má-diul), *s.*, módulo objetivo. —PROGRAM (prógram), *s.*, programa traducido a un lenguaje de computación.

OBJECTIVE (ab-dchect-iv), *adj.*, objetivo. —EVIDENCE (évi-dens), *s.*, evidencia objetiva. —PLANNING (plan-ing), *s.*, planeación objetiva. —VIEWPOINT (viú-point), *s.*, punto de vista objetivo.

OBLIGATION (obli-géi-shon), *s.*, obligación, prestación.

OBLIGATORY (oblí-ga-tori), *adj.*, obligatorio. —CLAUSE (klaus), *s.*, cláusula obligatoria. —PAYMENTS (péi-ments), *s.*, pagos obligatorios. —STOP (stop), paro obligatorio.

OBSERVER (ob-sérv-er), *s.*, observador, vigilante.

OBSOLESCENCE (obso-lés-ens), *s.*, obsolecencia, desuso.

OBSOLETE (óbso-lit), *adj.*, obsoleto, anticuado. —EQUIPMENT (equípment), *s.*, equipo obsoleto. —PROCESS (prá-ses), *s.*, proceso obsoleto o anticuado. —TECHNIQUE (tek-ník), *s.*, técnica obsoleta.

OBVIOUS RISK (áb-vias risk), *s.*, riesgo evidente.

OCCUPATION (okiu-péi-shon), *s.*, ocupación.

OCCUPATIONAL (okiu-péi-shonal), *adj.*, ocupacional. —DISEASES (disís-es), *s.*, enfermedades ocupacionales. —HAZARDS (jáz-ards), *s.*, riesgos ocupacionales o profesionales.

OCCUPIED (ókiu-paid), *adj.*, ocupado. —COUNTRY (kón-tri), *s.*, país ocupado.

OCEAN FREIGHT (óu-shon freit), *s.*, flete marítimo.

ODD AND ENDS (ods and ends), *s.*, *mod.*, miscelánea, esto y lo otro.

OF AGE (af eidch), *adj.*, de edad, mayor de edad.

OFF LINE (af lain), *adj.*, fuera de lo razonable, fuera de línea. —DEVICES (di-vái-ses), *s.*, artefactos que reciben los resultados del área de almacenamiento temporal y no directamente del programa.

OFF THE PAYROLL (af thi péi-rol), *adj.*, *adv.*, fuera de la nómina, no empleado.

OFFER (af-er), *rv.*, *s.*, ofrecer, oferta. —AND ACCEPTANCE (ak-sept-ans), *s.*, oferta y aceptación. —AND DEMAND (offer and demand), *s.*, oferta y demanda.

OFFICE (of-is), *s.*, oficina, despacho, bufete, puesto. —EQUIPMENT (equipment), *s.*, equipo de oficina. —EXPENSE (ex-pens), *s.*, gastos de oficina.

—MANAGER (mána-dcher), s., gerente de oficina o de administración. —PERSONNEL (per-son-él), s., personal de oficina. —SUPPLIES (sapláis), s., efectos o útiles de oficina.

OFFICER (ofis-er), s., oficial, funcionario.

OFFSET (af-set), s., contraacto, contrapartida, compensación, sistema de duplicación. —ACCOUNT (a-cáunt), s., contracuenta.

OFFSETTING (adj) compensatorio. —ENTRY (áf-seting), s., contrapartida, contra asiento. —ERROR (er-or), s., error compensado.

OILS AND GREASES (oils and grises), s., aceites y grasas, lubricantes.

OLD FASHIONED (ould fásh-iond), adj., pasado de moda.

OMISSION (omí-shon), s., omisión. —OF DATA (af data), s., omisión de datos. —OF INFORMATION (af informéi-shon), omisión de información.

OMIT (o-mít), rv., omitir.

ON (prep.), en sobre, sujeto a —ACCOUNT (on a-cáunt), adj., adv., a cuenta. —CALL (cal), adv., adj., sujeto a ser llamado, pagadero a la vista. —CONSIGNMENT (con-saín-ment), adj., a consignación. —CREDIT (kré-dit), adj., adv., a crédito. —DEMAND (di-mánd), adj., adv., a la vista, a la presentación. —LINE (lain), adj., adv., en línea. —DEVICES (di-váis-ses), s., artefactos conectados directamente a la computadora. —PURPOSE (púrpos), adv., a propósito, adrede, intencionalmente. —SIGHT (sait), adv., adj., a la vista. —THE RIM (rim), adv., al margen, en la orilla. —TIME (taim), adv., a tiempo.

ONE (uan) prep., uno, una. —MAN OPERATION (uan man oper-éi-shon), s., negocio de un solo dueño. —PRICE (uan prais), s., adj., un solo precio.

ONEROUS (ón-er-os), adj., oneroso, molesto.

OPEN (óu-pen), rv., adj., abrir, abierto, inaugurar. —ACCOUNT (ak-aúnt), s., cuenta abierta. —CREDIT (kré-dit), s., crédito abierto o sin límite. —END (end), s., adj., sin límite, destapado. —MARKET (már-ket), s., mercado abierto. —THE BOOKS (thi buks), rv., abrir los libros, apertura de los libros. —SHOP (shap), s., empresa con trabajadores agremiados y no agremiados.

OPENING, adj., s., apertura. —DAY (óupen-ing dei), s., día de apertura, día de inauguración. —A BUSINESS (ei bís-nes), s., rv., apertura de un negocio, abrir un negocio. —BID (bid), s., primera oferta, primera postura. —PRICE (prais), s., primer precio, precio de apertura.

OPERATE (óper-eit), rv., operar, negociar.

OPERATING, adj., operante, dé operación. —BUDGET (oper-éit-ing-bá-dchet), s., presupuesto de operación. —CAPACITY (kapá-siti), s., capacidad de operación. —COSTS (costs), s., costos de operación. —EXPENSES (ex-pén-ses), s., gastos de operación. —EXPENSE BUDGET (bá-dchet), s., presupuesto para gastos de operación. —INCOME (ín-kam), s., ganancias de la operación. —PREFORMANCE (pri-fórm-ans), s., ejecución o desempeño de las operaciones. —PROFIT (prá-fit), s., utilidad de la operación. —STATEMENT (steit-ment), s., declaración de operaciones hasta el fin del término; balance hasta el fin de la operación. —SYSTEM (sis-tem), s., sistema de operaciones, el programa supervisador. —TERM (term), s., término de la operación. —YEAR (yir), s., año de operación.

OPERATION (oper-ei-shon), *s.*, operación. **—CHART** (chart), *s.*, gráfica de operaciones. **—IN SERIES** (in síris), *s.*, operación en serie.

OPERATOR (óper-eitor), *s.*, operador.

OPINION (opín-ion), *s.*, opinión, creencia.

OPPONENT (opón-nent), *s.*, contrario, adversario.

OPPORTUNE (opor-tún), *s.*, oportuno, en el momento indicado. **—PAYMENT** (péi-ment), *s.*, pago oportuno. **—PURCHASE** (púr-chas), *s.*, compra oportuna.

OPPOSITION (opo-sí-shon), *s.*, oposición, competencia, disconformidad.

OPTIMUM (ópti-mum), *adj.*, óptimo, favorable. **—OUTPUT** (áut-put), *s.*, producción óptima. **—RESULTS** (risálts), *s.*, resultados óptimos.

OPTION (óp-shon), *s.*, opción.

OPTIONAL (óp-shon-al), *adj.*, opcional. **—CLAUSE** (kaus), *s.*, cláusula opcional. **—LEND LEASE AGREEMENT** (lend lis agri-ment), *s.*, convenio de renta o compra opcional.

ORDER (or-der), *s.*, *rv.*, orden, ordenar, pedido. **—BLANK** (blank), *s.*, modelo o forma para formular pedidos. **—BOOK** (buk), *s.*, libro de pedidos. **—OF PAYMENT** (péi-ment), *s.*, órden de pago. **—SHEET** (shit), *s.*, hoja de pedido.

ORDERS FROM THE TOP (fram thi tap), *s.*, órdenes de la gerencia.

ORDINARY (órdi-neri), *adj.*, ordinario. **—COST** (cost), *s.*, costo ordinario. **—DIVIDENDS** (dívi-dends), *s.*, dividendos usuales u ordinarios. **—MAIL** (meil), *s.*, correo ordinario. **—TREATMENT** (trít-ment), *s.*, trato común o usual.

ORE (or), *s.*, piedra mineral, metal.

ORGANIC LAW (or-gánic), *s.*, ley orgánica.

ORGANIZATION (orga-nis-éishon), *s.*, organización. **—CHART** (chart), *s.*, organigrama, gráfica de la organización. **—PROBLEMS** (práb-lems), *s.*, problemas de organización. **—STRUCTURE** (strák-chur), *s.*, estructura de la organización.

ORGANIZE (ór-gan-aiz), *rv.*, organizar.

ORGANIZED (or-gan-aizd), *adj.*, organizado. **—COMPETITION** (compe-tíshon), *s.*, competencia organizada. **—LABOR** (leí-bor), *s.*, trabajadores sindicalizados.

ORIGINAL (orí-dchin-al), *adj.*, original. **—BUSINESS** (bís-nes), *s.*, negocio original. **—ENTRY** (entri), *s.*, asiento o entrada original. **—INVESTMENT** (in-vést-ment), *s.*, inversión original. **—OWNER** (óun-er), *s.*, dueño original. **—STOCKHOLDER** (stock-jóulder), *s.*, accionista original o fundador.

OTHER (ather), *adj.*, otro. **—ADJUSTMENTS** (a-dchást-ments), *s.*, otros ajustes. **—ASSETS** (as-ets), *s.*, otros bienes, otro activo. **—EXPENSES** (expén-ses), *s.*, otros gastos. **—INCOME** (ín-cam), *s.*, otras entradas, otros ingresos. **—METHODS** (mé-thods), *s.*, otros métodos. **—PRODUCTS** (prádocts), *s.*, otros productos.

OUNCE (auns), *s.*, onza.

OUST (aust), *rv.*, lanzar, desalojar.

OUSTER (aust-er), *s.*, desahucio, lanzamiento.

OUT (aut), *adv.*, terminado, agotado, fuera. **—OF LINE** (af lain), *adj.*, *mod.*, demasiado caro, sobrepasado. **—OF MONEY** (af mó-ney), *adv.*, sin dinero. **—OF POCKET EXPENSES** (af pá-ket ex-pénses), *s.*, gastos pagados del propio bolsillo o personalmente.

OUTBID (áut-bid), *rv.*, mejorar la oferta.

OUTFIT (áut-fit), *s., rv.*, conjunto, negocio, equipar.

OUTFLOW (áut-flou), *s.*, flujo o movimiento hacia afuera.

OUTGO (áut-go), *s.*, erogación, salida de dinero.

OUTLAW (áut-la), *s., rv.*, delincuente, prescribir.

OUTLAY (áut-lei), *s.*, desembolso, egreso.

OUTLINE (áut-lain), *s.*, bosquejo, esquema, sumario.

OUTLOOK (áut-luk), *s.*, perspectiva, mirar hacia el futuro.

OUTPUT (áut-put), *s.*, producción, capacidad para producir.

OUTSIDER (áut-sáid-er), *s.*, forastero, ajeno, extraño.

OUTSTANDING (áut-stand-ing), *adj.*, sobresaliente, vigente, pendiente. **—ACCOUNTS** (ak-áunts), *s.*, cuentas pendientes. **—CHECKS** (checks), cheques no cobrados o pendientes de cobrar. **—SECURITIES** (si-kíur-itis), *s.*, valores pendientes, valores sobresalientes. **—QUALITY** (quá-li-ti), *s.*, calidad sobresaliente o excepcional. **—WORK** (guork), *s.*, trabajo sobresaliente.

OVERAGE (óuver-adch), *s.*, exceso, sobrante.

OVERAGES AND SHORTAGES (óuver-adches and shórt-adches), *s.*, sobrantes y faltantes.

OVERCHARGE (óuver-char-dch), *rv.* cargo excesivo, sobrecargar.

OVERDRAFT (óuver-draft), *s., rv.*, sobregiro.

OVERDRAW (óuver-dra), *rv.*, sobregirar.

OVERDUE (óuver-du), *adj.*, pago vencido, atrasado. **—ACCOUNTS** (ak-

áunts), *s.*, cuentas vencidas. **—DEBTS** (dets), *s.*, deudas vencidas.

OVERFLOW (óuver-flou), *rv., s.*, derramar, derrame, exceso, sobrante.

OVERHEAD (óuver-jed), *s.*, gastos fijos.

OVERLAP (óuver-lap), *rv.*, sobreponer, traslapar, encimar.

OVERLAY (óuver-ley), *rv. adj.*, sobreponer, enchapar, enchapado.

OVERLOAD (óuver-loud), *s., rv.*, sobrecarga, sobrecargar.

OVERPAID (óuver-peid), *adj.*, sobrepagado, pagado en exceso.

OVERPRICED (óuver-praist), *adj.*, con precio excesivo.

OVERPRIME (ouver praim), *adj.*, cuando un préstamo se cotiza arriba del tipo más preferido.

OVERRULE (óuver-rúl), *rv.*, denegar, rechazar una petición.

OVERSEE (óuver-sí), *rv.*, vigilar, cuidar.

OVERSEER (ouver-sír), *s.*, capataz, mayordomo.

OVERSTOCK (óuver-stok), *rv.*, surtir en exceso, tener exceso de mercancía.

OVERTHROW (óuver-throu), *rv.*, derrocar.

OVERTIME (óuver-taim), *s.*, tiempo extra, horas extras. **—PAYMENT** (péiment), *s.*, pago por horas extras.

OVERWORK (óuver-guork), *s., rv.*, trabajo en exceso, trabajar en exceso.

OWE (ou), *rv.*, deber, adeudar.

OWN (oun), *adj., rv.*, propio, poseer. **—BUSINESS** (bís-nes), *s.*, negocio propio. **—COST AND RISK** (cost and risk), *s.* propio riesgo y costo.

OWNED (ound), *adj.*, poseído.

OWNER (oun-er), *s.*, dueño, propietario.

OWNER'S EQUITY (é-qui-ti), *s.*, participación del propietario. —**IN RELATION TO FIXED ASSETS**, *s.*, interés del propietario en relación al activo fijo. —**LIABILITY** (laia-bíli-ti), *s.*, responsabilidad del propietario. —**RIGHTS** (raits), *s.*, derechos del propietario.

P

PACE (peis), *s.*, paso, velocidad. —**LIMIT** (li-mit), *s.*, límite de velocidad. —**MARKER** (mark-er), *s.*, factor que establece el paso o la velocidad.

PACK (pak), *s., rv.*, bulto, mochila, empacar.

PACKAGE (pák-adch), *s.*, paquete, empaque.

PACKED (pakt), *adj.*, empacado.

PACKING (pak-ing), *s.*, empaque. —**AND SHIPPING** (and ship-ing), *s.*, empaque y embarque. —**INSTRUCTIONS** (in-strák-shons), *s.*, instrucciones de embarque. —**LIST** (list), *s.*, lista de embarque.

PACT (pact), *s.*, pacto, convenio.

PAD (pad), *s.*, block, cojín de tinta, libreta.

PADDING (pad-ing), *s., mod.*, relleno, gastos ficticios para aumentar la cuenta de viáticos. *To pad the expense account:* inflar la cuenta de viáticos.

PAGE (peidch), *s.*, página, folio, plana.

PAID (peid), *adj.*, pagado, liquidado. —**IN ADVANCE** (in ad-váns), *adv., adj.*, pagado por adelantado. —**IN FULL** (in ful), *adj., adv.*, pagado por completo, liquidado. —**SURPLUS** (sur-plas), *s.*, superávit pagado.

PAID IN (peid in); *adj.*, pagado, líquido Liquidado. —**SHARES** (shers), *s.*, acciones pagadas o liberadas. —**CAPITAL** (cápi-tal), *s.*, capital pagado o exhibido.

PAID-UP (peid ap), *adj.*, pagado totalmente, liquidado. —**OBLIGATIONS** (obli-géi-shons), *s*, obligaciones o deudas liquidadas.

PAMPHLET (pám-flet), *s.*, panfleto, folleto.

PANEL (panel), *s.*, panel, cuadro, sección; la lista de un jurado o de un comité.

PANIC BUYING (panic bái-ing), *s.*, compras de pánico o de urgencia.

PAPER (péi-per), *s.*, documento, valor, papel. —**PROFITS** (prá-fits), *s.*, utilidades en libros o según libros. —**TAPE READER** (teip rider), *s.*, lector de cinta de papel (computadoras).

PAR (par), *s., adj.*, a la par, valor normal. —**VALUE** (vál-iu), *s.*, valor al par, valor nominal.

PARAGRAPH (pára-graf), *s.*, párrafo, inciso.

PARALLEL (pára-lel), *adj.*, paralelo.

PARALLELOGRAM (para-lél-ogram), *s.*, figura paralelograma indicando *input* o *output*.

PARAMETER (pará-meter), *s.*, parámetro.

PARCEL (pár-sel), *s.*, bulto, parcela, porción, paquete. —**POST** (poust), *s.*, envío de bultos por correo.

PARDON (pár-don), *s., rv.*, perdón, indulto, perdonar.

PARENT (pár-ent), *s., adj.*, pariente, principal, matriz. —**COMPANY** (cómpani), *s.*, compañía matriz, compañía principal. —**OFFICE** (ofis), *s.*, oficina principal, matriz. —**STORE** (stor), *s.*, tienda principal.

PARENTHESIS (par-én-the-sis), *s.*, paréntesis.

PARITY (pár-iti), *s.*, paridad, igualdad de valor. —**CHECK** (check), *s.*, verificación de paridad (computadoras).

PARKING (párk-ing), *s., adj.*, estacionarse, estacionamiento. —**LOT** (lot), *s.*, lote para estacionamiento de automóviles. --**SPACE** (speis), *s.*, espacio para estacionarse.

PARLIAMENTARY (parlia-ménta-ri), *adj.*, parlamentario.

PAROL (paroul), *s., rv.*, palabra, libertad bajo palabra, conceder libertad bajo palabra.

PART (part), *adj., s.*, parte, porción. —**TIME EMPLOYEE** (taim employ-í), *s.*, empleado de medio tiempo. —**WORK** (guork), *s.*, trabajo de medio tiempo o de tiempo desocupado.

PARTIAL (pár-shal), *adj.*, parcial, incompleto. —**DISABILITY** (dis-abíliti), *s.*, incapacidad parcial. —**PAYMENT** (péi-ment), *s.*, pago parcial, abono. —**RELEASE** (ri-lís), *s.*, liberación parcial.

PARTICIPATE (par-tí-si-peit), *rv.*, participar.

PARTICIPATING (parti-si-péiting), *adj.*, participante. —**CAPITAL STOCK** (capital stok), *s.*, acciones que participan en las utilidades.

PARTICIPATION (par-tici-péi-shon), *s.*, participación. —**OF PROFITS** (af pro-fits), *s.*, participación en las utilidades. —**IN MANAGEMENT** (in mána-dch-ment), *s.*, participación en el manejo o dirección de un negocio.

PARTICULAR, *adj.*, particular, especial. —**AVERAGE** (par-tík-iular áver-adch), *s.* avería particular.—**INSTRUCTIONS** (in-strák-shons), *s.*, instrucciones particulares o específicas. —**PRODUCT** (prád-act), *s.*, producto particular o específico.

PARTICULARS (partík-iu-lars), *s.*, detalles, datos completos.

PARTITION (par-tí-shon), *s.*, partición, separación, división.

PARTNER (párt-ner), *s.*, socio, miembro de una empresa.

PARTNER'S LIABILITY (laia-bíli-ti), *s.*, responsabilidad de un socio.

PARTS (parts), *s.*, refacciones, partes de una máquina. —**ORDER** (or-der), *s.*, orden o pedido de refacciones. —**REQUISITION** (requi-sí-shon), *s.*, requisición para refacciones.

PARTY (pár-ti), *s.*, parte, interesado, partido.

PASS (pas), *s.*, pase, entrada gratuita a un espectáculo.

PASSENGER (pas-en-dcher), *s.*, pasajero.

PAST (past), *adj.*, pasado, vencido. —**DUE** (du), *adj.*, muy vencido.—**PERFORMANCE** (per-fórm-ans), *s.*, actuación pasada, hechos pasados. —**REPUTATION** (repiu-téi-shon), *s.*, reputación pasada.

PATENT (pá-tent), *s.*, patente. —**APPLICATION** (apli-kéi-shon), *s.*, solicitud de patente. —**CERTIFICATE** (ser-tífikat), *s.*, certificado de patente, letras de patente. —**RIGHTS** (raits), *s.*, derechos de patente. —**ROYALTY** (róyalti), *s.*, regalía de patente.

PATENTOR (pát-ent-or), *s.*, patentador.

PATRIMONY (pátri-moni), *s.*, patrimonio.

PAUPER (páu-per), *s.*, indigente, persona sin recursos.

PAWN (paun), *rv.*, empeñar, dar en prenda.

PAY (pei), *rv., s.*, pagar, pago. —**CASH**, *rv.*, pagar al contado.—**BILLS** (bils), *rv.*

pagar cuentas. —DAMAGES (dáma-dches), rv., pagar daños y perjuicios. —ENVELOPE (énvel-oup), s., sobre que contiene el sueldo de la quincena. —IN ADVANCE (in ad-váns), rv., pagar adelantado. —IN FULL (in ful), rv., liquidar, saldar. —ON ACCOUNT (on ak-áunt), rv., pagar a cuenta. —ON DELIVERY (on de-líver-i), rv., pagar al recibir la entrega. —TO THE BEARER (tu thi bér-er), rv., páguese al portador. —TO THE ORDER OF (tu thi or-der af), rv., páguese a la orden de. —UNDER THE TABLE (ander thi tei-bl), rv., soborno, pagar por debajo de la mesa. —WAGES (guéi-dches), rv., pagar sueldos, rayar.

PAYABLE (péi-abl), adj., pagadero, por pagar. —AT DESTINATION (at destin-éi-shon), adj., pagadero en el destino. —AT SIGHT (sait), adj., pagadero a la vista. —ON DEMAND (on di-mánd), adj., pagadero a la orden o a la presentación. —TO BEARER (bér-er), adj., pagadero al portador.

PAYDAY (pei-dei), s., día de pago, día de raya.

PAYEE (pei-í), s., beneficiario, el que recibe el pago.

PAYER (pei-er), s., pagador, el que paga.

PAYING AND RECEIVING (péi-ing and risív-ing), s., pago e ingreso, pagos y cobranzas.

PAYMASTER (péi-master), s., pagador, cajero.

PAYMENT (pei-ment), s., pago, liquidación, aporte. —IN ADVANCE (ad-váns), s., pago por adelantado. —IN ARREARS (arirs), s., pago atrasado, vencido. —IN CASH (cash), s., pago en efectivo.

PAYOFF (péi-of), s., soborno, paga, resultado exitoso.

PAYROLL (péi-roul), s., nómina, lista de raya. —ACCOUNT (ak-aunt), s., cuenta de nómina. —CLERK (klerk), s., pagador. —DEDUCTIONS (did-ákt-shons), s., deducciones o descuentos del sueldo. —FUND (fand), s., fondo para sueldos y salarios. —TAXES (tax-es), s., impuestos sobre nómina.

PEANUTS (pí-nats), s., mod., cosa o negocio sin importancia.

PECUNIARY (pi-kíu-ni-eri), adj., pecuniario, relacionado con dinero.

PEDDLER (péd-ler), s., vendedor ambulante.

PEG (peg), rv., s., maniobra para establecer o normalizar el precio o para reducir el riesgo contra alzas y bajas, efectuar dicha maniobra.

PEGGING (peg-ing), s. maniobra para estabilizar el precio.

PENAL (pi-nal), adj., penal. —CLAUSE (klauz), s. cláusula penal. —CODE (koud), s., código penal.

PENALTY (pénal-ti), s., pena, castigo. —CLAUSE (klauz), s., cláusula que estipula el castigo por falta de cumplimiento.

PENDING (pend-ing), adj., pendiente. —BUSINESS (bís-nes), s., negocio pendiente. —DELIVERIES (del-íver-is), s., entregas pendientes. —LITIGATION (liti-géi-shon), s., litigación pendiente. —PAYMENTS (péi-ments), s., pagos pendientes.

PENSION (pén-shon), s., pensión, jubilación. —FUND (fand), s., fondo para pensiones. —RESERVE (ri-sérv), reserva para pensiones.

PENSIONER (pen-shon-er), s., persona pensionada o jubilada.

PER, prep., por, por medio de, por cada. —ANUM (peranum), adj., anual, anualmente, por año. —CAPITA (kápita), *adj.*, por persona, por cabeza. —DIEM (di-em), *s.*, gastos diarios autorizados.

PERCENT (per-sént), *s.*, por ciento.

PERCENTAGE (per-sént-adch), *s.*, porcentaje.

PERFORATE (pér-for-eit), *rv.* perforar.

PERFORATING MACHINE (perforéit-ing ma-shín), *s.*, máquina perforadora.

PERFORMANCE (per-fór-mans), *s.*, actuación, hecho, cumplimiento, desempeño. —BOND (bond), *s.*, fianza de cumplimiento.

PERIPHERICAL DEVICE (peri-féri-cal di-váis), *s.*, todo artefacto que se usa con una computadora.

PERK UP (perk áp), *rv., mod.*, impulsar, accionar, animar.

PERIL (pé-ril), *s.*, peligro, vulnerabilidad.

PERIOD (pí-ri-od), *s.*, período, plazo, punto. —OF GRACE (greis), *s.*, período o plazo de gracia, tiempo adicional. —OF MATURITY (ma-tíu-riti), *s.*, período de vencimiento.

PERIODICAL (peri-ódi-cal), *s., adj.*, periódico, periódicamente. —DIVIDENDS (dívi-dends), *s.*, dividendos periódicos. —EXAMINATION (examin-éishon), *s.*, examen periódico. —INSPECTION (in-spéc-shon), *s.*, inspección periódica. —REPORT (riport), *s.*, informe periódico. —STATEMENT (stéit-ment), *s.*, declaración o informe periódico.

PERMANENT (pérma-nent), *adj.*, permanente, fijo. —AGREEMENT (agriment), *s.*, convenio permanente, acuerdo permanente. —INSTALLATION (in-stal-éi-shon) *s.*, instalación permanente. —RESULTS (ri-sálts), *s.*, resultados permanentes o duraderos.

PERPETRATE (per-pét-reit), *rv.*, perpetrar, cometer.

PERPETUAL (per-pét-iu-al), *adj.*, perpetuo, eterno. —INVENTORY (invent-ori), *s.*, inventario perpetuo.

PERPETUATE (per-pét-iu-eit), *rv.*, perpetuar.

PERPETUITIES (perpe-tú-itis), *s.*, perpetuidades, valores perpetuos, renta perpetua.

PERSEVERENCE (per-se-vir-ens), *s.*, perseverancia, persistencia.

PERSONAL (pérson-al), *adj.*, personal, privado. —ATTENTION (atén-shon), *s.*, atención personal. —EXPENSES (ex-péns-es), *s.*, gastos personales. —INTEREST (ínter-est), *s.*, interés personal. —HISTORY (jís-tori), *s.*, datos generales personales, generales. —INCOME (ín-cam), *s.*, ingresos o renta personal. —INJURY (ín-dchuri), *s.*, lesión o daño físico a la persona. —LIABILITY (lia-bíli-ti), *s.*, responsabilidad personal. —LOAN (loun), *s.*, préstamo personal. —PROPERTY (pró-per-ti), *s.*, propiedad personal, bienes muebles. —TAXES (taxes), *s.*, impuestos personales.

PERSONNEL (person-él), *s.*, personal, empleados. —FILES (fails), *s.*, archivos o expedientes del personal. —MANAGER (mana-dcher), *s.*, gerente de personal.

PERTINENT (pér-tin-ent), *adj.*, pertinente, importante. —EVIDENCE (évidens), *s.*, evidencia pertinente. —DATA (data), *s.*, datos pertinentes o importantes.

PETITION (petí-shon), *s.*, petición, solicitud.

PETITIONER (petí-shon-er), *s.*, solicitante.

PETRODOLLARS (petro-dó-lars), *s.*, dólares pagados por petróleo crudo.

PETROLEUM (petró-lium), *s.*, petróleo. **—PRICE** (prais), *s.*, precio del petróleo. **—PRODUCTION** (pro-dák-shon), *s.*, producción de petróleo. **—RESERVES** (ri-sér-vs), *s.*, reservas de petróleo. **—SALES** (seils), *s.*, ventas de petróleo.

PETTY CASH (peti cash), *s.*, caja chica. **—FUND** (fand), *s.*, fondo de caja chica. **—VOUCHER** (váu-cher), *s.*, vale o comprobante de caja chica.

PHARMACEUTICAL PRODUCTS (farma-súti-cal), *s.*, productos farmacéuticos.

PHYSICAL INVENTORY (fisi-cal ínvent-ori), *s.*, inventario físico. **—PERSON** (per-son), *s.*, persona física.

PIECES PER HOUR (per aver), *s.*, piezas por hora

PIECE (pis), *s.*, pieza. **—PRICE** (prais), *s.*, precio por pieza, precio unitario. **—RATE** (reit), *s.*, precio por unidad de destajo. **—WORK** (guork), *s.*, destajo, trabajo por pieza.

PIER (pir), *s.*, muelle, embarcadero.

PIGGY-BACK (pigi-bak), *adj.*, *s.*, *mod.*, camión cargado transportado sobre un carro plataforma de ferrocarril.

PILFER (pil-fer), *rv.*, robar, robo menor.

PINT (paint), *s.*, pinta (appx. medio litro).

PL/1 (pi el guan), *s.*, lenguaje de programación de uso general.

PLACE (pleis), *rv.*, *s.*, colocar, colocación, lugar.

PLACEMENT SERVICE (pleis-ment ser-vis), *s.*, servicio de colocación de empleados.

PLAGARIZE (plei-gar-aiz), *rv.*, plagiar, plagiar una obra literaria.

PLAINTIFF (pléin-tif), *s.*, demandante, reclamador.

PLANNING (plan-ing), *s.*, *adj.*, planeación.

PLANT (plant), *s.*, *v.*, planta o fábrica, plantar. **—MANAGEMENT** (mána-dch-ment), *s.*, gerencia de planta, dirección o manejo de planta. **—SECURITY** (si-kíu-riti), *s.*, seguridad de la planta o fábrica.

PLEA (pli), *s.*, (for.) alegato, defensa, argumento. **—OF GUILTY** (gilti), *s.*, declaración de culpabilidad. **—OF NOT GUILTY**, *s.*, declaración de inocencia. **—OF NOLO CONTENDERE** (nolo contén-dere), declaración de no contestar a la acusación o demanda.

PLEAD (plid), *v.*, alegar, presentar alegatos, solicitar.

PLEADING (plid-ing), *s.*, *(for.)* alegación, informe a la Corte.

PLEDGE (ple-dch) *rv.*, gravar, empeñar, dar en prenda.

PLEDGED ASSETS (ple-dchd ás-ets), *s.*, activo grabado.

PLUGBOARD (plág-bord), *s.*, tablero de enchufes o conexiones.

PLUNGE (plan-dch), *rv.*, *mod.*, correr un riesgo, arriesgarse.

PLUNGER (plan-dch-er), *s.*, *mod.*, persona atrevida que gusta arriesgar.

PLURAL (plu-ral), *adj.*, plural.

POINT (point), *s.*, punto, lugar. **—OF NO RETURN** (ri-turn), *s.*, punto de no regreso. **—OF SALE** (af seil), *s.*, lugar de venta. **—OF STRESS** (stres), *s.*, punto de tensión.

POLICY (pó-li-si), *s.*, política de negocios, póliza. **—HOLDER** (jóuld-er), *s.*, tenedor o poseedor de una póliza de seguro.

POLITICAL (polí-ti-kal), *adj.*, político. **—INFLUENCE** (ín-flu-ens), *s.*, influencia política. **—JOB** (jab), *s.*, *mod.*, puesto político.

POLITICS (póli-tiks), *s.*, política.

POLL (poul), *s.*, encuesta, caseta para votar.

POPULATION (pop-iu-léi-shon), *s.*, población.

PORT (port), *s.*, puerto.

PORTFOLIO (port-fólio), *s.*, portafolio, cartera, combinación de valores.

POSITION (pos-í-shon), *s.*, posición, situación.

POST (poust), *rv.*, *s.*, pasar al libro mayor, asentar, enviar por correo, puesto, prefijo "después de". **—BOOKS** (buks), *v.*, correr asientos, asentar. **—MORTEM** (mor-tem), *adv.*, *adj.*, después de morir, después del hecho. **—EXPENSES** (ex-pén-ses), *s.*, gastos después del hecho, gastos históricos. **—OFFICE** (of-is), *s.*, oficina de correos, oficina postal. **—ADDRESS** (á-dres), *s.*, dirección de correspondencia. **—BOX** (bax), *s.*, apartado postal.

POSTAGE (póust-adch), *s.*, porte postal, franqueo. **—PREPAID** (pri-péid), *adj.*, porte pagado, franqueo pagado.

POSTAL MONEY ORDER (poust-al moni or-der), *s.*, giro postal.

POSTDATE (póust-deit), *v.*, posdatar.

POSTDATED (póust-deit-ed), *adj.*, posdatado.

POSTER (póust-er), *s.*, cartel, rótulo, anuncio.

POSTING (póust-ing), *s.*, asiento, traspaso al libro mayor. **—DATA** (data), *s.*, datos que dan origen a un asiento contable.

POSTPONE (póust-poun), *rv.*, posponer, prorrogar, aplazar.

POSTPONEMENT (póust-póun-ment), *s.*, prórroga, aplazamiento.

POSTSCRIPT (póust-skript), *s.*, post data.

POSTULATE (pós-tiu-leit), *rv.*, postular, aceptar, tomar por hecho.

POTENTIAL (po-tén-shal), *adj.*, *s.*, potencial, posibilidad, latente. **—CUSTO**

MER (cás-tom-er), *s.*, cliente potencial o probable.

POUND (paund), *s.* libra (aprox. 2.2 libras por kilo). **—STERLING** (stérling), *s.*, libra esterlina.

POWER (pauer), *s.*, potencia, poder, fuerza, **—HOUSE** (jaus), *s.*, central de fuerza, planta de energía. **—OF ATTORNEY** (of atór-ni), *s.*, carta poder, autorización.

PRECAUTIONARY (pri-káushon-eri), *adj.*, precautorio, cuidadoso.

PRECISION (pre-sí-shon), *s.*, precisión, exactitud.

PREDETERMINE (pri-ditér-min), *rv.*, predeterminar.

PREDETERMINED (pri-ditér-mind), *adj.*, predeterminado. **—RATES**(reits), *s.*, tasas o cuotas predeterminadas.

PREEMPTION (pri-émp-shon), *s.*, derechos anteriores.

PREEMPTIVE (pri-émpt-iv), *adj.*, posesión por derechos anteriores. **—RIGHTS** (raits), *s.*, derechos preferentes, el derecho de accionistas a subscribirse a nuevas emisiones de acciones.

PREFABRICATED (prí-fabri-keited), *adj.*, prefabricado.

PREFERENCE (pré-fer-ens), *s.*, preferencia.

PREFERENTIAL (pre-fer-énshal),*adj.*, de preferencia, con preferencia. **—RIGHTS** (raits), *s.*, derechos privilegiados o con preferencia. **—TREATMENT** (trít-ment), *s.*, trato priviligiado.

PREFERRED(pri-férd),*adj.*, preferido, con privilegio. **—CREDITOR** (créditor), *s.*, acreedor preferido. **—CUSTOMER** (cás-tom-er), *s.*, cliente preferido. **—DIVIDENDS** (dívi-dends), *s.*, dividendos preferidos. **—NATION** (néi-shon), *s.*, nación preferida. **SHARES** (shers), *s.*, acciones preferidas. **—STOCK** (stok), *s.*, acciones preferidas. —**SUPPLIER** (sa-plái-er), *s.*, proveedor preferido. —**TIME** (taim), *s.*, tiempo preferido para propaganda de radio o televisión. —**TREATMENT** (trít-ment), *s.*, tratamiento preferido.

PREFIX (prí-fix), *s.*, prefijo.

PREJUDICE (pré-dchu-dis), *s.*, *rv.*, perjuicio, perjudicar.

PRELIMINARY (prelím-in-eri), *adj.*, preliminar. —**ACTIVITY** (aktív-iti), *s.*, actividad preliminar. —**ARRANGE-MENTS** (aréin-dch-ments),*s.*, arreglos o preparativos preliminares. —**PLANS** (plans), *s.*, planes preliminares. —**RE-SEARCH** (rí-serch), *s.*, investigación preliminar. —**STUDIES** (stadys), *s.*, estudios preliminares.

PREMISES AND EQUIPMENT (prém-ises and equíp-ment),*s.*, local y equipo.

PREMIUM (prí-mium), *s.*, premio, prima.

PREPAID (pri-péid), *adj.*, pagado por adelantado. —**EXPENSES** (ex-péns-es), *gastos* pagados por adelantado. —**FREIGHT** (freit), *s.*, flete pagado. —**TAXES** (taxes) *s.*, impuestos pagados por adelantado.

PREPARATION (prepa-réi-shon), *s.*, preparación.

PREPAY (pri-pei), *rv.*, pagar por adelantado.

PREPAYMENT (pri-péi-ment), *s.*, pago anticipado.

PRESCRIBE (pres-kráib), *rv.*, prescribir.

PRESCRIPTION (pres-kríp-shon), *s.*, prescripción.

PRESENT (prés-ent), *ajd.*, actual, presente. —**MARKET VALUE** (már-ket val-iu), *s.*, valor actual en el mercado. —**STATUS** (status), *s.*, situación actual. —**WORLD CONDITION** (guorld kon-di-shon), *s.*, situación mundial ac tual. —**WORTH** (guorth), *s.*, valor actual.

PRESENTATION (present-éi-shon), *s.*, presentación, introducción.

PRESIDENT (prés-ident), *s.*, presidente.

PRESTIGE (pres-tí-dch), *s.*, prestigio, influencia.

PRESTORE (pri-stor), *v.*, almacenar de antemano.

PREVENTIVE (pri-vént-iv), *adj.*, preventivo, precautorio. —**MAINTEN-ANCE** (méint-en-ans), *s.*, mantenimiento preventivo. —**SECURITY** (sikíur-iti), *s.*, seguridad preventiva. —**STEPS** (steps), *s.*, pasos o medidas preventivas.

PREVENTION (priv-en-shon), *s.*, prevención, cuidado, precaución.

PREVIOUS (prí-vios), *adj.*, previo, anterior. —**BALANCE** (bá-lans), *s.*, balance anterior, saldo anterior. —**EX-PERIENCE** (ex-pír-iens), *s.*, experiencia previa.

PRICE (prais), *s.*, precio. —**CONTROL** (con-trol), *s.*, control de precios. —**CUTTING** (cat-ing), *s.*, rebaja de precios, guerra de precios. —**EVA-LUATION** (eval-iu-éi-shon),*s.*, evaluación de precios. —**FALL** (fal),*s.*, caída de precios, baja de precios. —**INCREA-SE** (ín-kris), *s.*, aumento de precios. —**LEVEL** (level), *s.*, nivel de precios. —**MANIPULATION** (mani-piu-léishon), *s.*, manipulación de precios. —**PROPPING** (prap-ing), *s.*, soporte o apoyo de precios. —**STABILIZA-TION** (steibl-iz-éishon), *s.*, estabilización de precios. —**SUPPORT** (su-port), *s.*, apoyo de precios, subsidio. —**VA-RIANCE** (vár-ians), *s.*, variación de precios.

PRIMARY (prái-meri), *adj.*, primario, principal, preliminar. —**COSTS** (costs), s., costos primarios, costos básicos. —**DATA** (data), s., datos principales. —**STEPS** (steps), s., pasos preliminares, pasos principales. —**STORAGE** (stór-adch), s., almacenamiento de datos en la computadora misma.

PRIME (praim), adj., principal, básico, primero. —**RATE** (reit), s., tasa preferencial que otorgan los bancos.

PRINCIPAL (príns-ipl), adj., principal, capital, inversión básica. —**LINE** (lain), s., línea principal. —**OFFICE** (ofis), oficina principal.

PRINCIPLES OF ACCOUNTING, s., los principios de contaduría.

PRINT (print), rv., imprimir.

PRINTED FORMS (forms), s., formas impresas, modelos, machotes. —**MATTER** (ma-ter), s., material impreso, impresos.

PRINTER (print-er), s., impresor.

PRIOR (prái-or), adj., anterior.

PRIORITY (prai-ór-iti), s., prioridad, anterioridad.

PRIVATE (prái-vat), adj., privado, particular. —**ASSETS** (as-ets), s., bienes privados. —**BANKS** (banks), s., bancos privados. —**BRAND** (brand), s., marca privada, marca particular. —**BUSINESS** (bís-nes), s., negocio privado. —**ENTERPRISE** (enter-práiz), s., empresa o negocio particular. —**OFFICE** (ofis), s., oficina privada. —**PROPERTY** (pró-per-ti), s., propiedad privada, bienes particulares. —**SCHOOL** (skul), s., escuela particular.

PRIVILEGE (prívi-ledch), s., privilegio.

PRIVILEGED (prívi-ledchd), adj., privilegiado. —**PERSON** (per-son), s., persona privilegiada.

PROBABLE (pród-abl), adj., probable. —**EVENT** (e-vent), s., evento probable, acontecimiento probable. —**FALL IN PRICE** (fal in prais), s., caída de precio probable. —**GAIN** (gein), s., avance probable, ganancia probable. —**RISE** (raiz), s., aumento probable.

PROBATE (pro-beit), s., rv., validar un testimonio, administrar y repartir herencias. —**COURT** (kort), s., la corte que trata asuntos testamentarios o intestados.

PROBATION (pro-béi-shon), s., libertad condicional o a prueba.

PROCEEDS (pro-síds), s., productos, ganancias.

PROCEEDURE (pro-síd-iur), s., procedimiento. —**CHART** (chart), s., gráfica o cuadro de procedimientos. —**DIVISION** (div-í-shon), s., en computación es el área donde se solucionan los problemas.

PROCESS (pró-ses), s., rv., proceso, procedimiento, procesar.

PROCESSING (pro-sés-ing), s., proceso, elaboración, procesamiento. —**OF DATA** (af data), s., procesamiento de datos. —**OF INVOICES** (in-vóis-es), s., procesamiento de facturas. —**RAW MATERIALS** (ra matír-ials), s., procesamiento o elaboración de materia prima.

PRODUCE (pró-dus), rv., s., producir, crear, lo producido, productos agrícolas.

PRODUCERS' COOPERATIVE MARKET, s., mercado cooperativo de productores.

PRODUCT (prá-dakt), s., producto. —**ADVERTISING** (adver-táis-ing), s., propaganda para un solo producto.

PRODUCTION (prodak-shon), s., producción. —**COSTS** (costs), s., costos de producción. —**EFFICIENCY** (efíshen-si), s., eficiencia de producción. —**MANAGER** (mána-dcher), s., gerente de producción. —**ORDER** (or-der), s., orden de producción. —**PLANNING**

(plan-ing), s., planeación de la producción. —QUOTA (quó-ta), s., cuota de producción. —RATE (reit), s., velocidad de producción. —VARIANCE (vár-ians), s., variación de producción.

PRODUCTIVE (pro-dák-tiv), adj., productivo.

PRODUCTIVITY (pro-dák-tívi-ti), s., productividad.

PROFESSIONAL (profes-shon-al), adj., profesional, profesionista. —ETHICS (é-thiks), s., ética profesional. —FEES (fis), s., cuotas u honorarios profesionales. —PRACTICE (prak-tis), s., práctica profesional, carrera profesional. —STANDARDS (stán-dards), s., normas profesionales. —TRAINING (tréin-ing), s., adiestramiento o capacitación profesional.

PROFIT (pró-fit), s., utilidad, ganancia neta. —AND LOSS (and los), s., pérdidas y ganancias. —EARNED (ernd), s., utilidad obtenida en la operación. —MARGIN (már-dchin), s., margen de utilidad. —SHARING (shér-ing), s., partición de utilidades —FUND (fand), s., fondo para la participación de utilidades.

PROFITABLE (práf-it-abl), adj., costeable, lucrativo.

PROFITEER (prafit-ír), s., acaparador, explotador.

PROFITS, s., utilidades. —AFTER TAXES, s., utilidades después de impuestos. —BEFORE TAXES (bi-fór), s., utilidades antes de impuestos. —FOR THE YEAR (for thi yir), s., utilidades del ejercicio anual. —ON SALE OF FIXED ASSETS (seil af fixt ás-ets), s., utilidades sobre la venta de activo fijo. TAX (tax), s., impuesto sobre utilidades. PRO FORMA (pro forma), adj., proforma. —STATEMENT (stéit-men), s., estado o declaración pro forma.

PROGRAM (pró-gram), s., rv., programa, programar. —RATING (reit-ing), s., popularidad de programas de radio o televisión. —TIME (taim), s., tiempo del programa.

PROGRAMMER (pro-grám-er), s., programador.

PROGRAMMING (pro-grám-ing), s., programación. —LANGUAGE (lán-guich), s., lenguaje para preparar programas de computación.

PROHIBIT (pro-jíb-it), rv., prohibir.

PROHIBITION (pro-jib-íshon), s., prohibición. ---OF EXPORTS (ex-ports), s., prohibición de exportaciones. —OF IMPORTS (im-ports), s., prohibición de importaciones.

PROJECT (prá-dchect), s., rv., proyecto, obra, proyectar.

PROJECTION (pra-dchéc-shon), s., proyección.

PROMISE (prá-mis), s., rv., promesa, prometer, obligarse.

PROMISSORY NOTE (pramis-óri nout), s., letra de cambio, pagaré.

PROMOTE (pro-móut), rv., promover, apoyar, adelantar.

PROMOTER (pro-móut-er), s., empresario, organizador, promotor. —OF BUSINESS (af bís-nes), s., promotor de negocios. —OF SALES (af seils), s., promotor de ventas.

PROMOTION (pro-móu-shon), s., promoción. —COST (cost), s., costo de promoción. —EXPENSES (ex-pénses), s., gastos de promoción.

PROMPT (prompt), adj., rápido, pronto, inmediato. —ACTION (ák-shon), s., acción rápida. —PAYMENT (péiment), s., pronto pago. —RECUPERATION (ri-kup-er-éishon), s., adj., de recuperación rápida. —REPLY (ri-plai), s., respuesta inmediata.

PROOF (pruf), s., prueba, evidencia.

—OF GUILT (gilt), s., prueba de culpabilidad. —OF INNOCENCE (ínosens), s., prueba de inocencia. —OF VIOLATION OF CONTRACT (vaioléi-shon), s., prueba de violación al contrato.

PROP (prop), s., rv., soporte, apoyo, soportar, apoyar.

PROPERTY (próp-er-ti), s., propiedad, bienes. —ASSESMENT (ases-ment), s., avalúo catastral. —DAMAGE (dáma-dch), s., daños a la propiedad. —RIGHTS (raits), s., derechos de propiedad. —TAX (tax), s., impuesto predial, impuesto sobre la propiedad.

PROPOSITION (propo-sí-shon), s., propuesta, oferta.

PROPRIETARY (pro-prái-eteri), adj., privado, exclusivo, patentado.

PROPRIETOR (pro-prái-etor), s., propietario.

PROPRIETORSHIP (proprái-etorship), s., propiedad, activo líquido, patrimonio.

PRO RATA (pro rata), adj., prorrata, en proporción.

PRORATE (pro-réit), rv., prorratear, dividir en proporción.

PROSPECTUS (pros-pék-tus), s., prospecto, estudio de proyecto.

PROTECTION (pro-ték-shon), s., protección.

PROTECTIVE (pro-ték-tiv), adj., protector. —MEASURE (méi-ziur), s., medida protectora. —TARIFF (ta-rif), s., aranceles protectores.

PROTEST (pro-test), s., rv., protesta, juramento, protestar.

PROVE (pruv), rv., comprobar, verificar.

PROVIDE (pro-váid), rv., proveer, surtir, hacer disponible.

PROVISION (pro-vi-shon), s., provisión, condición, estipulación. —FOR BAD DEBTS (for bad dets), s., provisión para cuentas incobrables. —FOR STRIKES (for straiks), s., provisión para huelgas. —FOR TAXES (taxes), s., provisión para impuestos. —FOR ACTS OF GOD (akts af gad), s., provisión para casos imprevistos de fuerza mayor.

PROVOKE (pro-vouk), rv., provocar, incitar.

PROVOCATIVE (pro-vóuk-ativ), adj., provocativo, atractivo. —ADVERTISING (adver-táiz-ing), s., propaganda provocativa. —PRICES (praises), s., precios atractivos.

PROXY (proxy), s., carta poder especialmente para votar acciones ajenas.

PUBLIC, adj., público. —AUCTION (páb-lik auk-shon), s., almoneda pública, subasta. —DEBT (det), s., deuda pública. —DEMAND (di-mánd), s., demanda o exigencia del público. —DOMAIN (dou-méin), s., del dominio o de propiedad pública, obra de arte no protegida por su registro o patente —FUNDS (fands), s., fondos públicos, dinero del público —INTEREST (inter-est), s., interés público. —NOTICE (nóu-tis), s., noticia pública. —PROPERTY (práp-er-ti), s., propiedad pública. —RELATIONS (ri-léi shons), s., relaciones públicas. —SERVICE (sér-vis), s., servicio público. — UTILITIES (iu-tíli-tis), s., compañías que prestan servicios públicos. —WELFARE (guél-fer), s., bienestar público.

PUBLICATION (pabli-kéi-shon), s., publicación, divulgación, revista.

PUBLICITY (pablí-siti), s., publicidad.

PUBLISH (páb-lish), rv., publicar.

PUBLISHER (páb-lish-er), s., editor, compañía editorial.

PULLMAN (pul-man), s., carro dormitorio de ferrocarril.

PULSE (pals), *s.*, pulso.

PUNCH (panch), *s., rv.*, perforador, perforar. —**CARD** (card), *s.*, tarjeta para perforar. —**POSITION** (pos-íshon), *s.*, posición de la perforación.

PUNCHED CARD (pancht card), *s.*, tarjeta perforada.

PUNCHING MACHINE (ma-shín), *s.*, máquina perforadora. —**RATE** (reit), *s.*, velocidad de perforación.

PUNISHMENT (pán-ish-ment), *s.*, castigo, sanción.

PURCHASE (púr-chas), *s., rv.*, compra, comprar. —**ALLOWANCE** (aláu-ans), *s.*, descuento o rebaja en la compra. —**AND SALE** (and seil), *s.*, compra-venta. —**COMMITMENT** (comít-ment), *s.*, compromiso de compra. —**INVOICE** (ín-vois), *s.*, factura de compra. —**OR-DER** (or-der), *s.*, orden de compra. —**PRICE** (prais), *s.*, precio de compra. —**RETURNS AND ALLOWANCES** (ri-túrns and aláu-anses), *s.*, devoluciones y descuentos sobre compras.

PURCHASES BUDGET (bá-dchet), *s.*, presupuesto de compras.

PURCHASING AGENT (éi-dchent), *s.*, agente de compras. —**DEPARTMENT** (di-párt-ment), *s.*, departamento de compras. —**MANAGER** (mána-dcher), *s.*, gerente de compras. —**POWER** (páu-er), *s.*, poder adquisitivo.

PUSH-BUTTON (push báton), *s.*, botón de arranque.

PYRAMIDING (pira-míd-ing), *s., v.*, aumento piramidal, incrementar en forma piramidal.

Q

QUACK (quak), *s.*, charlatán, estafa-dor, profesionista sin ética.

QUALIFICATION (quali-fic-éishon), *s.*, calificación, descripción, cualidad.

QUALIFIED (quáli-faid), *adj.*, califi-cado, apto, con cualidades deseadas, limitado. **—OPINION** (opín-ion), *s.*, opinión limitada. **—PERSONNEL** (person-él), *s.*, personal calificado o apto.

QUALITY (quál-iti), *s.*, calidad, grado de excelencia. **—ANALYSIS** (análi-sis), *s.*, análisis de calidad. **—CON-TROL** (con-tról), *s.*, control de calidad. **—REQUIREMENTS** (ri-quáir-ments), *s.*, requisitos de calidad. **—STAN-DAR** (stánd-ard), *s.*, norma o estándar de calidad.

QUALIFY (quáli-fai), *rv.*, calificar, li-mitar, capacitar.

QUANTITATIVE (quánti-teit-iv), *adj.*, cuantitativo.

QUANTITY (quán-titi), *s.*, cantidad.

QUART (quart), *s.*, cuarto de galón.

QUARTER (quár-ter), cuarto, trimes-tre, 25¢ de dólar.

QUASI (quéi-sai), *adj.*, casi, aproxima-damente. **—CONTRACT** (cón-tract), *s.*, cuasicontrato. **—CORPORATE** (cór-por-at), *adj.*, cuasicorporativo. **—PRIVATE** (prái-vat), *adj.*, cuasipri-vado, casi privado. **—PUBLIC** (páb-lic), *adj.*, cuasipúblico, casi público.

QUESTION (qués-shon), *s.*, *rv.*, pregun-ta, preguntar, interrogar.

QUESTIONABLE (qués-shon-abl), *adj.*, dudoso, incierto. **—PRACTICES** (prák-tis-es), *s.*, actos o costumbres dudosos o impropios. **—REPUTATION** (rep-iu-téi-shon), *s.*, reputación dudosa.

QUICK (kuik), *adj.*, rápido, activo. **—ASSETS** (ás-ets), *s.*, activo fácilmen-te disponible. **—RATIO** (réi-sho), *s.*, relación entre activo y pasivo circu-lante. **—SALE PRICE** (seil prais), *s.*, precio de remate.

QUINTAL (quín-tal), *s.*, quintal.

QUIRE (quair), *s.*, 25 hojas de papel.

QUIT (quit), *rv.*, cesar, parar, abando-nar.

QUITCLAIM (quit kleim), *s.* (for.), renuncia (com.) finiquito, ceder derechos de una propiedad. **—DEED** (quit kleim did), *s.*, título que tras-pasa únicamente los derechos del ven-dedor.

QUITTANCE (quit-ans), *s.*, finiquito, terminación.

QUORUM (quór-um), *s.*, quórum.

QUOTA (quó-ta), *s.*, cuota, prorrateo, precio.

QUOTATION (quo-téi-shon), *s.*, coti-zación, oferta. **—ACCEPTANCE** (ak-sépt-ans), *s.*, aceptación de cotización. **—IN FIRM** (in firm), *s.*, cotización en firme. **—REQUEST** (ri-kuést), *s.*, soli-citud de cotización.

QUOTE (quout), *rv.*, cotizar.

QUOTIENT (quó-shent), *s.*, cociente.

R

RACE (reis), *s.*, carrera, raza.

RACKET (rá-ket), *s.*, *mod.*, negocio ilegal.

RACKETEER (raket-ír), *s.*, pandillero, persona que intimida para obtener dinero.

RAIL FREIGHT (reil freit), *s.*, flete por ferrocarril.

RADIO ADVERTISING (rei-dio adver-táis-ing), *s.*, propaganda por radio.

RAILROAD (réil-roud), *s.*, ferrocarril. —SIDING (said-ing), *s.*, desviación o espuela de ferrocarril. —STATION (stéi-shon), *s.*, estación de ferrocarril. —TRAFFIC (trá-fic), *s.*, tráfico de ferrocarril. —YARD (yard), *s.*, patio de ferrocarril.

RAMP (ramp), *s.*, rampa, plataforma para cargar.

RANDOM (rán-dom), *adj.*, al azar, azar. —ACCESS (ák-ses), *s.*, acceso al azar. —PROGRAMMING (pro-grám-ing), *s.*, programación de acceso al azar. —BETTING (bet-ing), *s.*, apuesta al azar. —DECISION (de-sí-shon), *s.*, decisión al azar.

RANGE (reindch), *s.*, campo de operación, alcance.

RANKING (rank-ing), *adj.*, de rango o grado alto.

RANSOME (rán-som), *s.*, pago de rescate.

RATE (reit), *s.*, tasa, tipo, cuota, razón, velocidad. —OF DECLINE (dí-klain), *s.*, tipo o velocidad de baja. —OF EXCHANGE (ex-chéin-dch), *s.*, tipo de cambio. —OF INFLATION (in-fléi-shon), tipo o índice de inflación. —OF INTEREST (ínter-est), *s.*, tipo de interés.

RATIFY (ráti-fai), *rv.*, ratificar.

RATIO (réi-sho), *s.*, relación, cociente, proporción, razón.

RATIONING (rá-shon-ing), *s.*, racionamiento. —OF FUEL (fiuel), *s.*, racionamiento de combustible.

RAW (rau), *adj.*, crudo, sin elaborar. —DATA (data), *s.*, datos en bruto, datos no clasificados. —MATERIALS (matérials) *s.*, materia prima.

READY (redi), *adj.*, listo, preparado, dispuesto. —ASSISTANCE (asist-ans), *s.*, asistencia lista o en espera. —CASH (cash), *s.*, dinero en caja, efectivo en mano.

REAL ESTATE (ril estéit), *s.*, bienes raíces, inmuebles. —ADMINISTRA-TION (admin-is-tréi-shon), *s.*, administración de bienes raíces. —BROKER (brou-ker), *s.*, corredor de bienes raíces. —TAX (tax), *s.*, impuesto sobre bienes raíces, impuesto predial.

REALIZATION (rial-iz-éi-shon), *s.*, realización, logro, ganancia.

REALIZE (ría-laiz), *rv.*, realizar, lograr, convertir.

REALIZED PROFITS (prá-fits), *s.*, utilidades realizadas o logradas.

REALTY (ríal-ti), *s.*, bienes raíces.

REAM (rim), *s.*, 500 hojas de papel.

REASONABLE (ríson-abl), *adj.*, razonable, moderado. —AMOUNT (a-máunt), *s.*, cantidad razonable. —PRICE (prais), *s.*, precio razonable. —VALUE (váliu), *s.*, valor razonable.

REBATE (ri-beit), *s.*, devolución de dinero. —ON SALES (seils), *s.*, bonificación sobre ventas.

REBOUND (rí-baund), *s.*, rebote, recuperación, alza rápida. —IN THE MARKET (már-ket), *s.*, alza rápida en el mercado o en la Bolsa.

REBUT (rí-bat), *rv.*, refutar, contestar.

REBUTTAL (ri-bát-al), *s.*, refutación, contestación.

RECAPITULATE (ri-capí-chu-leit), *rv.*, sumarizar, concentrar, recapitular.

RECAPITULATION ENTRY (ricapi-chu-léishon entri), *s.*, asiento de resumen o concentración.

RECEIPT (ri-sít), *s.*, recibo, comprobante. —FOR MONEY (mó-ni), *s.*, recibo de dinero. —FOR RENT (rent), *s.*, recibo de renta. —STUB (stab), *s.*, talón de recibo.

RECEIPTS (ri-síts), *s.*, ingresos, entradas. —AND DISBURSEMENTS (disbúrs-ments), *s.*, estado de ingresos y egresos. —FOR MERCHANDISE SOLD (mérchan-daiz sould), *s.*, ingreso por mercancía vendida. —FOR THE MONTH (thi manth), *s.*, ingresos del mes.

RECEIVABLE (ri-sív-abl), *adj.*, cobrable, por cobrar. —PAPER (peiper), *s.*, documentos por cobrar.

RECEIVABLES (risív-abls), *s.*, cuentas cobrables, partidas por cobrar.

RECEIVE ONLY (risív oun-li), *v.*, recibir únicamente (R.O.).

RECEIVER (risív-er), *s.*, síndico, administrador judicial.

RECEIVERSHIP (risív-er-ship), *s.*, sindicatura, administración judicial.

RECEIVING FIELD (risív-ing fild), *s.*, área en la cual se coloca el resultado de una instrucción a la computadora.

RECEIVING REPORT (ri-port), *s.*, informe de materiales o mercancía recibida.

RECESSION (ri-ses-shon), *s.*, depresión económica, retroceso.

RECIPIENT (resíp-ient), *s.*, receptor, el que recibe.

RECIPROCAL (resíp-ro-kal), *adj.*, recíproco, mútuo.

RECIPROCITY (resi-prósi-ti), *s.*, reciprocidad, mutualidad, cooperación.

RECLASSIFY (ri-clási-fai), *rv.*, reclasificar.

RECLASSIFICATION (ri-clasi-fi-kéishon), *s.*, reclasificación. —ENTRY (entri), *s.*, asiento de reclasificación. —OF THE CLIENTELE (clai-ent-él), *s.*, reclasificación de la clientela.

RECOMMEND (reko-ménd), *rv.*, recomendar, proponer.

RECOMPENSE (recom-péns), *rv.*, compensar, remunerar.

RECONCILE (recon-sáil), *rv.*, reconciliar, conciliar, ajustar, arreglar.

RECONCILIATION (recon-sili-éishon), *s.*, reconciliación, conciliación. —ACCOUNT (ak-áunt), *s.*, cuenta de reconciliación.

RECONSIDER (rí-consider), *rv.*, reconsiderar.

RECORD (ré-kord), *s.*, *v.*, récord, acta, antecedentes, registrar, grabar sonido, establecer una nueva marca. —DATE (deit), *s.*, fecha de registro, fecha del acta. —PRODUCTION (pro-dák-shon), *s.,* nueva marca de producción, récord de producción.

RECORDER (ri-kórd-er), *s.,* registro público, grabadora.

RECOUNT (rí-caunt), *s., rv.,* recuento, recontar.

RECOVERABLE (ri-kóver-abl), *adj.,* recuperable.

RECOVERY (ri-kóveri), *s.,* recuperación, mejora.

RECTANGLE (réct-angl), *s.,* figura rectangular que indica el procesamiento de datos.

RECUPERATE (ri-kú-per-eit), *rv.,* recuperar.

RECUPERATION (rikuper-éi-shon), *s.,* recuperación.

RECUR (ri-kúr), *rv.,* recurrir, repetirse.

RECURRENCE (ricúr-ens), *s.,* reincidencia, repetición.

RED, *adj.,* rojo, señal de peligro. **—CLAUSE LETTER OF CREDIT,** *s.,* carta de crédito que permite al beneficiario recibir pago antes de entregar la mercancía. **—FIGURES** (fig-iurs), *s.,* números que arrojan pérdida. **—INK ENTRY** (ink entri), *s.,* entrada en tinta roja, pérdida. **—TAPE** (teip), *s.,* excesiva tramitación, papeleo, burocratismo.

REDEEM (re-dím), *rv.,* redimir, rescatar.

REDEEMABLE (redím-abl), *adj.,* redimible, recuperable, amortizable. **—AT SIGHT** (sait), *adj.,* redimible a la vista. **—AT YOUR CONVENIENCE** (iur con-vín-iens), *adj.,* redimible a su conveniencia.

REDEMPTION (redémp-shon), *s.,* redención, rescate, amortización de una deuda. **—OF FOREIGN SECURITIES,** *s.,* redención de valores foráneos.

REDISCOUNT (ri-díscaunt), *s., rv.,* redescuento, redescontar.

REDRESS (ri-drés), *rv., s.,* remediar, compensar, remedio, compensación.

REDUCTION (ri-dák-shon), *s.,* reducción.

REFEREE (refer-í), *s.,* árbitro, interventor. **—IN BANKRUPTCY** (bánk-rapt-si), *s.,* árbitro en una quiebra o bancarrota.

REFERENCE (réfer-ens), *s.,* referencia, recomendación.

REFERENDUM (refer-én-dum), *s.,* referendo.

REFUND (rí-fand), *s.,* reembolso, devolución.

REFUNDED MONEY (mo-ni), *s.,* dinero devuelto o reembolsado.

REFUSE (ri-fíuz), *rv.* rehusar, rechazar, denegar.

REFUSED (ri-fíuzd), *adj.,* rechazado, rehusado. **—CHECK** (chek), *s.,* cheque rechazado. **—MERCHANDISE** (mérchan-daiz), *s.,* mercancía rechazada.

REFUTE (ri-fiut), *rv.,* refutar, rebatir, impugnar.

REGARD (ri-gárd) *s., rv.,* respeto, consideración, respetar, considerar.

REGION (rí-dchion), *s.,* región.

REGIONAL (ri-dchion-al), *adj.,* regional. **—MANAGER** (mána-dcher), *s.,* gerente regional. **—OFFICE** (ofis), *s.,* oficina regional. **—SALES** (seils), *s.,* ventas regionales.

REGISTER (ré-dchis-ter), *s., rv.,* registro, registrar.

REGISTERED (re-dchis-terd), *adj.,* registrado. **—BRAND** (brand), *s.,* marca registrada. **—CHECK** (chek), *s.,* cheque registrado. **—LETTER** (leter), *s.,* carta registrada. **—STOCK** (stok), *s.,* acciones registradas. **—TRADE MARK** (treid mark), *s.,* marca registrada.

REGISTRAR (ré-dchis-trar), *s.,* jefe de matrícula o registro.

REGISTRY (ré-dchis-tri), s., registro, matrícula.

REGULATION (regiu-léi-shon), s., reglamento, regla de conducta o de operación.

REHABILITATE (ri-jabíli-teit), rv., rehabilitar, restaurar.

REIMBURSE (rí-emburs), rv., reembolsar, compensar, reponer, pagar.

REIMBURSEMENT (ri-emburs-ment), s., reembolso, pago, compensación.

REINSTATE (rí-insteit), rv., reinstalar, reestablecer.

REINSTATEMENT (ri-instéit-ment), s., reinstalación, reestablecimiento.

REINSURE (rí-in-shur),rv., reasegurar.

REINVEST (rí-invest), rv., reinvertir.

REINVESTED (rí-invest-ed), adj., reinvertido. —PROFITS (prá-fits), s., utilidades reinvertidas. —RESERVES (ri-sérvs), s., reservas reinvertidas. —SAVINGS (séiv-ings), s., ahorros reinvertidos.

REINVESTMENT (ri-invest-met), s., reinversión.

REJECT (ri-dchékt), rv., rechazar, desechar.

REJECTION (ri-dchék-shon), s., rechazo, desecho.

RELATE (ri-léit), rv., relatar, relacionar.

RELATED PRODUCTS (prá-dukts), s., productos relacionados.

RELATION (ri-léi-shon), s., relación.

RELATIVE (rela-tiv), adj., relativo. —CODING (koud-ing), s., codificación relativa.

RELEASE (ri-lís), rv., s., liberar, finiquitar, perdón, finiquito. —OF DUTY (duti), s., perdón de una obligación personal. —OF LIABILITY (lia-bíliti), s., perdón de una obligación legal. —OF OBLIGATION (obli-géi-shon), s., perdón o liberación de una obligación. —OF RIGHTS (raits), s., perdón o liberación de derechos.

RELIABLE (ri-lía-bl), adj., digno de confianza, confiable.

RELIEVE (ri-lív), rv., relevar, aliviar, auxiliar.

RELIEF (ri-líf), s., relevo, ayuda.

RELINQUISH (relín-quish), rv., ceder, renunciar.

RELINQUISHMENT (relín-quish-ment), s., renuncia a un derecho o a una propiedad.

REMAINDER (ri-méin-der), s., remanente, resto.

REMISSION (rem-íshon), s., remisión, envío.

REMIT (remit), rv., remitir, situar, enviar.

REMITTANCE (remít-ans), s., remesa, envío. —ORDER (or-der), s., orden no negociable de banco a banco requiriendo pago.

REMITTER (remít-er), s., remitente.

REMNANT (rém-nant), s., saldo, resto.

REMOVE (ri-múv), rv., remover, quitar, llevar.

REMOVAL (rimúv-al), s., alejamiento, eliminación, remoción, traslado.

REMUNERATE (rim-iú-ner-eit), rv., remunerar, recompensar.

RENDER (render), rv., rendir, ejecutar, prestar. —SERVICES (sérv-ises), rv., prestar servicios.

RENEGOTIATE (rí-negó-shi-eit), rv., renegociar.

RENEW (ri-niú), rv., renovar.

RENEWAL (riniú-al), s., renovación.

RENT (rent), s , rv., renta, rentar, alquilar, arrendar.

RENTAL (rent-al), s., arrendamiento, propiedad arrendada. —CARS (cars), s., automóviles para renta. —EQUIPMENT (equíp-ment), s., equipo para renta.

REOPEN (rí-oupen), *rv.*, reabrir, reconsiderar.

REORGANIZATION (ri-organ-iz-éishon), *s.*, reorganización.

REORGANIZE (rí-organ-aiz), *rv.*, reorganizar.

REPAIR (ri-pér), *rv.*, reparar. —**AND MAINTENANCE** (méin-ten-ans), *s.*, reparación y mantenimiento. —**PARTS** (parts), *s.*, refacciones, repuestos, partes. —**SHOP** (shop), *s.*, taller de reparación.

REPEAL (ri-píl), *rv.*, *s.*, revocar, abrogar, derogar, revocación.

REPLACE (ri-pléis), *rv.*, reponer, devolver.

REPLACEMENT (ri-pléis-ment), *s.*, reposición, reemplazo, suplente. —**COST** (cost), *s.*, costo de reposición. —**DELAY** (di-lei), *s.*, demora de reposición.

REPLEVIN (ri-plé-vin), *s.*, recurso legal para recuperar bienes.

REPLY (ri-plái) *rv.*, *s.*, contestar, replicar, contestación.

REPORT (ri-port), *s.*, *rv.*, informe, reporte, informar, reportar. —**GENERATOR** (dchén-er-eitor), *s.*, generador de informes.

REPRESENT (rép-ri-sent), *rv.* representar.

REPRESENTATIVE (represént-at-iv), *s.*, representante.

REPRISAL (ri-práiz-al), *s.*, represalia, venganza.

REPRODUCTION (ri-prodác-shon), *rv.*, reproducción, duplicación.

REPUTATION (repiu-téi-shon), *s.*, reputación.

REQUEST (ri-quést), *s.*, *rv.*, solicitud, petición, solicitar.

REQUIRE (ri-quáir), *rv.*, requerir, pedir, necesitar.

REQUIRED (ri-quáird), *adj.*, requerido, necesitado, obligatorio. —**INFORMA-**

TION (inform-éi-shon), *s.*, informes requeridos. —**VACATIONS** (vei-kéishons), *s.*, vacaciones obligatorias.

REQUIREMENTS (ri-quáir-ments), *s.*, requisitos, exigencias.

REQUISITION (requi-sí-shon), *s.*, *rv.*, requisición, solicitar formalmente.

RERUN (ri-ran), *rv.*, repetir, rehacer. —**POINT** (point), *s.*, punto de nuevo tiraje o repetición.

RESALE (ri-seil), *s.*, reventa. —**AGREEMENT** (agri-ment), *s.*, convenio de reventa.

RES JUDICATA (res dchúdi-cata), *s.*, (latín), causa ya juzgada.

RESCIND (res-índ), *rv.*, rescindir, cancelar, abolir.

RESCISION (res-ishon), *s.*, rescisión, cancelación, revocación.

RESEARCH (rí-serch), *s.*, investigación, estudio. —**BENEFITS** (bene-fits), *s.*, beneficios o logros de la investigación. —**FUNDS** (fands), *s.*, fondos para investigación. —**PLANS** (plans), *s.*, planes para investigación. —**PROGRAM** (próu-gram), *s.*, programa para investigación.

RESERVE (ri-sérv), *s.*, *rv.*, *adj.*, reserva, reservar, en reserva. —**BANK** (bank), *s.*, banco miembro de la reserva federal. —**FOR AMORTIZATION** (amor-tizéishon), *s.*, reserva para amortización. —**FOR BAD DEBTS** (bad dets), *s.*, reserva para cuentas incobrables. —**FOR CONTINGENCIES** (con-t ín-dchen-sis), *s.*, reserva para contingencias. —**FOR DEPRECIATION** (dipri-shi-éishon), *s.*, reserva para depreciación. —**FOR DISCOUNTS** (dís-caunts), *s.*, reserva para descuentos. —**FOR EMPLOYEES' PROFIT SHARING** (employ-ís prafit sher-ing), *s.*, reserva para la participación de empleados en las utilidades. —**FOR RENEWALS AND REPLACE-**

MENTS (ri-nú-als and ri-pléis-ments), s., reserva para renovaciones y substituciones. —FOR SELF INSURANCE (self in-shúr-ans), s., reserva para autoasegurarse. —FUND (fand), s., fondo de reserva. —MANPOWER (mán-pauer), s., mano de obra de reserva. —MERCHANDISE (mérchan-daiz), s., mercancía en reserva. —PETROLEUM (petról-eum), s., petróleo en reserva. —RAW MATERIALS (ra materials), s., materia prima en reserva.

RESERVED (ri-sérvd), adj., reservado, apartado. —ROOM (rum), s., habitación reservada.

RESERVES (ri-sérvs), s., reservas. —DEDUCTABLE FROM ASSETS (di dáktabl fram aséts), s., reservas deducibles del activo. —FOR DEPRECIATION (dipri-shi-éishon), s., reservas para depreciación. —FOR OBSOLESCENCE (obso-lés-ens), s., reservas para obsolescencia. —FOR REINVESTMENT (ri-invést-ment), s., reservas para reinversión. —FOR TAXES (taxes), s., reservas para impuestos.

RESIDENCE (rési-dens), s., residencia, domicilio.

RESIDENT (resi-dent), s., adj., residente. —ALIEN (éi-lien), s., residente extranjero, inmigrado.

RESIDUAL (resí-du-al), adj., residual, restante. —VALUE (vál-iu), s., valor residual.

RESIDUE (rés-idu), s., residuo, sobrante, subproducto.

RESIGN (ri-sáin), rv., renunciar, dimitir, resignarse.

RESIGNATION (resig-néi-shon), s., renuncia.

RESOLVE (ri-sólv), rv., resolver, decidir, solucionar.

RESOLUTION (reso-lú-shon), s., resolución, decisión.

RESORT (ri-sórt), s., lugar de recreo, recurso.

RESOURCES (ri-sórs-es), s., recursos. —NOT DISCOVERED (not discóverd), recursos no descubiertos. —UNDER EXPLOITATION (ander exploit-éishon), s., recursos en explotación.

RESPONSIBILITY (respons-ibíli-ti), s., responsabilidad, obligación. —LACK (lak), s. falta de responsabilidad.

RESPONSIBLE (respóns-ibl), adj., responsable.

REST (rest), s., resto, diferencia.

RESTART (ri-start), rv., s., empezar de nuevo, nuevo comienzo.

RESTITUTION (resti-tú-shon), s., restitución, compensación.

RESTORE (ri-stor), rv., restaurar, rehabilitar, reponer.

RESTRAIN (ri-stréin), rv., controlar, detener, limitar.

RESTRAINING ORDER (ristréin-ing or-der), s. interdicto, amparo.

RESTRICT (res-tríkt), rv., restringir, limitar, controlar.

RESTRICTED (res-tríkt-ed), adj., restringido, limitado. —CREDIT (crédit), s., crédito restringido. —FUNDS (fands), s., fondos limitados. —POWERS (pauers), s., poderoso o autorizaciones limitadas. —OPTION (op-shon), s., opción limitada. —STOCK OPTION (stok opshon), s., opción limitada para la compra de acciones.

RESULT (ri-salt), s., rv., resultado, consecuencia, resultar.

RETAIL (rí-teil), adj., rv., al menudeo, al detalle, vender al menudeo. —STORE (sotr), s., tienda de menudeo. —TRADE (treid), s., comercio al por menor. —VALUE (vá-liu), s., valor de menudeo.

RETAIN (ri-téin), *rv.*, retener, contratar, alquilar.

RETAINED EARNINGS (ér-nings), *s.*, ganancias retenidas.

RETAINER (ri-téin-er), *s.*, anticipo de honorarios, iguala.

RETIRE(ri-táir),*rv.*, retirarse,jubilarse.

RETIREMENT (ri-táir-ment),*s.*, retiro, jubilación. —BONUS (bounus),*s.*, gratificación de jubilación. —PENSION (pen-shon), *s.*, pensión de retiro o de jubilación. —PLAN (plan), *s.*, plan para jubilación de empleados. —OF ASSETS (af as-ets), *s.* retiro de bienes o de activo.

RETRIBUTION (retri-bíu-shon), *s.*, retribución, castigo, pago.

RETRIEVAL (ri-tri-val), *s.*, recuperación.

RETRIEVE (ri-trív), *rv.*, recobrar, rescatar, recuperar.

RETROACTIVE (retro-áktiv), *adj.*, retroactivo. —LAW (la),*s.*, ley retroactiva. —TAX (tax), *s.*, impuesto retroactivo.

RETURN (ri-turn), *rv.*, *s.*, retornar, devolver, devolución, reembolso. —ON THE INVESTMENT (on thi invéstment),*s.*, rendimiento de la inversión. —RECEIPT (ri-sít),*s.*, acuse de recibo.

REVALIDATE (ri-váli-deit), *rv.*, revalidar, revivir.

REVALUATE (ri-váliu-eit), *rv.*, revalidar, revalorizar.

REVALUATION (ri-valiu-éi-shon), *s.*, revaluación, revalorización. —OF ASSETS (af as-ets), *s.*, revaluación de bienes o activo.—RESERVE (ri-sérv), *s.*, reserva para revaluación. —SURPLUS (súr-plas), *s.*, superávit de revaluación.

REVAMP (ri-vamp), *rv.*, reconstruir, modernizar.

REVENUE (réve-niu), *s.*, ingreso, renta, entrada. —STAMP (stamp), *s.*, timbre fiscal.

REVERSAL (ri-ver-sal), *s.*, revocación, reversión.

REVERSED OPINION (opín-ion), *s.*, revocación del fallo de una corte por otra corte más alta.

REVERSING ENTRY(rivérs-ing entri), *s.*, contraasiento, asiento de reversión

REVIEW (rí-viu), *rv.*, *s.*, revisar, examinar, revisión, examinación.

REVISE (ri-váiz),*rv.*, enmendar, modificar.

REVISED (ri-váizd), *adj.*, enmendado, modificado.—CONTRACT(cón-trakt) *s.*, contrato corregido o modificado. —LETTER OF CREDIT (leter af crédit), *s.*, carta de crédito corregida.

REVOKE (ri-vóuk) *rv.*, revocar, anular.

REVOKABLE (ri-vóuk-abl), *adj.*, revocable.

REVOLVING (ri-vólv-ing), *adj.*, revolvente, rotativo. —CREDIT (crédit) *s.*, crédito revolvente. —FUND (fand), *s.*, fondo revolvente. —INVENTORY (ínvent-ori), *s.*, inventario revolvente.

REWARD (ri-gúard),*s.*, *rv.*, recompensa, gratificación, recompensar.

RICHARD ROE (rí-chard rou), *s.*, persona ficticia, "fulano de tal".

RIGHT (rait), *adj.*, correcto, legal, derecho, justo. —HAND MAN (jand man) *s.*, hombre clave. —OF APPEAL (apil), *s.*, derecho de apelación. —OF ASSEMBLY (asém-bli), *s.*, derecho de reunirse. —OF ASYLUM (asáilom), *s.*, derecho de asilo. —OF ENTRY (entri), *s.*, derecho de entrada. —OF IDEMNITY (ai-démni-ti), *s.*, derecho indemnizatorio. —OF LIEN (lin), *s.*, derecho prendario. —OF PETITION (petí-shon), *s.*, derecho de petición. OF PRIVACY (praí-va-si), s., derecho a no ser molestado. —OF PROPERTY (próper-ti), s., derecho de propiedad o de dominio privado. —OF SEARCH (serch), s., derecho de visita. —OF WAY (guei), s., derecho a vía, servidumbre de paso, derecho de tránsito. —TO STRIKE (straik), s., derecho a huelga. —TO VOTE (vout), s., derecho a votar, derecho a sufragio. —TO WORK (guork), s., derecho a trabajar.

RIM (rim), s., orilla, margen.

RIOT (rái-ot), s., motín. —INSURANCE (in-shúr-ans), s., seguro contra motines.

RISING COSTS (raizing costs), s., costos en alza.

RISK (risk), s., rv., riesgo, peligro, arriesgar. —MONEY (mo-ni), s., dinero que implica riesgo.

ROCK BOTTOM (rok botom), adj., mod., lo mínimo, lo más bajo.

ROLL CALL (roul cal), s., rv., pasar lista, llamar lista.

ROLLING STOCK (róul-ing stok), s., equipo rodante, vehículos.

ROTATING (rou-téit-ing), adj., rotativo, giratorio. —CREDIT (crédit), s., crédito rotativo. —INVENTORY (invent-ori), s., inventario rotativo.

ROUGH DRAFT (rof draft), s., boceto, bosquejo, borrador preliminar, apunte. —SKETCH (skech), s., dibujo preliminar, boceto.

ROUND, adj., redondo, cabal. —NUMBERS (raund nám-bers), s., números redondos. —OFF (of) rv.', redondear, pulir, terminar.

ROUTE (rut), s., ruta, camino.

ROUTINE (rut-ín), adj., s., rutinario, rutina. —BUSINESS (bís-nes), s., negocio rutinario. —COMPILING (compail-ing), s., compilación rutinaria. —EXPENSES (expénses), s., gastos ordinarios. FLOATING POINT (flouting point), s., punto flotante rutinario.

ROUTING (ráut-ing), s., adj., curso, camino, ruta. —SLIP (slip), s., lista de entrega por orden de importancia.

ROYALTY (róyal-ti), s., regalía, participación de autor o inventor.

RUBRIC (rú-brik), s., rúbrica, título, encabezado.

RULE (rul), s., rv., regla, reglamento, mandar o dirigir. —OF THUMB (af tham), s., regla del dedo, cálculo empírico.

RULING PRICE (rúl-ing prais), s., precio predominante.

RUN (ran), s., iv., tirada, pasada, corrida, tirar, imprimir. —INTO TROUBLE (intu trobl), v., mod., entrar en problemas. —SHORT (short), v., mod., escasear. —OUT OF (aut af), v., mod., agotarse. —SMOOTH (smuth), v., mod., operar sin dificultades.

RUN UP (ran ap), v., mod., aumentar, subir, incrementar.

RURAL (rú-ral), s., adj., rural, del campo.

S

SABOTAGE (sábo-tadch), s., sabotaje.

SACK (sack), s., rv., mod., saco, lanzar o despedir.

SAFE (seif), s., adj., caja de seguridad, seguro.

SAFEKEEPING (séif-kiping), s., v., custodia, guardar a salvo.

SAFETY DEPOSIT BOX (séif-ti di-pósit bax), s., caja de seguridad.

SAILING TIME (seil-ing taim), s., horario de salida de un barco, hora en que zarpa.

SALARIES, s., salarios. —AND EMPLOYEE BENEFITS (sála-ris and employ-í béne-fits), s., salarios y prestaciones. —AND WAGES (wéi-dches), s., salarios y sueldos.

SALE (seil), s., venta, barata, remate. —AND LEASEBACK (and lísbak), s., venta con derecho de arrendamiento.

SALEABLE (séil-abl), adj., vendible, con demanda.

SALES (seils), s., ventas. —AGENCY (éi-dchen-si), s., agencia de ventas. —AID (eid), s., promotor de ventas. —ALLOWANCE (aláu-ans), s., bonificación sobre ventas. —BOOSTER (bús-ter), s., promotor de ventas. —BUDGET (bá-dchet), s., presupuesto de ventas. —CHART (chart), s., cuadro o gráfica de ventas. CONSIGNMENT (con-sáin-ment), s., venta a consignación. —DEPARTMENT (dipárt-ment), s., departamento de ventas. —DISCOUNTS (dís-caunts), s., descuentos sobre ventas. —EFFORT (éf-ort), s., esfuerzo para vender. —EXPENSE (ex-péns), s., gastos de ventas. —FORECAST (fór-cast), s., pronóstico de ventas. —INCOME (ín-com), s., ingresos por concepto de ventas. —INVOICE (ín-vois), s., factura de venta. LETTER (leter), s., carta de propaganda. —LITERATURE (líter-a-chur), s., propaganda de ventas. —MANAGER (mána-dcher), s., gerente de ventas. —MEDIUM (mí-dium), s., medio de ventas. —MIX (mix), s., inventario de mercancía disponible para la venta. —ORDER (ór-der), s., orden de venta. —ORGANIZATION (organizéi-shon), s., organización de ventas. —POTENTIAL (po-tén-shal), s., potencial de ventas. —PROMOTION (pro-móu-shon), s., promoción de ventas. —QUOTA (quota), s., cuota de ventas. —RESISTANCE (resíst-ans), s., renuncia del consumidor. —RETURNS AND ALLOWANCES (ri-túrns and aláu-ans-es), s., devoluciones y deducciones sobre ventas. —SLIP (slip), s., boleta de venta. —TAX (taz), s., impuesto sobre ventas. — TECHNIQUE (tek-ník), s., técnica de ventas.

SALESMAN (séils-man), s., agente vendedor, dependiente.

SALESMEN'S, *adj.*, *pos.*, al venderor, del vendedor. —**COMMISSIONS** (séils-mens comísh-ons), *s.*, comisiones a vendedores. —**EXPENSES** (ex-péns-es), *s.*, gastos de vendedores. —**SALARIES** (sála-ris), *s.*, salarios de vendedores.

SALVAGE (sál-vadch), *s.*, salvamento, desecho, desperdicios aprovechados.

SAMPLE (sam-pel), *s.*, *rv.*, muestra, muestrear, probar. —**CASE** (keis), *s.*, caja de muestras, portafolio. —**LOT** (lot), *s.*, lote de muestra.

SANCTION (sánk-shon), *s.*, *rv.*, sanción, castigo, sancionar.

SANITARY (sáni-teri), *adj.*, sanitario, higiénico. —**MEASURES** (méi-siurs), *s.*, medidas sanitarias. —**REQUIRE-MENTS** (ri-quáir-ments), *s.*, requisitos sanitarios.

SATISFACTION (satis-fák-shon), *s.*, satisfacción, cumplimiento.

SATURATION (sachur-éishon), *s.*, saturación.

SAVINGS (séiv-ings), *s.*, ahorros. —**AC-COUNT** (ak-áunt), *s.*, cuenta de ahorros. —**AND LOAN ASSOCIATION** (and loun aso-shi-éishon), *s.*, banco o asociación de préstamos y ahorros. —**BANK** (bank), *s.*, banco de ahorros. —**BONDS** (bonds), *s.*, bonos de ahorro.

SCAB LABOR (skab leibor), *s.*, *mod.*, empleados no sindicalizados.

SCALE (skeil), *s.*, escala, báscula. —**OF WAGES** (wéi-dches), *s.*, escala de sueldos.

SCAN (skan), *rv.*, examinar, revisar, someramente.

SCARCE (skers), *adj.*, escaso, limitado.

SCARCITY (skérs-iti), *s.*, escasez, falta, carencia. —**OF MONEY** (mo-ni), *s.*, escasez de dinero. —**OF RAW MA-TERIAL** (ra ma-tír-ial), *s.*, escasez de materia prima. —**OF SUPPLIES** (sap-láis), escasez de abastecimientos.

SCHEDULE (ské-dchul), *s.*, itinerario, horario, programa, plan, cédula.

SCHOOL SUPPLIES (skul sap-láis), *s.*, artículos escolares.

SCOPE (skoup), *s.*, alcance, campo de acción.

SCRAP (scrap), *s.*, chatarra, desecho, desperdicio. —**EQUIPMENT** (equip-ment), *s.*, *rv.*, equipo desechado, desechar equipo. —**MATERIAL** (ma-tér-ial), *s.*, material de desecho. —**RECOVERY** (ri-kóveri), *s.*, recuperación de desperdicios. —**VALUE** (vá-liu), *s.*, valor de desperdicio. —**YARD** (yard), *s.*, patio donde se venden materiales de desperdicio.

SCRATCH THE SURFACE (skrach thi súr-fas), *v.*, *mod.*, apenas tocar la superficie.

SCRIPT (skript), *s.*, escritura, vale, cédula.

SCROUNGE (skráundch), *rv.*, *mod.*, buscar y conseguir algo sin pagar.

SEAL (sil), *s.*, *rv.*, sello, sellar, lacrar. —**OF APPROVAL** (aprúv-al), *s.*, sello de aprobación.

SEARCH (serch), *rv.*, *s.*, buscar, búsqueda.

SEASON (sí-son), *s.*, estación del año, temporada.

SEASONAL (síson-al), *adj.*, de temporada. —**BUSINESS** (bís-nes), *s.*, negocio de temporada. —**DEMAND** (di-mánd), *s.*, demanda de temporada. —**PRO-DUCTS** (prá-dakts), *s.*, productos de temporada.

SECONDARY (second-éri), *adj.*, secundario. —**DATA** (data), *s.*, datos secundarios. —**IMPORTANCE** (im-pórt-ans), *s.*, importancia secundaria. —**OPERATION** (oper-éi-shon), *s.*, operación secundaria.

SECRET (sík-ret), s., secreto. —**AGREE-MENT** (agrí-ment), s., convenio secreto. —**BANK ACCOUNT** (bank ak-áunt), s., cuenta bancaria secreta. —**CODE** (koud), s., clave secreta. —**MEETING** (mít-ing), s., junta secreta.

SECRETARY (secre-téri), s., secretario (a). —**OF AGRICULTURE** (agricál-chur), s., Secretario de Agricultura. —**OF COMMERCE** (cóm-ers), s., Secretario de Comercio. —**OF THE INTERIOR** (intír-ior), s., Secretario de Asuntos Interiores o de Gobernación. —**OF FOREIGN AFFAIRS** (fóren aférs), s., Secretario de Asuntos Exteriores. —**OF THE TREASURY** (tréishuri), s., Secretario de la Tesorería. —**OF WAR** (guar), s., Secretario de Guerra o de Defensa.

SECTION (sek-shon), s., sección. —**MANAGER** (mána-dcher), s., gerente de sección. —**SUPERVISOR** (súper-vaisor), s., supervisor de sección.

SECTOR (sék-tor), s., sector.

SECURE (si-kíur), rv., adj., conseguir, asegurar, seguro, a salvo. —**BY BOND** (bai bond), v., asegurar por medio de una fianza, afianzar.

SECURED (si-kiurd), adj., asegurado, garantizado, a salvo.

SECURITIES (si-kíur-itis), s., valores, documentos de valor. —**AND EXCHANGE COMMISSION** (ex-chéindch), s., Comisión de Valores y Cambios. —**IN SAFEKEEPING** (séifki-ing), s., valores en custodia.

SECURITY (si-kíur-iti), s., valor bursátil, prenda, garantía, seguridad. —**MEASURES** (méi-shurs), s., medidas de seguridad.

SEGMENT (seg-ment), s., segmento, sección.

SEIZE (siz), rv., apoderarse, incautar, requisar.

SEIZURE (sí-ziur), s., embargo, secuestro, requisa.

SELECTION (selék-shon), s., selección. —**OF MERCHANDISE** (mérchandaiz), s., selección de mercancía. —**OF PERSONNEL** (person-él), s., selección de personal. —**OF PORTAFOLIO** (port-folio), s., selección de un grupo diversificado de inversiones.

SELECTIVE SELLING (selékt-iv seling), s., venta selectiva.

SELF, adj., solo, uno mismo. —**INSURED** (self in-shúrd), adj., autoasegurado. —**LIQUIDATING** (liquid-eit-ing), adj., que se autoliquida. —**LOADING** (loud-ing), adj., que se carga automáticamente. —**SERVICE** (sér-vis), adj., autoservicio. —**SUFFICIENT** (suf-ísh-ent), adj., autosuficiente, independiente.

SELL (sel), iv., vender. —**AT AUCTION** (áuk-shon), v., vender en subasta, rematar. —**LONG** (long), v., vender a futuro. —**SHORT** (short), v., vender a descubierto.

SELLER (sel-er), s., vendedor.

SELLER'S MARKET (már-ket), s., mercado que controla el vendedor. —**OPTION** (óp-shon), s., opción del vendedor. —**PRICE** (prais), s., precio de vendedor.

SELLING (sel-ing), adj., a la venta, de venta. —**PRICE** (prais), s., precio de venta. —**SYSTEM** (sís-tem), s., sistema de ventas.

SELLOUT (sél-aut), s., liquidación de mercancía en venta.

SEMESTER (sem-éster), s., semestre.

SEMIANNUAL (semi-ániual), adj., semestral, semianual.

SEMIFINISHED (semi-fínisht), adj., semiacabado, semielaborado.

SEMIMONTHLY (semi-mánth-li), *adj.*, quincenal.

SENDER (send-er), *s.*, remitente.

SENDING FIELD (send-ing fild), *s.*, área de donde viene el dato de computación.

SENIOR (sí-nior), *adj.*, mayor, principal, con antigüedad. **—ACCOUNTANT** (ak-áunt-ant), *s.*, contador en jefe. **—EXECUTIVE** (ex-ék-iu-tiv), *s.*, ejecutivo principal o con antigüedad. **—PARTNER** (part-ner), socio principal.

SENIORITY (sin-iór-iti), *s.*, antigüedad, derechos de antigüedad.

SENTENCE (sen-tens), *s.*, sentencia, condena.

SEPARATE PROPERTY (sépa-rat próper-ti), *adj.*, propiedad separada, bienes individuales.

SEPARATION PAY (sepa-réi-shon peil), *s.*, indemnización por separación.

SEQUENCE (sí-quens), *s.*, secuencia.

SEQUESTER (si-qués-ter), *rv.*, secuestrar, segregar.

SEQUESTERED ACCOUNT (si-quésterd), *s.*, cuenta secuestrada.

SERIAL (sí-rial), *s.*, serial, serie. **—BONDS** (bonds), *s.*, bonos en serie. **—STORAGE** (stór-adch), *s.*, almacenamiento en serie.

SERVICE (sér-vis), *s.*, servicio, notificación legal, citatorio. **—BY MAIL** (bai meil), *s.*, notificación por correo. **—BY PUBLICATION** (pabli-kéi-shon) *s.*, notificación por publicación. **—CONTRACT** (cón-trakt), *s.*, contrato de servicios.

SERVITUDE (sérvi-tud), *s.*, esclavitud, servidumbre.

SET (set), *iv.*, *s.*, colocar, acomodar, conjunto, juego. **—DOWN** (daun), *v.*, apuntar, asentar. **—IN MOTION** (móu-shon), *v.*, poner en movimiento, im-

pulsar. **—OF BOOKS** (buks), *s.*, juego de libros. **—OF RULES** (ruls), *s.*, juego o compilación de reglamentos. **—OFF** (aff), *v.*, *mod.*, compensar, igualar, impulsar. **—OUT** (aut), *v.*, señalar, afirmar, alegar. **—UP** (ap), *v.*, *mod.*, montar, establecer, organizar.

SETTLE (set-el), *rv.*, arreglar, solucionar, colocarse, colonizar. **—AN ACCOUNT** (ak-áunt), *v.*, liquidar o saldar una cuenta.

SETTLEMENT (sétel-ment), *s.*, arreglo, liquidación, colonia.

SEVER (séver), *rv.*, cortar, separar, cesar relaciones.

SHAM (sham), *s.*, *adj.*, cosa artificial, ficticio, fraudulento.

SHAPE (sheip), *s.*, forma, condición. **—UP** (ap), *v.*, *mod.*, tomar forma definitiva, desarrollarse.

SHARE (sher), *rv.*, *s.*, compartir, acción de una sociedad, porción. **—THE WEALTH** (guelth), *v.*, *mod.*, compartir la riqueza.

SHARED TIME (taim), *s.*, tiempo compartido.

SHAREHOLDER (sher-jould-er), *s.*, accionista.

SHAREHOLDERS' MEETING (míting), *s.*, junta de accionistas.

SHARES OF STOCK (shers af stok), *s.*, acciones, certificados de acciones. **—TO THE BEARER** (ber-er), *s.*, acciones al portador.

SHEET (shit), *s.*, hojas, pliego, lámina.

SHELF (shelf), *s.*, anaquel, estante, repisa.

SHIFT (shift), *s.*, jornada de trabajo, turno de trabajo.

SHIP (ship), *rv.*, *s.*, embarcar, barco.

SHIPPING COST (ship-ing cost), *s.*, costo de embarque. **—INSTRUCTIONS** (instrákt-shons), *s.*, instrucciones de embarque. **—TIME** (taim), *s.,* tiempo de embarque, fecha de embarque.

SHIPPER (ship-er), *s.,* embarcador, remitente de un embarque.

SHIPMENT (ship-ment), *s.,* embarque, envío. **—COST** (cost), *s.,* costo de embarque. **—POINT** (point), *s.,* punto o lugar de embarque. **—TIME** (taim), *s.,* fecha de embarque.

SHIP'S CARGO (kár-go), *s.,* cargamento del barco. **—CREW** (kru), *s.,* tripulación del barco. **—MASTER** (mas-ter), *s.,* capitán de barco.

SHOE STRING (shu string), *s., mod.,* fondos limitados.

SHOP (shap), *s., rv.,* taller, tienda, ir de compras.

SHOPPER (shap-er), *s.,* comprador, investigador de los precios de la competencia.

SHOPPING CENTER (sháp-ing cént-er), *s.,* centro comercial. **—HOURS** (aurs), *s.,* horas hábiles para compras.

SHORT (short), *adj., mod.,* corto, escaso de fondos. **—CHANGED** (chéin-dchd), *v.,* ser estafado al recibir moneda fraccionaria. **—DATED** (deit-ed), *adj.,* de tiempo o fecha corta. **—HANDED** (jand-ed), *adj., mod.,* escaso de mano de obra. **—TERM INVESTMENT** (term invést-ment), *s.,* inversión a corto plazo. **—TON** (ton), *s.,* tonelada corta 907 kg. (2 000 libras).

SHORTAGE (shór-tadch) *s.,* escasez.

SHORTAGES (shór-tadches), *s.,* mermas, pérdidas, fugas.

SHOW (shou), *s., iv.,* exhibición, exhibir, arrojar. **—A BALANCE** (bál-ans), *v.,* arrojar un saldo. **—A DECREASE** (dí-kris), *v.,* arrojar una baja o merma. **—A LOSS** (los), *v.,* arrojar una pérdida. **—A PROFIT** (prá-fit), *v.,* arrojar utilidad. **—AN INCREASE** (ín-kris),

v., arrojar aumento o ganancia. **—RESULTS** (ri-sálts), *v.,* mostrar resultados.

SHOWROOM (shóu-rum), *s.,* sala de exhibición.

SHRINKAGE (shrínk-adch), *s.,* merma, pérdida.

SHUT-DOWN (shát-daun), *s., v.,* paro, cese de operaciones.

SHUTTLE (shá-tel), *v., s.,* ir y venir, transporte de ida y vuelta. **—BOAT** (bout) *s.,* transbordador.

SICK (sik), *adj.,* enfermo. **—BENEFIT** (bene-fit), *s.,* subsidio o ayuda para enfermos. **—LEAVE** (liv), *s.,* licencia por enfermedad. **—PAY** (pei), *s.,* pago de sueldo durante una enfermedad.

SIDELINE (sáid-lain), *s.,* actividad adicional, segundo negocio.

SIGHT (sait), *s., adj.,* vista, pagadero a la vista. **—BILL** (bil), *s.,* documento a la vista. **—DRAFT** (draft) *s.,* giro a la vista. **—NOTE** (nout), *s.,* letra o pagaré a la vista.

SIGN (sain), *s., rv.,* letrero, cartelón, firmar.

SIGNATURE (síg-na-chur), *s.,* firma. **—BOOK** (buk), *s.,* libro de facsímiles de firmas.

SIGNER (sain-er), *s.,* firmante, signatario, subscriptor.

SIGNIFICANT (sig-nífi-cant), *adj.,* significativo, significante. **—DEAL** (dil), *s.,* trato o convenio significativo. **—DECISION** (desí-shon), *s.,* decisión significativa. **—FIND** (faind), *s.,* hallazgo significativo. **—INFORMATION** (in-form-éi-shon), *s.,* información significativa. **—LAW** (lau), *s.,* ley significativa. **—OPERATION** (oper-éi-shon), *s.,* operación significativa. **—WORK** (guork), *s.,* trabajo significativo.

SILENT PARTNER (sai-lent part-ner), *s.,* socio secreto, comanditario.

SILENT PARTNERSHIP (párt-nership), s., sociedad en comandita.

SILVER (sil-ver), s., plata.

SIMPLE (sim-pel), adj., simple, sencillo. —INTEREST (ínter-est), s., interés sencillo.

SIMPLIFICATION (simpli-fikéi-shon), s., simplificación.

SIMULATOR (simiu-léi-tor), s., simulador.

SIMULTANEOUS (saim-ul-téi-nios), adj., simultáneo.

SINCERELY (sin-sír-li), adv., sinceramente. —YOURS (iurs), adv., suyo sinceramente, atentamente.

SINGLE (sín-gel), adj., solo, soltero, único. —ENTRY (entri), s., partida o asiento sola o única. —PAYMENT (pei-ment), s., pago único.

SINK (sink), iv, hundir, bajar, fracasar.

SINKING FUND (sink-ing fand), s., fondo de amortización.

SIR (sir), s., señor, muy señor mío, caballero.

SIT-DOWN STRIKE (sit daun straik), s., huelga de brazos cruzados.

SITUATION (si-chu-éi-shon), s., situación, estado, posición.

SKETCH (skech), s., boceto, dibujo, croquis.

SKILL (skil), s., habilidad, destreza.

SKILLED (skild), adj., diestro, experto. —WORKER (guork-er), s., trabajador adiestrado o capacitado.

SKILLFUL (skíl-lul), adj., hábil, experto.

SKIP (skip), rv., mod., omitir, saltar, escapar.

SLAM (slam), rv., mod., golpear, forzar, chocar.

SLANDER (slán-der), s., calumnia, difamación.

SLASH (slash), rv., cortar, reducir de precio.

SLIDE (slaid), s., transparencia fotográfica.

SLIDING (slaid-ing), adj., de bajada, de caída. —PRICES (praises), s., precios en caída.

SLIM, adj., poco, limitado. —CHANCE (slim chans), s., mod., poca oportunidad de éxito. —PICKINGS (pikings), s., mod., poco que ganar.

SLIP (slip), s., ficha, nota, volante.

SLOGAN (slo-gan), s., lema, slogan.

SLOWDOWN (slou-daun), s. v., demora, atraso, demorar, atrasar.

SLOW MOTION (slou móu-shon), s., movimiento de cámara lenta. —PAY (pei), adj., moroso, mala paga.

SLUFF OFF (slof of), v., mod., evadir responsabilidad o trabajo, flojear.

SLUMP (slomp), s., rv., caída, baja, caer, bajar.

SLUSH (slosh), s., cabildeo, soborno. —FUND (fand), s., (pol.) fondo para soborno.

SMALL FRY (smol frai), s., mod., negocio pequeño, persona sin importancia.

SMART (smart), adj., astuto, inteligente, vestido a la moda. —MONEY (mo-ni), s., dinero en busca de excepcionales utilidades.

SMUGGLE (smogl), rv., contrabandear.

SMUGGLED GOODS (guds), s., mercancía de contrabando.

SMUGGLER (smogl-er), s., contrabandista.

SNAFU, mod. (situation normal all fouled up), adj. Todo confuso, todo en pésima condición.

SOCIAL, adj., social —LIABILITY INSURANCE (soshal lia-bíliti inshúrans), s., seguro contra responsabilidad civil, seguro contra accidentes a terceras personas. —SECURITY (si-kiúriti), s., adj., seguro social. —BENE-

FITS (béne-fits), s., beneficios o ayuda del Seguro Social. —QUOTAS (quotas), s., cuotas mensuales del Seguro Social. —TAX (tax), s., impuesto para el Seguro Social. —WELFARE (guélfer), s., bienestar social, prevención social.

SOCIETY (so-sái-eti), s., sociedad (humana).

SOFT GOODS (soft guds), s., véase SOFTWEAR.

SOFTWARE (soft-guer), s., programas para computadoras.

SOLE (soul), adj., solo, único. —OWNER (oun-er). s., único, propietario o dueño. —PARTNER (part-ner), s., único socio. —PROPRIETOR (proprái-etor), s., único propietario.

SOLICIT (sol-ís-it), rv., solicitar, pedir, buscar.

SOLICITOR (sol-ísit-or), s., abogado, procurador.

SOLIDARY (sóli-deri), adj., solidario.

SOLVENCY (sól-vensi), s., solvencia.

SOLVENT (sol-vent), adj., solvente.

SORT (sort), rv., clasificar, separar.

SORTER (sort-er), s., clasificador. —READER (rider), s., lecto-clasificador.

SOUND (saund), s., adj., sonido, firme, seguro. —BASIS (béis-is), s., base firme.—MONEY (moni), s., dinero firme o seguro. —REASONING (rísoning), s., razonamiento inteligente.

SOUNDNESS (saund-nes), adj., s., firmeza, solidez, firme, sólido.

SOURCE (sors), s., origen, fuente, procedencia. —OF SUPPLY (af sa-plái), s., fuente de abastecimiento.

SPACE (speis), s., adj., espacio, superficie, espacial.—PROGRAM (pró-gram), s., programa espacial. —TRAVEL (trá-vel), s., viaje espacial.

SPAN (span), s., área, campo, distancia, término. —OF YEARS (af yirs), s., término de años.

SPARE (sper), adj., s., extra, en reserva, repuesto. —PARTS (parts), s., repuestos. —TIME (taim), s., tiempo desocupado. —TIRE (tair), s., llanta de repuesto. —MONEY (moni), s., dinero en exceso.

SPECIAL (spé-shal), adj., especial, extraordinario. —AGENT (éi-dchent), s., agente especial. —AUDIT (áu-dit), s., auditoría especial. —BENEFITS (béne-fits), s., prestaciones o beneficios especiales. —DELIVERY (delíver-i), s., entrega inmediata o entrega especial. —DRAWING RIGHTS (dráuing raits), s., convenio que permite a un país girar sobre la divisa de otro sin hacer el traslado propiamente dicho. —MARKET (mar-ket), s., mercado especial. —OBLIGATION (obli-géishon), s., obligación especial. —PERMIT (per-mit), s., permiso especial. —SALE (seil), s., venta especial.

SPECIALTY (spé-shal-ti), s., adj., especialidad, especializado. —GOODS (guds), s., mercancía especializada. —PRODUCTS (prá-dokts), s., productos especializados. —STORE (stor), s., tienda especializada.

SPECIE (spí-shi), s., dinero contante, efectivo, moneda. —PAYMENT (péiment), s., pago en efectivo.

SPECIFIC (spe-síf-ic), adj., específico. —DATA (data), s., datos específicos. —DUTY (duti), s., obligación específica, responsabilidad específica. —INSTRUCTIONS (ins-trák-shons), s., instrucciones específicas. —LIABILITIES (lia-bíli-tis), s., obligaciones o deudas específicas. —PRODUCTS (prá-dakts), s., productos específicos.

SPECULATION (spek-iu-léi-shon), s., especulación, aventura.

SPILLAGE (spíl-adch), s., derrame, merma, pérdida.

SPLIT (split), iv. adj., dividir, separar, dividido, separado. —THE PROFITS (práf-its), v., dividir las utilidades.

SPOIL (spoil), rv., desperdiciar, echar a perder.

SPOILAGE (spóil-adch), s., material dañado o descompuesto.

SPOKESMAN (apóuks-man), s., portavoz, vocero.

SPONSOR (spon-sor), rv., s., patrocinar, patrocinador. —A PROGRAM (pró-gram), v., patrocinar un programa.

SPOT (spot), s., rv., adj., lugar especial, punto, reconocer, rápido, ocasional. —CASH (cash), s., dinero a la mano. —CHECK (chek), s., inspección ocasional. —LABOR (léi-bor), s., mano de obra del lugar o para la ocasión. —LOAN (loun), s., préstamo inmediato. —MONEY (moni), s., dinero disponible inmediatamente. —TRADING (tréid-ing), s., transacción en divisas extranjeras que se liquida en dos días.

SPUR (sper), s., entronque de ferrocarril.

SPURT (spert), s., subida rápida.

SQUANDER (squán-der), rv., derrochar, tirar el dinero.

SQUARE (squer), adj., s., honesto, honrado, cuadra. —DEAL (dil), s., trato justo.

SQUATTER (squat-er), s., mod., usurpador de terreno, "paracaidista".

SQUEEZE (squiz), rv., mod., apretar, forzar, exprimir. —MONEY OUT OF (moni aut af), v., sacarle dinero a.

STABILITY (sta-bíli-ti), s., estabilidad.

STACK (stak), s., rv., montón, amontonar.

STAFF (staf), s., personal de administración, cuerpo de administración. —EXECUTIVE (exék-iu-tiv), s., ejecutivo del cuerpo directivo. —MEETING (mit-ing), s., junta del cuerpo directivo. —PERSONNEL (personél), s., personal del cuerpo directivo. —OFFICER (ófis-er), s., funcionario del cuerpo directivo.

STAGFLATION (stag-fléi-shon), s., mod., inflación con sueldos fijos.

STALE (steil), adj., viciado, cuando se demoran los documentos requeridos por una carta de crédito.

STAMP (stamp), s. estampilla, timbre, estampa, sello. —TAX (tax), s., impuesto a través de timbres.

STAND (stand), s., exhibidor, estante.

STANDARD (stand-ard), adj., normal, usual, estandar. —PROCEEDURE (pro-síd-iur), s., procedimiento usual o aceptado. —QUALITY (quá-li-ti), s., calidad normal o aceptada. —SERVICE (ser-vis), s., servicio usual o aceptado.

STANDARDIZATION (standar-iz-éi-shon), uniformidad, normalización.

STANDBY TIME (stand-bai táim), s., tiempo de espera.

STANDING (stand-ing), adj., permanente. —FUNDS (fands), s., fondos permanentes. —ORDERS (ór-ders), s., órdenes permanentes.

STANDOUT (stánd-aut), adj., s., sobresaliente.

STAPLE (stéi-pel), adj., artículo o producto de primera necesidad.

START (start), rv., poner en marcha, impulsar, empezar. —ALL OVER (al ouver), v., empezar de nuevo. —THE WHEELS GOING (juils go-ing), v., empezar a trabajar.

138

STATE (steit), s., v., adj., estado, declarar, estatal. —**BANK** (bank), s., banco estatal. —**DEPARTMENT** (dipárt-ment), s., Departamento de Asuntos Exteriores. —**FOR THE RECORD** (ré-kord), v., hacer constancia. —**LAW** (lau), s., ley estatal. —**REGULATION** (regiu-léi-shon), s., impuesto estatal.

STATEMENT (stéit-ment), s., declaración, estado contable, estado de cuenta. —**OF ACCOUNT** (steit-ment af ak-aúnt), s., estado de cuenta. —**OF APPLICATION OF FUNDS** (aplikéishon af fonds), s., declaración de la aplicación de fondos. —**OF CHANGES IN THE FINANCIAL POSITION** (chéin-dches in thi finán-shal posíshon), s., declaración de cambios en la situación financiera. —**OF CONSOLIDATED SURPLUS** (consol-i-déited sór-plas), s., estado de superávit consolidado. —**OF EARNINGS** (ér-nings), s., declaración de ganancias. —**OF INCOME** (ín-kam), s., declaración de ingresos. —**OF PRODUCTION COSTS** (prodák-shon costs), s., estado de costos de producción. —**OF PROFITS** (prá-fits), s., declaración de utilidades.

STATIONARY (stéi-shon-eri), adj., estacionario, fijo. —**MACHINERY** (mashín-eri), s., maquinaria estacionaria.

STATIONERY (stéi-shon-ri), s., papelería. —**AND OFFICE SUPPLIES** (ofis sa-pláiz), s., papelería y artículos para oficina.

STATISTICAL, adj., estadístico. —**DATA** (data), s., datos estadísticos.

STATISTICS (sta-tís-tiks), s., estadística.

STATUS (stá-tus), s., estado, condición, posición.

STATUTE (stá-chut), s., estatuto, ley. —**OF LIMITATIONS** (limi-téi-shons), s., ley de prescripción.

STEEL (stil), s., adj., acero. —**MILL** (mil), s., fundición de acero, planta siderúrgica.

STENCIL (stén-sil), s., estarcido, patrón para duplicación.

STENOGRAPHER (stenó-graf-er), s., mecanógrafo (a), taquígrafo (a).

STEP (step), s. rv., paso, etapa, tomar un paso.

STEWARD (stiú-ard), s., sobrecargo, aeromozo (a).

STIPULATION (stip-iu-léishon), s., estipulación, convenio.

STOCK (stok), s., existencias, acciones. —**BROKER** (brou-ker), s., corredor de valores o de Bolsa. —**CERTIFICATE** (sertíf-ic-at), s., certificado de acciones. —**COMPANY** (com-pani), s., sociedad anónima, compañía por acciones. —**CONTROL** (con-trol), s., control de existencias o de inventario. —**DIVIDEND** (divi-dend), s., dividendo de acciones. —**EXCHANGE** (ex-chéindch), s., Bolsa de valores. —**FLUCTUATION** (flak-chu-éishon), s., fluctuación de acciones. —**IN TRADE** (in treid), s., existencias o mercancía disponible. —**ISSUE** (í-shu), s., emisión de acciones. —**LISTING** (listing), s., aparición de la acción en la lista de la Bolsa. —**MOVEMENTS** (múv-ments), s., movimientos o comportamiento de acciones. —**OF FINISHED COMPONENTS** (fín-isht póu-nents), s., existencias de componentes terminados. —**OF FINISHED PRODUCTS** (fín-isht prá-docts), s., existencias de productos terminados. —**OF UNFINISHED PRODUCTS** (án-finisht prá-docts), s., existencia de productos no terminados. —**ON HAND**

(jand), *s.*, existencias en almacén. —**OPTION** (óp-shon), *s.*, opción de compra de acciones. —**PILING** (pailing), *s.*, acumulación de mercancía. —**TRANSACTION** (trans-ák-shon), *s.*, transacción con acciones. —**TRANSFER** (tráns-fer), *s.*, traslado de acciones.

STOCKHOLDER (sták-joulder), *s.*, accionista.

STOCKHOLDER'S EQUITY (équi-ti), *s.*, derecho del accionista a la propiedad de la sociedad. —**MEETING** (miting), *s.*, asamblea de accionistas, junta de accionistas. —**REGISTER** (ré-dchister), *s.*, registro de accionistas.

STOCK MARKET (sták market), *s.*, Bolsa de valores. —**ACTIVITY** (aktívi-ti), *s.*, actividad o movimiento de la Bolsa. —**CLOSING** (clóus-ing), *s.*, precios de cierre de la Bolsa. —**DECLINE** (di-kláin), *s.*, baja de precios de la Bolsa. —**FORECAST** (fór-kast), *s.*, pronóstico de lo que sucederá en la Bolsa. —**RECUPERATION** (ri-cuperátion), *s.*, recuperación de los precios de los valores. —**RISE** (raiz), *s.*, incremento en precios de valores en la Bolsa.

STOCKPILE (stok-pail), *s.*, reserva de material, materiales almacenados.

STOP (stop), *s., rv.*, parada, detención, parar, detener. —**DELIVERY** (delíveri), *v.*, parar o detener la entrega. —**ORDER** (ór-der), *s.*, orden de suspensión. —**PAYMENT ORDER** (péi-ment), *s.*, orden de parar o suspender el pago.

STORAGE (stór-adch), *s.*, almacenamiento, almacenaje, el precio del almacenaje. —**CHARGES** (chár-dches), *s.*, cargos por almacenaje. —**HOUSE** (jaus), *s.*, almacenadora. —**SILO** (sailo), *s.*, silo para almacenar forraje. —**SPACE** (speis), *s.*, espacio para al-

macenaje. —**TANK** (tank), *s.*, tanque para almacenar líquidos.

STORE (stor), *s., rv.*, tienda, negocio, almacenar. —**ADMINISTRATION** (admin-is-tréishon), *s.*, administración de tiendas. —**LAYOUT** (lei-aut), *s.*, plan o arreglo de la tienda. —**LOCATION** (lo-kéi-shon), *s.*, ubicación de la tienda. —**REQUISITION SLIP** (requi-sí-shon slip), *s.*, requisición de almacén.

STORED (stord), *adj.*, almacenado. —**MERCHANDISE** (mér-chan-daiz), *s.*, mercancía almacenada. —**PETROLEUM** (petró-lium), *s.*, petróleo almacenado. —**RAW MATERIAL** (rau material), *s.*, materia prima almacenada.

STORES (stors), *s.*, almacenes, tiendas, existencias.

STRAIGHT (streit), *adj.*, derecho, correcto, recto, directo. —**LINE DEPRECIATION** (lain dipri-shi-éishon), *s.*, depreciación lineal. —**LOAN** (loun), *s.*, préstamo abierto o directo. —**MERCHANDISING** (mer-chan-dáiz-ing), *s.*, negocio de compra y venta directo. —**TREATMENT** (trít-ment), *s.*, trato correcto o justo.

STRATEGY (strát-e-dchi), *s.*, estrategia, plan de acción.

STRAW MAN (strau man), *s.*, hombre de paja, hombre ficticio.

STRESS (stres), *s.*, tensión, fuerza, esfuerzo.

STRICT (strikt), *adj.*, estricto, riguroso, fuerte. —**DISCIPLINE** (dísi-plin), *s.*, disciplina estricta, rigurosa. —**REGULATIONS** (regiu-léi-shons), *s.*, reglamentos estrictos o rigurosos.

STRIKE (straik), *s., iv.*, huelga, golpe, golpear. —**BREAKER** (breik-er), *s.*, persona rompe-huelgas, esquirol. —**DEMONSTRATION** (demon-stréishon), *s.,* manifestación de huelga. —**FUND** (fand), *s.,* fondo para huelga. —**SETTLEMENT** (sétl-ment), *s.,* arreglo de huelga. —**OFF** (of), *v., mod.,* tachar, eliminar, desechar, quitar. —**OUT** (aut), *v., mod.,* tachar, eliminar.

STRIKER (straik-er), *s.,* huelguista.

STRUGGLE (strá-gl), *rv., s.,* luchar, lucha.

STUB (stab), *s.,* talón, nota, apunte.

STYLE (stail), *s.,* moda, estilo.

STYLISH (stail-ish), *adj.,* de moda.

SUBCOMMITTEE (sab-comít-i), *s.,* subcomité, comité auxiliar.

SUBCONTRACTOR (sáb-contract-or), *s.,* subcontratante, subcontratista.

SUBDIVIDE (sab-diváid), *rv.,* subdividir, fraccionar.

SUBJECT (sáb-dchekt), *s., adj.,* sujeto, tema, ciudadano, individuo. —**TO APPROVAL** (aprúv-al), *adj.,* sujeto a aprobación. —**TO DISCOUNT** (díscaunt), *adj.,* sujeto a descuento. —**TO IMPRISONMENT** (in-príson-ment), *adj.,* sujeto a prisión. —**TO PROMPT PAYMENT** (prompt péi-ment), *adj.,* sujeto a pronto pago. —**TO RETURN** (ri-túrn), *adj.,* sujeto a devolución.

SUBLEASE (sáb-lis), *rv.,* subarrendar.

SUBLET (sab-let), *iv.,* subarrendar.

SUBMIT (sab-mít), *rv.,* someter.

SUBORDINATE (subór-din-at), *adj., s.,* subordinado, ayudante.

SUBPOENA (sa-píni), *rv., s.,* citar, citatorio.

SUBROGATION (sab-rogéi-shon), *s.,* subrogación.

SUBSCRIBE (sab-skráib), *rv.,* suscribir.

SUBSCRIBED STOCK (stok), *s.,* acciones suscritas.

SUBSCRIBER (sab-skráib-er), *s.,* suscriptor.

SUBSCRIPTION (sab-skríp-shon), *s.,* suscripción.

SUBSEQUENT (sáb-se-quent), *adj., adv.,* subsecuente, posterior, después de.

SUBSIDIARY (sab-sídi-eri), *s.,* subsidiario. —**BOOKS** (buks), *s.,* libros subsidiarios o auxiliares. —**COMPANY** (cómp-ani), *s.,* compañía subsidiaria. —**OPERATION** (oper-éi-shon), *s.,* operación subsidiaria.

SUBSIDIZE (sáb-si-daiz), *rv.,* subsidiar. —**THE ESSENTIAL SERVICES**, *v.,* subsidiar los servicios esenciales. —**THE TRANSPORTATION** (trans-port-éishon), *v.,* subsidiar el transporte.

SUBSIDY (sáb-sidi), *s.,* subsidio.

SUBSTANDARD (sab-standard), *adj.,* debajo de lo normal, de baja calidad.

SUBSTANTIAL (sab-stán-shal), *adj.,* sustancial.

SUBSTITUTE (sáb-sti-tut), *s., adj., rv.,* sustituto, sustituir.

SUBSTITUTED SERVICE (ser-cis), *s.,* notificación indirecta.

SUBSTITUTION (sab-stitút-shon), *s.,* sustitución, reposición.

SUBSTRACT (sab-strákt), *rv.,* sustraer, deducir, restar.

SUBSTRACTION (sab-strák-shon), *s.,* resto, deducción.

SUCCESS (sak-sés), *s.,* éxito, triunfo.

SUCEED (sak-síd), *rv.,* tener éxito, triunfar.

SUCCESSFUL (sak-sés-ful), *adj.,* exitoso.

SUCCESSION (sak-sés-shon), *s.,* sucesión, secuencia.

SUCCESSOR (sak-sés-or), *s.,* sucesor, causa-habiente, derecho-habiente.

SUCKER (saker), *s., mod.,* persona muy creída que compra todo.

SUE (su), *rv.,* demandar jurídicamente.

SUGAR MILL (shugar mil), s., ingenio azucarero.

SUIT (sut), s., demanda, pleito, litigio.

SUM (sam), s., suma, total, cantidad.

SUMMARIZE (sám-ar-aiz), rv., resumir.

SUMMARIZING ENTRY (entri), s., asiento de rectificación o de resumen.

SUMMARY (sám-ari), s., sumario, resumen, extracto. —OF ACCOUNT (ak-áunt), s., extracto de cuenta. —PUNCH (panch), s., perforación sumaria. —STATEMENT (stéit-ment), s., estado de cuenta en resumen o sintetizado.

SUMMON (sámon), rv., convocar, llamar, citar.

SUMMONS (sámons), s., convocación, cita, llamado.

SUNDRY (sandri), adj., diverso, varios. —CREDITORS (kredit-ors), s., acreedores diversos. —DEBTORS (détors), s., deudores diversos. —ITEMS (aitems), s., cosas diversas, artículos diversos.

SUPER MARKET (super már-ket), s., supermercado.

SUPERANNUATION FUND (super-aniu-eishon fand), s., fondo para gratificaciones anuales.

SUPERAVIT (super-ávit), s., superávit, sobrante, exceso.

SUPERINTENDENT (super-in-téndent) s., superintendente.

SUPERINTENDENCE (super-inténdens) s., superintendencia.

SUPERVISE (super-vaiz), rv., supervisar, dirigir.

SUPERVISION (super-vízion), s., supervisión, dirección.

SUPPLEMENT (sáple-ment) s., rv., suplemento, adición, suplementar, agregar.

SUPPLIES (sa-pláiz), s., abastecimientos, materiales necesarios.

SUPPLIERS (saplái-ers), s., proveedores, abastecedores.

SUPPLY (sap-lái), s., rv., suministro, abastecimiento, suministrar, abastecer. —AND DEMAND (di-mánd), s., oferta y demanda. —DEPOT (dí-po), s., centro de abastecimiento.

SUPPORT (su-pórt), rv., s., sostener, apoyar, apoyo, respaldo.

SUPPORTING EVIDENCE (supórting évi-dens), s., evidencia que apoya o respalda.

SURCHARGE (súr-chardch), s., sobreprecio, recargo.

SURETY (shúr-eti), s., fiador, seguridad. —BOND (bond), s., fianza de seguridad.

SURNAME (súr-neim), s., apellido, sobrenombre, apodo.

SURPLUS (sur-plas), s., adj., superávit, excedente, sobrante. —STATEMENT (stéit-ment), s., estado de superávit.

SURREPTITIOUS (surep-tí-shos), adj., subrepticio, secreto, ilícito.

SURRENDER VALUE (sur-énder váliu), s., valor de rescate.

SURTAX (sur-tax), s., impuesto adicional, impuesto agregado.

SURVEY (súr-vei), s., rv., estudio, investigación, deslinde, investigar, estudiar.

SURVIVE (sur-váiv), rv., sobrevivir, salvarse.

SURVIVING (sur-váiv-ing), adj., sobreviviente, viviente.

SURVIVOR (sur-váiv-or), s., sobreviviente, superviviente.

SUSPEND (sas-pénd), rv., suspender, demorar, detener.

SUSPENDED, adj., suspendido, demorado. —ACTION (ák-shon), s., acción suspendida o detenida. —CREDIT (kré-dit), s., crédito suspendido. —PAYMENT (péi-ment), s., pago suspendido. —SENTENCE (sen-tens), s., sentencia suspendida, libertad condicional.

SUSPENSE (sus-péns), s., adj., suspenso, detenido, incierto. —ACCOUNT (ak-áunt), s., cuenta transitoria. —FILE (fail), s., archivo pendiente, archivo recordatorio.

SUSTAIN (sas-téin), rv., sostener, apoyar. —THE PARITY (pari-ti), v., sostener la paridad monetaria. —THE PRICE (prais), v., sostener el precio.

SWAP (suap), rv., mod., compra-venta de divisas con distintas fechas de liquidación, trueque.

SWEAT SHOP (suet shop), s., fábrica donde se explota al trabajador.

SWEAR (suer), iv., jurar, protestar.

SWEEP THE MARKET (suip thi market), v., mod., barrer con el mercado.

SWEEPSTAKES (suíp-steiks), s., fondo que se juega o se rifa, lotería.

SWINDLE (suín-del), rv., estafar, defraudar.

SWINDLER (suínd-ler), s., estafador.

SWING (suing), iv., mod., poder llevar un proyecto a cabo, cambiar de posición.

SWITCHBOARD (suích-bord), s., conmutador, tablero de control. —OPE-RATOR (oper-éit-or), s., telefonista, recepcionista.

SWORN (suorn), iv., adj., bajo juramento. —IN (in), adj., puesto bajo juramento. —STATEMENT (stéit-ment), s., declaración jurada o hecha bajo juramento.

SYMBOL (símbol), s., símbolo.

SYMBOLIC CODING (kóud-ing), s., codificación simbólica.

SYNDICATE (sín-di-kat), s., sindicato, consorcio, agrupación, agencia noticiosa.

SYNOPSIS (si-nóp-sis), s., sinópsis, resumen.

SYNTHETIC (sin-thét-ic), adj., sintético. —CHEMICALS (kémi-kals), s., materiales químicos sintéticos.—FABRICS (fáb-riks), s., telas sintéticas. —FOODS (fuds), s., alimentos sintéticos.

SYSTEM (sís-tem), s., sistema. —OVERLOAD (óuver-loud), s., sobrecarga del sistema. —AND PROCEDURES (pro-síd-iurs), s., sistemas y procedimientos.

SYSTEMS ANALIST (ána-list) s., analista de sistemas, especialista en programas y función del sistema. —PROGRAMMER (pró-gram-er), s., programador de sistemas.

T

TAB (tab), *s., mod.,* la cuenta de comida o bebida, talón.

TABULATE (táb-iu-leit), *rv.,* tabular, arreglar en forma columnar.

TABULATOR (tabiu-léit-or), *s.,* tabulador.

T ACCOUNT (ti ak-áunt), *s.,* cuenta T.

TACIT (tá-sit) *adj.,* tácito, inferido.

TAG (tag), *s., rv.,* etiqueta, marbete, talón, etiquetar.

TAKE (teik), *iv.,* tomar, aceptar, dominar. **—ADVANTAGE** (ad-ván-tadch), *v.,* aprovechar. **—A LOSS** (ei los), *v.,* aceptar una pérdida. **—CARE OF** (ker af) *v.,* cuidar, resolver, hacerse cargo de. **—CHARGE** (char-dch), *v.,* hacerse cargo de. **—EFFECT** (eféct), *v.,* entrar en vigencia, tomar efecto. **—INTO ACCOUNT** (intu a-káunt), *v.,* tomar en cuenta. **—INVENTORY** (ínventori), *v.,* tomar inventario, realizar un inventario. **—OVER** (ouver), *v.,* adueñarse, hacerse cargo, tomar posesión. **—SHAPE** (sheip), *v.,* tomar forma, desarrollarse. **—THE FLOOR** (flor), *v.,* tomar la palabra. **—YOUR TIME** (iur taim), *v.,* tómelo con calma, no se apresure.

TAKER (téik-er), *s.,* persona que acepta una oferta o una apuesta.

TANGIBLE (tán-dchibl), *adj.,* tangible, concreto, real. **—ASSETS** (ás-ets), *s.,* activo tangible. **—PROPERTY** (próperti), *s.,* propiedad tangible.

TANKER (tank-er), *s.,* barco tanque petrolero.

TAPE (teip), *s., rv.,* cinta, grabar en cinta. **—DRIVE** (draiv), *s.,* artefacto que impulsa a través de una cinta magnética.

TARE (ter), *s.,* tara.

TARGET (tár-get), *s.,* objetivo, meta, blanco. **—DATE** (deit), *s.,* día señalado para lograr un objetivo.

TARIFF (tár-if), *s.,* tarifa, arancel, cuota, derechos aduanales. **—CHARGES** (chár-dches), *s.,* cuotas arancelarias.

TAX (tax), *s.,* impuesto, contribución. **—ACCOUNTANT** (ak-áun-ant), *s.,* especialista en impuestos. **—ACCRUALS** (ak-krú-als), *s.,* impuestos devengados. **—ADVANCE** (ad-váns), *s.,* pago adelantado de impuestos. **—ASSESSMENT** (asés-ment), *s.,* evaluación catastral. **—COLLECTOR** (coléct-or), *s.,* recaudador de impuestos, fisco. **—DECLARATION** (dekla-réi-shon), *s.,* declaración de impuestos. **—DEDUCTION** (did-ák-shon), *s.,* deducción de impuestos. **—EVADER** (i-vei-der), *s.,* persona que evade impuestos. **—EXEMPT** (egz-émpt), *adj.,* exento de impuestos. **—EXEMPTION** (egz-émpshon), *s.,* exención de impuestos. **—LAW** (lau), *s.,* la ley de impuestos. **—LIEN** (lin), *s.,* gravamen por impuestos. **—PAYER** (pei-er), *s.,* contribuyente. **—PREFERENCE** (préfer-ens), s., preferencia fiscal. —RATE (reit), s., tasa de impuestos. —RETURN (ri-turn), s., declaración fiscal. —SURVEY (súr-vei), s., investigación o estudio de los impuestos.

TAXABLE (tax-abl), adj., gravable, imponible. —INCOME (ín-cam), s., ingresos gravables. —PROFITS (práf-its), s., utilidades gravables. —PROPERTY (pró-per-ti), s., propiedad gravable.

TAXPAYER (táx-peir-er), s., causante.

TECHNICAL (ték-nikal), adj., adv., técnica, técnicamente. —ASSISTANCE (asíst-ans), s., asistencia técnica. —KNOW HOW (nou jau), s., mod., conocimientos técnicos.

TECHNICIAN (tek-ní-shan), s., técnico.

TECHNIQUE (tek-ník), s., técnica.

TECHNOLOGY (tek-nól-odchi), s., tecnología.

TELEGRAM (téle-gram), s., telegrama.

TELEGRAPH (téle-graf), s., telégrafo.

TELEGRAPHIC (tele-gráf-ic), adj., telegráfico. —MONEY ORDER (moni order), s., giro telegráfico.

TELEVISION (tele-ví-shon), s., televisión. —ADVERTISING (ádver-taizing), s., propaganda por televisión.

TEMPORARY (tem-por-éri), adj., temporal. —INVESTMENT (in-vést-ment), s., inversion de corto plazo. —LOAN (loun), s., préstamo a corto plazo.

TENANT (tén-ant), s., arrendatario, inquilino.

TENDER (tén-der), s., rv., oferta, propuesta, proponer, presentar.

TENURE (tén-iur), s., tenencia, posesión.

TERM (term), s., término, plazo, condición. —LOAN (loun), s., préstamo por más de un año.

TERMINAL SYMBOL (térm-in-al símbol), s., símbolo terminal, figura ovalada que indica el principio o terminación del programa de computación.

TERMINALS (térm-in-als), s., artefactos conectados a una computadora por línea telefónica.

TERMS OF CREDIT (terms af kré-dit), s., condiciones de crédito. —OF SALE (seil), s., condiciones de venta.

TERRITORY (téri-tori), s., territorio, región, campo.

TERRITORIAL (teri-tórial), adj., territorial.

TEST (test), s., prueba, examen. —CHECK (chek), s., prueba selectiva.

TESTAMENT (tést-a-ment), s., testamento.

TESTAMENTARY (testamént-ari), adj., testamentario. —CAPACITY (capá-siti), s., capacidad para otorgar un testamento.

TESTATOR (tést-ei-tor), s., testador.

TESTIMONY (tésti-moni), s., testimonio.

THANKING YOU IN ADVANCE, anticipándole las gracias.

THAT IS (that is), adv., eso es, así es.

THEFT (theft), s., robo, hurto.

THEORETIC (thi-or-étic), adj., teórico.

THEREAFTER (thér-after), adv., después, después de eso.

THEREINAFTER (ther-ín-after), adv., posteriormente, después, adelante.

THEREINBEFORE (thér-in-bi-for), adv., anteriormente, antes.

THEREUPON (ther-apán), adv., en seguida, por (lo) tanto.

THIEF (thif), s., ladrón, ratero.

THIEVERY (thí-veri), s., raterismo, robo menor.

THIN ICE (thin ais), s., situación peligrosa, patinar sobre hielo delgado.

THOROUGHFARE (thóro-fer), s., vía pública, calle principal.

THOROUGHLY (thóro-li), *adj.*, completamente, enteramente.

THREE TIME LOSER (thri taim luser), *s., mod.*, reo con tres condenas.

THRIFT (thift), *s.*, ahorro, economía.

THRIFTY (thrifti), *adj.*, ahorrativo.

THROW IN (throu in), *v., mod.*, meter dinero, tomar parte. **—OUT** (aut), *v., mod.*, lanzar, despedir del trabajo.

TICKET (tí-ket), *s.*, boleto, comprobante, cuenta.

TICKER (ti-ker), *s., mod.*, teleimpresor, reloj.

TICKLER (tík-ler), *s., mod.*, indicador, recordatorio, señal. **—FILE** (fail), *s.*, archivo recordatorio.

TIE-IN (tai-in), *s., v.*, conexión, combinación, ligar, relacionar.

TILL (til), *s.*, caja de valores, caja registradora.

TIMBER (tím-ber), *s.*, madera, bosque.

TIMBERLAND (timber-land), *s.*, terreno poblado con madera.

TIME (taim), *s.*, tiempo, duración. **—CLOCK** (klok), *s.*, reloj marcador de tiempo. **—DEPOSIT** (di-pós-it), *s.*, depósito a plazo largo. **—DRAFT** (draft), *s.*, giro a plazo largo. **—KEEPER** (kiper), *s.*, registrador de tiempo. **—LIMIT** (limit), *s.*, límite de tiempo. **—STUDY** (stádi), *s.*, estudio de tiempo. **—TABLE** (tei-bl), *s.*, itinerario de llegadas y salidas de trenes, aviones y autobuses.

TIMELY (táim-li), *adj.*, oportuno, a tiempo.

TITLE (tai-tl), *s.*, título o escrituras de propiedad. **—HOLDER** (jould-er), *s.*, poseedor de título. **—INSURANCE** (in-shúr-ans), *s.*, seguro que garantiza el título de propiedad.

TO THE BEARER (bér-er), *adj.*, al portador.

TO THE ORDER OF (order af), *adj.*, a la orden de.

TOKEN PAYMENT (touken pai-ment), *s.*, pago simbólico.

TOLERANCE (tól-er-ans), *s.*, tolerancia, límite.

TOLL (toul), *s.*, peaje. **—BRIDGE** (bridch), *s.*, puente de pago o de peaje. **—CALL** (cal), *s.*, llamada con cobro adicional. **—CHARGE** (char-dch), *s.*, cobro de peaje.

TRADING (tréid-ing), *s., rv.*, comercio, comerciar. **—AREA** (érea), *s.*, área o zona comercial. **—AVERAGE** (áver-adch), *s.*, promedio comercial o de negocio. **—COMPANY** (cóm-pani), *s.*, compañía comercial. **—CONCESSIONS** (con-sé-shons), *s.*, concesiones comerciales. **—CORPORATION** (corpor-éishon), *s.*, sociedad comercial. **—VOLUME** (vól-ium), *s.*, volumen de comercio o intercambio.

TRAFFIC (trá-fik), *s.*, tráfico, movimiento, comunicación. **—DEPARTMENT** (di-párt-ment), *s.*, departamento de tráfico. **—MANAGEMENT** (mánadch-ment), *s.*, administración o manejo de tráfico. **—MANAGER** (mánadcher), *s.*, gerente de tráfico o de embarques.

TRAILER (treil-er), *s.*, remolque, camión acoplado.

TRAINING (tréi-ning), *s.*, entrenamiento, capacitación, adiestramiento. **—PROGRAM** (próu-gram), *s.*, programa de entrenamiento. **—SCHOOL** (skul), *s.*, escuela de entrenamiento.

TRANSACT (trans-ákt), *rv.*, tramitar, negociar.

TRANSACTION (trans-ák-shon), *s.*, transacción, trato, trámite.

TRANSCRIBE (trans-skráib), *rv.*, transcribir.

TRANSFER (tráns-fer), *rv.*, transferir, traspasar. —**ENTRY** (entri), *s.* asiento de traspaso. —**OPERATION** (operéi-shon), *s.*, operación de traslado o de transferencia. —**TAX** (tax), *s.*, impuesto sobre el traspaso de acciones.

TRANSFERABLE (trans-fer-abl), *adj.*, transferible. —**DOCUMENTS** (dókiu-ments), *s.*, valores o documentos transferibles. —**LETTER OF CREDIT** (leter af cré-dit), *s.*, carta de crédito transferible.

TRANSFEREE (trans-fér-í), *s.*, cesionario, el que recibe.

TRANSFORM (trans-fórm), *rv.*, transformar.

TRANSFORMATION (transfor-éishon), *s.*, transformación. —**ROAD** (roud), *s.*, camino de paga o de peaje.

TON (ton), *s.*, tonelada.

TOOL (tul), *s.*, herramienta, implemento.

TO ORDER SHIPPER (or-der ship-er), *adv.*, a la orden del embarcador.

TORT (tort), *s.*, agravio, lesión, daño.

TOTAL (tóu-tal), *s.*, *adj.*, total, resultado. —**AMOUNT** (am-áunt), *s.*, cantidad total o global. —**DISABILITY** (dis-abíl-iti), *s.*, incapacidad total. —**LOSS** (los), *s.*, pérdida total.

TOURIST (túr-ist), *s.*, *adj.*, turista, turismo. —**AGENCY** (éi-dchen-si), *s.*, agencia de turismo. —**AND HOTEL INDUSTRY** (túr-ism and Jóu-tel índas-tri), *s.*, industria turística y hotelera. —**SEASON** (si-son), *s.*, época o temporada de turismo. —**RESORT** (ri-sort), *s.*, lugar de recreo para turistas.

TO WHOM IT MAY CONCERN (tu jum it mei kon-sern), *s.*, *prep.*, a quien corresponda.

TRACE (treis), *s.*, *rv.*, trazos, indicios, trazar, rastrear.

TRACER (treis-er), *s.*, trazador, investigador.

TRACK (trak), *s.*, pista, huella, vía de ferrocarril.

TRADE (treid), *rv.*, *s.*, comerciar, comercio, negocio. —**ACCEPTANCE** (ak-sép-tans), *s.*, aceptación comercial. —**AGREEMENT** (agrí-ment), *s.*, convenio comercial. —**BALANCE** (bálans), *s.*, balance comercial. —**CUSTOM** (cás-tom), *s.*, costumbre comercial. —**DISCOUNT** (dís-caunt), *s.*, descuento comercial. —**MARK** (mark), *s.*, marca comercial. —**NAME** (neim), *s.*, nombre comercial. —**UNION** (íu-nion), *s.*, sindicato gremial o industrial.

TRADE-IN ALLOWANCE (treid-in aláu-ans), *s.*, rebaja en artículos usados.

TRANSGRESSOR (trans-grés-or), *s.*, transgresor, infractor.

TRANSIENT (trán-shi-ent), *adj.*, transitorio, pasajero, transeúnte.

TRANSISTOR (trans-ístor), *s.*, transistor.

TRANSLATE (tráns-leit), *rv.*, traducir.

TRANSMIT (trans-mít), *rv.*, transmitir.

TRANSNATIONAL (trans-náshon-al), *adj.*, transnacional. —**BANKS** (banks), *s.*, bancos transnacionales. —**CORPORATIONS** (corp-or-éishons), *s.*, corporaciones o empresas transnacionales.

TRANSPORT (tráns-port), *s.*, *rv.*, transporte, transportar.

TRANSPORTATION (trans-port-éishon), *s.*, transporte, acarreo.

TRANSSHIPMENT (trans-shíp-ment), *s.*, trasbordo a otro medio o a otro destino.

TRAVEL (trá-vel), *rv.*, *adj.*, viajar, de viaje.

TRAVELER (trável-er), *s.*, viajero.

TRAVEL CHECKS (cheks), *s.*, cheques de viajero. —**EXPENSES** (ex-pén-ses), *s.*, gastos de viaje. —**ITINERARY** (ai-tíner-eri), *s.*, itinerario de viajero.

TRAVELING AUDITOR (áu-di-tor), *s.*, auditor viajero. —**SALESMAN** (séils-man), *s.*, agente viajero.

TREASURER (tréi-shur-er), *s.*, tesorero.

TREASURY (tréi-shuri), *s.*, tesorería. —**BILL** (bil), *s.*, documento gubernamental que ampara un préstamo. —**CAPITAL** (cápi-tal), *s.*, capital de tesorería, acciones retenidas por la empresa. —**DEPARTMENT** (di-párt-ment), *s.*, Departamento de la Tesorería, Hacienda. —**FUNDS** (fands), *s.*, fondos de Tesorería. —**STOCK** (stok), *s.*, acciones en Tesorería o en caja.

TREATY (trí-ti), *s.*, tratado, convenio entre naciones.

TREND (trend), *s.*, tendencia, curso, dirección.

TRESPASS (trés-pas), *s.*, *rv.*, transgresión, violación, violar.

TRIAL (trái-al), *s.*, prueba, juicio. —**BALANCE** (bá-lans), *s.*, balance de comprobación.

TRIBUNAL (trí-biu-nal), *s.*, tribunal, juzgado.

TRIGGER (trí-ger), *rv.*, *mod.*, impulsar, empezar.

TRIP (trip), *s.*, viaje.

TROUBLE (trób-l), *s.*, problema, dificultad. —**SHOOTER** (shút-er), *s.*, especialista en encontrar y solucionar problemas.

TRUCK (trak), *s.*, camión de carga. —**FARM** (farm), *s.*, granja productora de vegetales.

TRULY YOURS (trú-li iurs), *adv.*, suyo atentamente.

TRUNCATE (tránk-eit), *rv.*, truncar, cortar en un lugar especificado.

TRUNK (trank), *s.*, *adj.*, tronco, centro, central. —**LINE** (lain), *s.*, linea principal, linea maestra.

TRUST (trast), *rv.*, *s.*, confiar, monopolio, consorcio, fideicomiso. —**ACCOUNT** (ak-aunt), *s.*, cuenta fiduciaria. —**BANK** (bank), *s.*, banco fiduciario. —**COMPANY** (cómpa-ni), *s.*, compañía o banco fiduciario. —**DEPARTMENT** (di-párt-ment), *s.*, departamento de fideicomiso.

TRUSTEE (trast-í), *s.*, fideicomisario, fiduciario. —**IN BANK RUPTCY** (bánk-rop-si), *s.*, interventor en una quiebra.

TUITION (tu-í-shon), *s.*, enseñanza, cuota de enseñanza, colegiatura.

TURNOVER (túrn-ouver), *s.*, rotación, flujo, movimiento, ciclo. —**RATIO** (réi-sho), *s.*, proporción del movimiento de capital o de bienes.

TUTOR (tú-tor), *s.*, tutor, preceptor.

TWIN CHECK (tuin chek), *s.*, doble verificación.

TYPE (taip), *s.*, *rv.*, tipo, clase, escribir en máquina.

TYPEWRITER (táip-rait-er), *s.*, máquina de escribir.

TYPIST (tai-pist), *s.*, mecanógrafo (a).

U

ULTIMATE (álti-mat), *adj.*, lo último, final. —CONSUMER (con-súmer), *s.*, consumidor final o último. —LIABILITY (laia-bíli-ti), *s.*, responsabilidad final. —PAYER (pei-er), *s.*, pagador final. —SELLER (sel-er), *s.*, vendedor final.

ULTRA VIRES (ultra vires), *adj.*, operaciones no autorizadas. —CONTRACT (cón-tract), *s.*, contrato no autorizado por ley o por escrituras.

UMPIRE (ám-pair), *s.*, *rv.*, árbitro, arbitrar.

UNABLE (an-éibl), *adj.*, incapaz, incompetente.

UNACCEPTABLE (an-aksépt-abl), *adj.*, inaceptable.

UNACCOUNTABLE (an-akáunt-abl), *adj.*, no contable, inexplicable.

UNADJUSTED (an-adchúst-ed), *adj.*, desajustado, sin ajustar.

UNADULTERATED (an-adól-ter-eited), *adj.*, sin adulterar.

UNAFFECTED (an-afékt-ed), *adj.*, inafectado.

UNALTERABLE (an-álter-abl), *adj.*, inalterable.

UNAMORTIZED (án-amor-taizd), *adj.*, no amortizado, irredimible.

UNANSWERED (an-án-serd), *adj.*, no contestado, sin contestación.

UNAPPROPRIATED (an-apro-priéited), *adj.*, no asignado, no aplicado. —FUNDS (fands), *s.*, fondos no asig-

nados. —SURPLUS (súr-plas), *s.*, superávit por aplicar.

UNATTACHED (an-atácht), *adj.*, no anexado, no comprometido.

UNBUSINESSLIKE (án-bisnes-laik), *adj.*, negocio incorrecto, negocio impráctico.

UNCLAIMED (an-kléimd), *adj.*, no reclamado.

UNCLASSIFIED (an-klás-i-faid), *adj.*, no clasificado. —EXPENSES (ex-pénses), *s.*, gastos no clasificados. —FILES (fails), *s.*, archivos no clasificados.

UNCOLLECTED (an-coléct-ed), *adj.*, sin cobrar, no cobrado.

UNCOLLECTABLE (an-coléct-abl), *adj.*, incobrable. —ACCOUNTS (akáunts), *s.*, cuentas incobrables. —PAPER (peiper), *s.*, documentos incobrables.

UNCORRECTED (an-corékt-ed), *adj.*, sin corregir. —ERROR (error), *s.*, error sin corregir.

UNCOVER (an-kóver), *rv.*, descubrir.

UNDEFINED (an-difáind), *adj.*, indefinido.

UNDELIVERED (án-deliverd), *adj.*, sin entregar, no entregado.

UNDEPRECIATED (an-diprí-shi-eited), *adj.*, no depreciado, sin depreciar. —INVENTORY (ínvent-ori), *s.*, inventario no depreciado. —VALUE (váliu), *s.*, valor sin depreciar.

UNDER (ánder), *prep.*, bajo, debajo

de, contingente a. —**CONTRACT** (cón-trakt), *adj.*, bajo contrato. —**DURESS** (diu-rés), *adj.*, bajo presión, bajo compulsión, coacción. —**INSTRUCTIONS** (in-strák-shons), *adj.*, bajo órdenes, con instrucciones. —**PRESSURE** (pré-shur), *adj.*, bajo presión, presionado. —**STRESS** (stres), *adj.*, bajo presión, bajo presión nerviosa. —**THE CIRCUMSTANCES** (sír-kam-stanses), *adj*, bajo las circunstancias. —**THE FOLLOWING** (fálo-ing), *adj.*, bajo lo siguiente. —**THE RULES** (ruls), *adj.*, bajo los reglamentos. —**THE TABLE** (téi-bel), *adv., s.*, pago ilegal, soborno —**WRAPS** (raps), *adj.* oculto, secreto.

UNDERCAPITALIZED (ander-cápital-aizd), *adj.*, con insuficiente capital.

UNDERCOVER (ánder-cáver), *adj.*, secreto, oculto.

UNDERESTIMATE (ander-és-tim-eit), *rv.*, menospreciar, no dar importancia.

UNDERLINE (ander-láin), *rv.*, subrayar.

UNDERPAID (ander-péid), *adj.*, mal pagado.

UNDERPRICED (ander-práist), *adj.*, con precio debajo de lo normal.

UNDERSECRETARY (ander-sécre-teri), *s.*, subsecretario.

UNDERSIGNED (ander-sáind), *adj.*, suscrito.

UNDERSTOCKED (ander-stókt), *adj.*, mal surtido, con insuficientes existencias.

UNDERTAKE (ander-téik), *iv.*, obligarse, hacerse responsable.

UNDERWRITE (ander-ráit), *iv.*, garantizar.

UNDERWRITER (ander-ráit-er), *s.*, asegurador, fiador.

UNDETERMINED (an-ditérm-ind), *adj.*, no definido, indefinido, indeterminado. —**ASSETS** (asets), *s.*, activo no definido o no determinado. —**CAPITAL** (cápi-tal), *s.*, capital no determinado o indeterminado. —**PROFITS** (prá-fits), *s.*, utilidades indeterminadas.

UNDISTRIBUTED (an-distríb-iuted), *adj.*, sin distribuir, no distribuido. —**DIVIDENDS** (dívi-dends), *s.*, dividendos no distribuidos. —**PROFITS** (prá-fits), *s.*, utilidades no distribuidas.

UNDIVIDED (an-diváid-ed), *adj.*, indiviso, entero, completo, no dividido. —**ATTENTION** (atén-shon), *s.*, atención completa. —**PROFITS** (prá-fits), *s.*, utilidades indivisas. —**RESPONSIBILITY** (respon-si-bíliti), *s.*, responsabilidad absoluta.

UNDONE (an-dán), *adj.*, deshecho, sin hacer.

UNEARNED (an-érnd), *adj.*, no ganado, inmerecido. —**ASSETS** (asets), *s.*, bienes no ganados. —**DIVIDENDS** (dívi-dends), *s.*, dividendos no ganados. —**INCREMENT** (ín-dre-ment), *s.*, incremento no ganado, plusvalía. —**INCOME** (ín-com), *s.*, ingresos no ganados. —**PROFITS** (prá-fits), *s.*, utilidades no ganadas o inmerecidas. —**PROGRESS** (pró-gres), *s.*, progreso inmerecido.

UNENFORCEABLE (an-enfórs-abl), *adj.*, incumplible. —**CONTRACT** (cóntract), *s.*, contrato incumplible.

UNETHICAL (an-éthic-al), *adj.*, sin ética, poco ético.

UNEXECUTED (an-éxe-kiut-ed), *adj.*, no realizado, no ejecutado.

UNEXPIRED (an-ex-páird), *adj.*, no vencido.

UNEXPLOITED (an-ex-plóit-ed), *adj.*, sin explotar.

UNEXPLORED (an-ex-plórd), *adj.*, inexplorado.

UNFAIR (an-fér), *adj.*, injusto.

UNFAITHFUL (an-féith-ful), *adj.*, infiel.

UNFAVORABLE (an-féivor-abl), *adj.*, desfavorable.

UNFINISHED (an-fínisht),*adj.*, no terminado, sin terminar.

UNFIT (an-fít),*adj.*, incapaz,impropio.

UNFORESEEN (an-for-sín), *adj.*, imprevisto,inesperado. —COSTS (costs), *s.*, costos imprevistos. —LOSSES (lóses), *s.*, pérdidas imprevistas. —PROBLEMS (prób-lems), *s.*, problemas imprevistos.

UNIFORM (iuni-form), *adj.*, uniforme.

UNILATERAL (iuni-láter-al),*adj.*, unilateral. —AGREEMENT (agrí-ment), *s.*, convenio unilateral. —CONTRACT (cón-tract), *s.*, contrato unilateral. —RESPONSIBILITY (respons-ibíliti), *s.*, responsabilidad unilateral.

UNIMPROVED (an-impróuvd), *adj.*, no mejorado.

UNINCORPORATED (an-incor-poréited),*adj.*, no incorporado, no socializado.

UNINSURED (an-in-shúrd), *adj.*, sin seguro, no asegurado.

UNION (iú-nion), *s.*, sindicato, unión. —DUES (duz), *s.*, cuotas sindicales. —MEMBERS (mém-bers), *s.*, agremiados, miembros de sindicato. —PERSONNEL (person-él), *s.*, personal sindicalizado. —WORKERS (guórk-ers), *s.*, trabajadores sindicalizados.

UNIONIZED (iunion-áizd), *adj.*, agremiado, sindicalizado.

UNISSUED (an-íshud), *adj.*, no emitida, inédito. —CAPITAL STOCK (capital stok), *s.*, acciones no emitidas.

UNIT (iunit), *s.*, *adj.*, unidad. —CONTROL (control), *s.*, control unitario. —COST (cost), *s.*, costo por unidad. —PRICE (prais),*s.*, precio por unidad.

UNITARY (íunit-ari), *adj.*, unitario.

UNITED (iu-nái-ted),*adj.*, unido, combinado. —NATIONS (néi-shons), *s.*, Naciones Unidas. —STATES OF AMERICA (steits af America), *s.*, Estados Unidos de América.

UNIVERSAL (iuni-ver-sal), *adj.*, universal.

UNJUST (an-dchást),*adj.*, injusto.

UNJUSTIFIED (an-dchást-ifaid), *adj.*, injustificado. —DISMISSAL (dis-mísal), *s.*, despido injustificado.

UNLAWFUL (an-lá-ful), *adj.*, ilegal.

UNLICENSED (an-láis-enst), *adj.*, sin licencia, sin permiso.

UNLIMITED (an-límit-ed), *adj.*, ilimitado, sin límite.

UNLIQUIDATED (an-líqui-deit-ed), *adj.*, no liquidado, sin pagar.

UNLISTED (an-líst-ed), *adj.*, sin registrar, sin apuntar.

UNLOAD (an-lóud),*rv.*, descargar, deshacerse de.

UNMADE (an-méid), *adj.*, deshecho.

UNMANAGEABLE (an-mána-dch-abl), *adj.*, incontrolable.

UNMEASURED (an-méi-ziurd), *adj.*, sin medida, sin fín.

UNPACK (an-pak), *rv.*, desempacar.

UNOPERATIONAL (an-oper-éishonal), *adj.*, no operacional, incapaz de operar.

UNPAID (an-peid), *adj.*, sin pagar no pagado. —ACCOUNT (ak-aúnt), *s.*, cuenta no pagada, sin pagar. —BALANCE (bál-ans), *s.*, saldo no pagado, sin pagar. —INTEREST (ínter-est), *s.*, intereses no pagados, sin pagar. —TAXES (taxes), *s.*, impuestos no pagados, sin pagar.

UNPREPARED (an-pri-pérd), *adj.*, desprevenido.

UNPRODUCTIVE (an-pro-dák-tiv), *adj.*, improductivo. —LABOR (leibor), *s.*, trabajo improductivo. —LANDS

(lands), s., terrenos improductivos. —MONEY (moni), s., dinero improductivo. —PROPERTY (pró-per-ti), s., propiedad improductiva.

UNPROFITABLE (an-próf-itabl), adj., incosteable, sin utilidad, no lucrativo. —BUSINESS (bís-nes), s., negocio incosteable. —VENTURE (vén-chur), s., riesgo o negocio incosteable.

UNPROVED (an-prúvd), adj., sin prueba, desconocido (también UNPROVEN). —BUSINESS (bís-nes), s., negocio con méritos desconocidos.

UNQUALIFIED (an-quáli-faid), adj., incompetente. —PERSONNEL (person-él), s., personal incompetente.

UNREALIZED (an-ría-laizd), adj., no realizado, no logrado. —GOAL (goul), s., meta no lograda.

UNREASONABLE (an-rízon-abl), adj., irrazonable, injusto. —PRICES (praises), s., precios irrazonables.

UNRECOVERABLE (an-ricóver-abl), adj., irrecuperable.

UNRECOVERED (an-ricóverd), adj., no recuperado. —INVESTMENT (invést-ment), s. inversión no recuperada.

UNREDEEMED (an-ridímd), adj., no redimido, no rescatado.

UNREGISTERED (an-rédch-isterd), adj., no registrado.

UNREQUITED (an-ri-quáit-ed), adj., no recompensado, no correspondido.

UNSAFE (an-seif), adj., inseguro.

UNSALEABLE (an-sail-abl), adj., no vendible, sin demanda. —MERCHANDISE (mérchan-daiz), s., mercancía no vendible.

UNSATISFACTORY (an-satis-fáktori), adj., no satisfactorio. —SERVICE (sérvis), s., servicio poco satisfactorio.

UNSATISFIED (an-sátis-faid), adj., insatisfecho. —CUSTOMERS (cástomers), s., clientes insatisfechos.

UNSCHEDULED (an-skédch-iuld), adj., no programado, sin horario. —AIRLINE (ér-lain), s., línea aérea sin horario, fijo.

UNSIGNED (an-sáind), adj., sin firma, no firmado.

UNSOLD (an-sóuld), adj., no vendido, sin vender.

UNSOUND (an-sáund), adj., deficiente, inseguro.

UNTRUSTWORTHY (an-tróst-guorthy), adj., no confiable, irresponsable.

UNUSUAL (an-íu-zual), adj., extraño, extraordinario, raro, excepcional. —OPPORTUNITY (opor-tún-iti), s., oportunidad excepcional. —VALUE (vá-liu), s., valor extraordinario.

UNWILLING (an-guíl-ing), adj., sin voluntad, sin querer.

UNWORTHY (an-guórthi), adj., indigno.

UNWRITTEN (an-ríten), adj., no escrito, verbal. —LAW (lau), s., la ley no escrita o tradicional.

UNYIELDING (an-yíld-ing), adj., inconmovible, inflexible.

UPGRADE (ap-greid), rv., aumentar o mejorar.

UPDATE (au-deit), rv., adelantar la fecha.

UPKEEP (ap-kip), s., mantenimiento, preservación.

UPSHOT (ap-shot), s., resultado, efecto.

UP TO DATE (ap tu deit), adj., adv., al día, al corriente.

UP TO NOW (nau), adv., hasta ahora, hasta este momento.

UP TO THE AMOUNT OF (thi amaunt af), adv., hasta la cantidad de.

UP TO SNUFF (anaf), adj. mod., a la medida, que satisface, excelente.

URBAN (ur-ban), *adj.*, urbano. —**PRO-PERTY** (pró-per-ti), *s.*, propiedad urbana.

URGENT (úr-dchent), *adj.*, urgente. —**DELIVERY** (del-íveri), *s.*, entrega urgente o inmediata. —**MESSAGE** (més-adch), *s.*, mensaje o recado urgente. —**REPLY** (ri-plái), *s.*, respuesta inmediata o urgente.

USABLE (iús-abl), *adj.*, usable, útil.

USAGE (iu-sadch), *s.*, uso, costumbre, manera de usar o de expresar.

USANCE DRAFT (iús-ans draft), *s.*, giro pagable a una fecha fija después de su presentación.

USE (ius), *s.*, *rv.*, goce, uso, usar.

USEFUL (iús-ful), *adj.*, útil, práctico. —**LIFE** (laif), *s.*, vida útil.

USELESS (iús-les), *adj.*, sin valor, inútil.

USER (iús-er), *s.*, usuario.

USUFRUCT (iúsu-fract), *s.*, usufructo.

USURER (iús-urer), *s.*, usurero, agiotista.

USURIOUS (iu-shúr-ios), *adj.*, usurario.

USURPER (iu-súrp-er), *s.*, usurpador.

USURY (iú-shur-i), *s.*, usura.

UTILITIES (iu-tíl-itis), *s.*, servicios públicos.

UTILITY (iu-tíl-iti), *s.*, utilidad, aprovechamiento. —**GRADE** (greid), *s.*, calidad económica.

UTILIZE (iú-til-aiz), *rv.*, utilizar.

V

VACANT (véi-kan-si), *adj.*, *s.*, vacante. —POSITION (posí-shon), *s.*, puesto vacante.

VACATION (vei-kéi-shon), *s.*, vacaciones, descanso.

VAN (van), *s.*, camión de carga.

VACUUM (vák-ium), *s.*, *adj.*, vacío.

VALID (vá-lid), *adj.*, válido, efectivo. —CONTRACT (cón-tract), *s.*, contrato válido. —TESTAMENT (téstament), *s.*, testamento válido. —WILL (guil), *s.*, testamento válido.

VALIDATE (váli-deit), *rv.*, validar.

VALIDITY (valí-diti), *s.*, validez.

VALORIZATION (valor-iz-éishon), *s.*, valorización.

VALUABLE (vál-iu-abl), *adj.*, valioso, de valor.

VALUATION (val-iu-éishon), *s.*, evaluación, valoración, avalúo. —AT AVERAGE (áver-adch), *s.*, valoración al promedio. —AT ESTIMATED COST (éstim-eited cost), *s.*, valoración al costo estimado. —AT STANDARD COST (stánd-ard cost), *s.*, valoración al costo normal.

VALUE (vá-liu), *s.*, valor. —ADDED (aded), *adj.*, *adv.*, valor agregado.

VARIABLE (vári-abl), *adj.*, variable, sujeto a cambio. —CAPITAL (cápi-tal), *s.*, capital variable. —CONDITIONS (con-dí-shons), *s.*, condiciones variables. —COSTS (costs), *s.*, costos variables. —EXPENSES (ex-pénses), *s.*, gastos variables. —INCOME (ín-com), *s.*, ingresos variables. —PRICE (prais), *s.*, precio variable.

VARIANCE (vári-ens), *s.*, variación, diferencia.

VARIETY (var-ái-eti), *s.*, variedad, diversidad. —STORE (stor), *s.*, tienda de variedades.

VAULT (volt), *s.*, caja fuerte, caja de caudales, bodega de seguridad.

VEHICLE (ví-jikl), *s.*, vehículos, transporte rodante. —MAINTENANCE (méin-ten-ans), *s.*, mantenimiento de vehículos.

VEHICLES AND ROLLING STOCK (rouling stok), *s.*, vehículos y equipo rodante.

VENDING MACHINE (vénd-ing mashín), *s.*, vendedor o distribuidor automático, máquina vendedora.

VENDOR (ven-dor), *s.*, vendedor.

VENTURE (vén-chur), *s.*, aventura, especulación. —CAPITAL (cápi-tal), *s.*, capital invertido en un negocio arriesgado.

VENUE (vén-iu), *s.*, jurisdicción.

VERIFICATION (veri-fik-éishon), *s.*, verificación, comprobación.

VERIFY (veri-fái), *rv.*, verificar.

VERTICAL FORMAT (vér-tical fórmat), *s.*, arreglo en columnas verticales. —INTEGRATION (inte-gréi-shon), *s.*, integración vertical. —ORGANIZATION (organ-is-éishon), *s.*, organización vertical.

VICE PRESIDENT (vais prés-i-dent), s., vicepresidente.

VIDEO (vi-déo), s., video, televisión.

VIGILANCE (vídchi-lens), s., vigilancia.

VIOLATION (vaio-léi-shon), s., violación.

VISIBLE TRADE (vís-ibl treid), s., comercio visible, comercio con bienes.

VOID (void), adj., rv., nulo, anular.

VOLUME (vól-ium), s., volumen, tomo.

VOLUNTARY (vol-un-teri) adj., voluntario. —**BANKRUPTCY** (bánk-rap-si), s., bancarrota voluntaria, quiebra voluntaria. —**CONFESSION** (con-fés-hon), s., confesión voluntaria. —**SHUT-DOWN** (shat-daun), s., paro voluntario.

VOTE (vout), rv., s., votar, voto.

VOUCH (vauch), rv., responder por, garantizar.

VOUCHER (vauch-er), s., comprobante, vale, póliza. —**PAYABLE** (péi-abl), s., vale o póliza por pagar. —**REGISTER** (ré-dchis-ter), registro de comprobantes o de pólizas. —**SYSTEM** (sis-tem), s., sistema de pólizas o de comprobantes.

VOW (vau), rv., s., jurar, juramento.

VULNERABLE (vál-ner-abl), adj., vulnerable.

W

WAGE (gueidch), s., sueldo, jornal. —ADVANCE (ad-váns), s., adelanto sobre el sueldo. —DISPUTE (dis-piút), s., disputa sobre el sueldo. —EARNER (erner), s., asalariado.

WAIVER (guéi-ver), s., renuncia, abandono. —OF JURY (dchú-ri), s., renuncia de juicio ante un jurado. —OF RIGHTS (af raits), s., renuncia a derechos personales.

WALK-OUT (guak-aut), s., abandonar el trabajo en protesta.

WANTED (guán-ted), adj., v., solicitado, se solicita.

WAR, s., guerra. —CONTRACT (guar cón-tract), s., contrato para producir materiales bélicos. —INDUSTRY (ín-das-tri), s., industria productora de materiales bélicos. —PROFITEER (prafit-ir), s., explorador de la guerra.

WARD (guard), s., pupilo, persona incompetente o niño al cargo de un tutor.

WAREHOUSE (guér-jaus), s., almacén, bodega. —CERTIFICATE (cer-tífi-kat), s., certificado de depósito. —FEES (fis), s., cobro o tarifa por almacenaje. —RECEIPT (ri-cít), s., conocimiento de almacén, guía de depósito.

WAREHOUSEMAN (guér-jaus-man), s., almacenista.

WARRANT (guár-ant), s., orden oficial, decreto, auto. —OF ARREST (a-rést), s., orden de arresto.

WATER FREIGHT (guáter freit), s., flete por agua o marítimo.

WATERED: adj., diluido, inflado. —CAPITAL (guáterd capital), s., capital inflado o diluido. —STOCK (stok), s., acciones sin respaldo, acciones diluidas.

WATCHMAN (guách-man), s., velador, vigilante.

WAYBILL (guei-bil), s., cuenta de flete, ruta de embarque.

WEAK POINT (guik point), s., punto débil o vunerable.

WEALTH (guelth), s., riqueza, valores, recursos.

WEALTHY (guélthi), adj., rico, adinerado.

WEAR (guer), iv., s., usar, llevar puesto, durar, deterioro. —AND TEAR (ter), s., mod., deterioro y maltrato.

WEATHER (gue-ther), s., tiempo, clima. —FORECAST (fór-kast), s., pronóstico del tiempo.

WEED OUT (guid aut), v., mod., eliminar, desechar, seleccionar.

WEEKLY (guík-li), adj., adv., semanal, semanalmente. —PAY (pei), s., pago semanal.

WEIGH (guei), rv., pesar, considerar.

WEIGHT (gueit), s., peso.

WELFARE (guél-fer), s., asistencia o bienestar social.

WHEREAS (juér-as), prep., puesto que, ya que.

159

WHEREBY (juér-bai), *prep.*, por lo cual.

WHEREIN (juér-in), *prep.*, en donde, en que.

WHEREUPON (juér-apon), *prep*, por (lo) consiguiente.

WHEREWITHAL (juer-guith-al), *prep.*, *s.*, por los medios, lo necesario.

WHITE COLLAR WORKER (juáit colar guórk-er), *s.*, *mod.*, empleado de oficina.

WHOLESALE (jóul-seil) *adj.*, *s.*, al mayoreo, mayoreo. **—TRADE** (treid), *s.*, comercio al por mayor.

WHOM IT MAY CONCERN (jum it mei con-sérn), *prep.*, a quien corresponde.

WHOMSOEVER (jum-so-éver), *prep.*, *s.*, quien sea, cualquier persona.

WIDE AREA (guaid erea), *s.*, campo amplio. **—TELEPHONE** (téle-foun), *s.*, servicio telefónico para computación de datos.

WIDESPREAD (guaid-spred), *adj.*, de gran alcance, esparcido.

WIDOW (guí-dou), *s.*, viuda.

WIDOWER (guídou-er), *s.*, viudo.

WITH THE PURPOSE OF (guith thi púr-pos af), *prep.*, con el propósito de.

WILL (guil), *s.*, testamento, voluntad. **—CALL** (cal), *v.*, ocurrirá, vendrá por.

WINDFALL (guínd-fal), *s.*, *mod.*, ganancia inesperada.

WIND UP (guáind ap), *v.*, terminar, finiquitar.

WIRE (guair), *s.*, cable, telegrama.

WITHDRAW (guith-dráu), *iv.*, retirar, desistir, salir, sacar.

WITHDRAWAL (guith-dráu-al), *s.*, retiro, extracción, salida. **—ORDER** (order), *s.*, orden de retiro.

WITHDRAWN (guith-drán), *adj.*, retirado, sacado. **—OFFER** (of-er), *s.*, oferta retirada.

WITHHOLD (guith-jóuld), *iv.*, detener, retener.

WITHHOLDING TAX (guith-jóuld-ing tax), *s.*, impuesto de empleados retenido por la empresa.

WITHIN, *prep.*, dentro de. **—LIMITS** (guith-ín limits), *adv.*, dentro de los límites. **—BRACKETS** (brak-ets), *adv.*, entre comillas, entre paréntesis.

WITNESS (guít-nes), *s.*, *rv.*, testigo, atestiguar.

WORK, *s.*, *v.*, trabajo, trabajar. **—CERTIFICATE** (guork ser-tifikat), *s.*, certificado de trabajo, permiso de trabajo. **—DAY** (dei), *s.*, jornada, día de trabajo. **—GANG** (gang), *s.*, cuadrilla de trabajo. **—HOURS** (auers), *s.*, horas hábiles. **—IN** (in), *v.*, *mod.*, meter poco a poco. **—IN PROCESS** (in pró-ses), *s.*, trabajo en progreso. **—LAW** (lau), *s.*, ley de trabajo. **—LOAD** (loud), *s.*, carga de trabajo. **—ORDER** (ór-der), *s.*, orden de trabajo. **—OUT** (aut), *v.*, *mod.*, resolver, solucionar. **—RULES** (ruls), *s.*, reglamentos de trabajo. **—STANDARD** (stánd-ard), *s.*, norma o calidad de trabajo.

WORKER (guórk-er), *s.*, trabajador, obrero, jornalero. **—EMPLOYER RELATIONS** (employ-er ri-léi-shons), *s.*, relaciones obrero-patronales.

WORKER'S BENEFIT FUND (guork-ers béne-fit fand), *s.*, fondo para el bienestar de los trabajadores.

WORKING: *adj.*, en giro, activo, en operación. **—ASSETS** (guork-ing asets), *s.*, activo en operación, activo de trabajo. **—CAPITAL** (cap-i-tal), *s.*, capital en giro. **—DAY** (dei), *s.*, jornada, día de trabajo. **—PAPERS** (péi-pers), *s.*, documentos de trabajo.

WORKMAN'S COMPENSATION

(guork-mans kom-pen-sai-shon), *s.,* compensación para trabajadores.

WORKMANSHIP (guórk-man-ship), *s.,* calidad de trabajo, artesanía.

WORLD, *s.,* mundo. —**BANK** (guorld bank), *s.,* Banco Mundial. —**ECONOMY** (ikón-omi), *s.,* economía mundial.

WORTH (guorth), *s., adj.,* valor, mérito, precio, digno.

WORTHLESS (guórth-les), *adj.,* sin valor, inútil. —**PAPER** (pei-per), *s.,* documentos sin valor.

WORTHWHILE (guorth-juáil), *adj.,* que vale la pena, merecedor. —**PROJECT** (prá-dchekt), *s.,* proyecto que vale la pena.

WRAP (rap), *rv.,* envolver, empacar, —**IT UP** (rap it ap), *v., mod.,* "Envuélvelo y me lo llevo", darle fin a alguna cosa ya principiada.

WRAPPING PAPER (rap-ing peiper), *s.,* papel para envoltura.

WRECK (rek), *s., rv.,* chatarra, demoler, destrozar, chocar.

WRIT (rit), *s.,* escrito, auto, decreto, mandato. —**OF EXECUTION** (exekíu-shon), *s.,* ejecutoria, auto ejecutivo, juicio. —**OF HABEAS CORPUS** (jéibias corpus), *s.,* auto de habeas corpus. —**OF MANDAMUS** (mandám-us), *s.,* auto de mandamus, mandamiento.

WRITE (rait), *iv.,* escribir, anotar, asentar. —**DOWN** (daun), *v.,* asentar, anotar, tomar nota. —**IN** (in), *v.,* agregar al escrito. —**OFF** (of), *v.,* cancelar, amortizar, quitar una cuenta de los libros. —**THE MINUTES** (mín-uts), *v.,* transcribir la minuta, levantar acta. —**UP** (ap), *v.,* redactar, hacer un reportaje, narrar.

WRITTEN (rí-ten), *adj.,* escrito. —**STATEMENT** (steit-ment), *s.,* declaración escrita, acta.

WRONG (rong), *adj., s.,* equivocado, malo, daño. —**ADDRESS** (á-dres), *s.,* dirección equivocada. —**AMOUNT** (a-máunt), *s.,* cantidad equivocada. —**PRICE** (prais), *s.,* precio equivocado.

X

X (ex), *s.*, factor desconocido, persona desconocida.

XEROGRAPHY (zer-ógra-fi), *s.*, proce- so de duplicación instantánea.

XMAS, *abr.*, Christmas (krís-mas), Navidad.

Y

YARD (jard), *s.*, patio, espacio para cargar o para operaciones.

YARDSTICK (járd-stik), *s.*, regla, norma para medir.

YEAR (jir), *s.*, año.

YEARLY (jír-li), *adj.*, *adv.*, anual, anualmente. —CONSUMPTION (kon-sámpshon), *s.*, consumo anual. —LOSS (los), *s.*, pérdida anual. —PROFIT (prá-fit), *s.*, utilidad anual. —STATEMENT (stéit-ment), *s.*, declaración anual. —WAGES (guéi-dches), *s.*, salario anual.

YEAR'S, *pos.*, *adj.*, del año, anual. —END (jirs end), *s.*, fin del año.

—DIVIDEND (dívi-dend), *s.*, dividendo anual. —OPERATION (oper-éishon), *s.*, operación anual. —PROFITS (prá-fits), *s.*, utilidades del año.

YIELD (jild), *s.*, *rv.*, rendir, rendimiento.

YELLOW DOG (jelo dog), *s.*, cosa desechada, algo inservible.

YOURS (jurs), *pr.*, suyo, suya atentamente.

YOURS TRULY (jiurs trú-li), *pr.*, suyo fielmente.

YULETIDE (júl-taid), *s.*, época de Navidad.

Z

ZERO (ziro), *s.*, cero.

ZEST (zest), *s.*, entusiasmo, gusto.

ZESTFUL (zést-ful), *adj.*, lleno de entusiasmo o de gusto.

ZIG-ZAG (zig-zag), *adj.*, zig-zag.

ZIP (zip), *s.*, *rv.*, vigor, vigoroso, apresurarse.

ZONE (zoun), *s.*, *rv.*, zona, área, dividir en zonas.

ABREVIATURAS EN INGLES

a.   : acre, acre.
A.B.   : Bachelor of Arts, Bachiller en artes.
abbr.   : abreviation, abreviación.
ABR.   : abridged, condensado.
A.C.   : Alternating current, corriente alterna.
acct.   : account, cuenta.
Adm.   : Admiralty, almirantazgo.
Afr.   : Africa.
aft.   : afternoon, la tarde.
agcy.   : agency, agencia.
agr.   : agriculture, agricultura.
agt.   : agen, agente.
Ala.   : Alabama.
Alas.   : Alaska.
a.m.   : before noon, antes de medio día.
A.M.   : Master of Arts, Maestro en Artes.
amp.   : ampere, amperio.
amt.   : amount, cantidad.
anon.   : annonymous, anónimo.
ans.   : answer, respuesta.
A.P.   : Associated Press.
app.   : appendix, apéndice.
Apr.   : April, abril.
apt.   : apartment, apartamento.
arith.   : arithmetic, aritmética.
Ariz.   : Arizona.
Ark.   : Arkansas.
assn.   : association, asociación.
assoc.   : associated, asociado.
asst.   : assistant, asistente.

atty.   : attorney, abogado.
Aug.   : August, agosto.
ave.   : avenue, avenida.
A.W.O.L.   : Absent without leave, ausente sin permiso.
b.   : base, book, born, base, libro, nacido.
B.   : British, Británico.
B.A.   : Bachelor of Arts, Bachiller en Artes.
bal.   : balance, balance.
B.C.   : before Christ, antes de Cristo.
bd.   : board, bond, bound; consejo, bono, límite o lindero.
b.e.   : bill of exchange, documento negociable.
B/E.   : Bill of Exchange.
bet.   : between, entre.
Bibl.   : Biblical, Bíblico.
biog.   : biography, biografía.
bk.   : book, libro.
b.l.   : Bill of lading, conocimiento de embarque.
bldg.   : building, edificio.
blvd.   : boulevard.
b.p.   : bills payable, cuentas por pagar.
Br.   : British, Británico.
bro.   : brother, hermano.
b.s.   : balance sheet, balance.
b.s.   : bill of sale, factura o contrato de venta.
B.S.   : Bachelor of Science, Bachiller en ciencias.

bus.	: business, negocio.		nued; contenido, continente, continuado.
bx.	: box, caja.		
c.	: cent, chapter; centavo, capítulo.	*cor.*	: corrected, correspondence; corregido, correspondencia.
C.	: Catholic, centigrade; Católico, centígrado.	*Corp.*	: Corporation, corporal; corporación, cabo.
C.A.	: Central America.	*cp.*	: compare, compare.
C.B.	: Citizen's Band.	*C.P.A.*	: Certified Public Accountant, Contador público certificado.
cal.	: calory, caloría.		
Cal.	: California.		
Can.	: Canada, Canadá.	*cr.*	: creditor, credit; acreedor, crédito.
cap.	: capital, capacity; capital, capacidad.		
		C.S.T.	: Central Standard Time, tiempo central normal.
Capt.	: Captain, Capitán.		
Cath.	: Catholic, Católico.	*ct.*	: cent, centavo.
cent.	: centigrade, century; centígrado, siglo.	*c.w.o.*	: cash with order, al riguroso contado.
cert.	: certificate, certified; certificado.	*d.*	: died, dime, dollar; muerto, diez centavos, dólar.
cf.	: confer, compare; conferir, comparar.	*D.A.*	: District Attorney, procurador.
C.F.	: cost and freight, costo y flete.	*D.C.*	: District of Columbia.
C.F.I.	: cost insurance and freight costo, seguro y flete.	*Dec.*	: December, diciembre.
		deg.	: degree, grado.
co.	: care of, carried over; al cuidado de, pasado adelante.	*Del.*	: Delaware.
		Dem	: Democrat.
C.C.	: Commanding Officer, Comandante.	*dep.*	: department, deputy; departamento, diputado.
Co.	: company, country; compañía, país.	*dept.*	: department, departamento.
		deriv.	: derivative, derivado.
C.O.D.	: collect on delivery, cobrar al entregar.	*diam.*	: diameter, diámetro.
		diff.	: difference, diferencia.
Col.	: Colorado.	*disc.*	: discount, descuento.
com.	: commerce, commission; comercio, comisión.	*div.*	: dividend, dividendo.
		doz.	: dozen, docena.
Com.	: Commander, Committee, comandante, comité.	*Dr.*	: Doctor, doctor.
		dup.	: duplicate, duplicado.
comp.	: computer, computador.	*dz.*	: dozen, docena.
con.	: conclusión, contra; conclusión, contra.	*E.*	: East, English; este, inglés.
		ea.	: each, cada uno.
Cong.	: congregation, congregación.	*econ.*	: economy, economía.
Conn.	: Connecticut.	*ed.*	: edition, editor; edición, editor.
cont.	: contents, continent, conti-	*educ.*	: education, educación.

e.g.	: for example, por ejemplo.	H.R.	: House of Representatives, cámara de diputados.
elec.	: electric, eléctrico.		
Eng.	: England, Inglaterra.	hr.	: hour, hora.
esp.	: especially, especialmente.	ht.	: height, heat; altura, calor.
etc.	: etcetera.	I.	: Island, isla.
Eur.	: Europe, Europa.	Ia.	: Iowa.
ex.	: example, ejemplo.	Ice.	: Iceland.
exec.	: executive, ejecutivo.	Id.	: Idaho.
exch.	: exchange, cambio.	Ill.	: Illinois.
exp.	: express.	inc.	: incorporated, sociedad anónima.
Feb.	: February, febrero.		
Fed.	: Federal, federal.	Ind.	: Indiana.
ff.	: following, lo siguiente.	ind.	: industry, industria.
fin.	: financial, financiero.	ins.	: insurance, seguro.
Fla.	: Florida.	inst.	: Institute, instant; instituto, instante.
F.M.	: Frequency modulation.		
f.o.b.	: Free on Board, libre a bordo.	int.	: international, interest; internacional, interés.
fol.	: following, lo siguiente.		
fr.	: francs, from; francos, de.	inv.	: inventory, inventorio.
Fr.	: France, Francia.	I.O.U.	: I owe you; pagaré, debo.
Fri.	: Friday, viernes.	I.Q.	: Intelligence quotient, cociente de inteligencia.
ft.	: foot, pie (medida).		
Ft.	: Fort, fuerte (militar).	Is.	: Island, isla.
G.	: German, Alemán.	Ital.	: Italy.
Ga.	: Georgia.	Jam.	: Jamaica.
gal.	: galon, galón.	Jan.	: January, enero.
G.B.	: Great Britain, Gran Britania.	Jap.	: Japan.
Gen.	: General, general.	J.C.	: Jesus Christ.
geog.	: geography, geografía.	J.P.	: Justice of the Peace, Juez de Paz.
Ger.	: Germany, Alemania.		
Gov.	: Government, gobierno.	Jr.	: Junior.
G.P.O	: General Post Office, Correo General.	Jul.	: July, Julio.
		Jun.	: June, junio.
hq.	: headquarters, oficina general.	K.	: King, rey.
		Kan.	: Kansas.
H.I.	: Hawaiian Islands.	Ken.	: Kentucky.
H.M.	: His Majesty, su majestad.	k.o.	: knockout.
H.M.S.	: His Majesty's Service, al servicio de Su Majestad.	kt.	: carat, quilate.
		Ky.	: Kentucky.
Hon.	: Honorable, honorable.	l.	: latitude, length; latitud, largura.
h.p.	: horsepower, caballos de fuerza.		
		La.	: Louisiana.
H.Q.	: Headquarters, cuartel general.	lat.	: latitude, Latin: latitud, latín.
		Leg.	: Legislature, legislatura.

Lieut.	: lieutenant, teniente.	*Nat.*	: National, nacional.
liq.	: liquid, liquor; líquido, liquor.	*NATO*	: North Atlantic Treaty Organización del tratado Atlántico Norte.
lon.	: longitude, longitud.		
Ltd.	: limited, limitado.		
M.	: Monday, lunes.	*N.B.*	: New Brunswich.
M.A.	: Master of Arts, maestro en artes.	*n.b.*	: note well, note bien.
		N.C.	: North Carolina.
mag.	: magazine, revista.	*N.Dak.*	: North Dakota.
Maj.	: Major, mayor (militar).	*Nebr.*	: Nebraska.
Mar.	: March, marzo.	*N.Eng.*	: New England, Nueva Inglaterra.
Mass.	: Massachusetts.		
M.C.	: master of ceremonies, animador, maestro de ceremonia.	*Neth.*	: Netherlands, Países Bajos.
		Nev.	: Nevada.
M.C.	: Member of Congress, miembro del Congreso, diputado.	*n.g.*	: no goad, no sirve.
		N.H.	: New Hampshire.
M.D.	: Medical doctor, médico.	*N.J.*	: New Jersey.
Md.	: Maryland.	*N.M.*	: New Mexico.
mdse.	: merchandise, mercancía.	*No.*	: Number, número.
Me.	: Maine.	*Norw.*	: Norway.
Mex.	: México.	*Nov.*	: November, noviembre.
mfg.	: manufacturing, manufactura.	*nt. wt.*	: net weight, peso neto.
Mgr.	: Manager, gerente.	*N.Y.*	: New York.
Mich.	: Michigan.	*N.Z.*	: New Zealand.
Minn.	: Minnesota.	*O.*	: Ohio, Ontario.
misc.	: miscellaneous, misceláneo.	*O.*	: Ocean, mar.
Miss.	: Mississippi.	*O.A.S.*	: Organization of American States.
Mo.	: Missouri.		
mo.	: month, mes.	*obs.*	: observation, obsolete; observación, obsoleto.
Mon.	: Monday, lunes.		
Mont.	: Montana.	*Oct.*	: October, octubre.
M.P.	: Military Police, Policía Militar.	*O.K.*	: All right, bien.
		OKLA.	: Oklahoma.
M.P.	: Member of Parliament, miembro del Parlamento.	*Ont.*	: Ontario.
		O.P.E.C.	: Organization of Petroleum producing countries, Organización de países productores de petróleo.
m.p.h.	: Miles per hour, millas por hora.		
Mr.	: Mister, señor.		
Mrs.	: mistress, señora.	*Ord.*	: Ordinance, order; ordenanza, orden.
M.S.	: Master of Science, Maestro en ciencia.		
		Ore.	: Oregon.
Mt.	: Mountain, montaña.	*p.*	: page, pint, part; página, pinta, parte.
N.	: North, norte.		
N.Am.	: North America, Norte América.	*Pa.*	: Pennsylvania.
		Pac.	: Pacific.

payt.	: payment, pago.	*Rep.*	: Representative, Republican; representante, republicano.
p.c.	: percent, por ciento.		
pd.	: paid, pagado.	*R.I.*	: Rhode Island.
Penn.	: Pennsylvania.	*R.I.P.*	: Rest in Peace, que en paz descanse.
Ph. D.	: Doctor of Philosophy, Doctor en filosofía.		
photo.	: photograph, fotógrafo.	*r.p.m.*	: revolutions per minute, revoluciones por minuto.
phys.	: physician, physics; médico, física.	*rr.*	: railroad, ferrocarril.
p.l.	: plural, plural.	*R.S.V.P.*	: Please answer, conteste por favor.
P.M.	: Postmaster, Afternoon; en la tarde, jefe de correos.	*Ry.*	: railway, ferrocarril.
P.O.	: Post Office, oficina de correo.	*S.*	: Saturday, Sunday; sábado, domingo.
pop.	: population, población.	*S.*	: Southern, sureño.
pos.	: positive, positivo.	*S.A.*	: South America, Sud América.
pp.	: pages, páginas.		
pr.	: pair, par.	*Sab.*	: Sabath, domingo.
Pres.	: President, presidente.	*Sat.*	: Saturday, sábado.
Prin.	: Principal, principal, director.	*S.C.*	: South Carolina.
Prof.	: Professor, profesor.	*S.C.*	: Supreme Court, Corte Suprema.
Prot.	: Protestant, protestante.		
Prov.	: Province, provincia.	*Scot.*	: Scotland, Escocia.
P.S.	: Postscript, postdata.	*S. Dak.*	: South Dakota.
pt.	: port, pint, part; puerto, pinta, parte.	*S.E.A.T.O.*	: Southeast Asia Treaty Organization. Organización del Tratado de las Naciones del Sureste de Asia.
pub.	: public, publisher, published; público, editor, publicado.		
Q.	: Quebec.	*sec.*	: second, secondary; segundo, secundario.
qt.	: quart, cuarto de galón.		
qu.	: quarterly, question; trimestral, pregunta.	*Sen.*	: Senate, Senator; Senado, Senador.
ques.	: question, pregunta.	*Sept.*	: September, septiembre.
quot.	: quotation, cotización.	*seq.*	: sequel, secuela.
R.	: Republican, river; Republicano, río.	*Serg.*	: Sergeant, sargento.
		Soc.	: Society, sociedad.
Rd.	: Road, camino.	*Sp.*	: Spain, Spanish; España, español.
rec.	: receipt, recibo.		
rec'd.	: received, recibido.	*spt.*	: Seaport, puerto.
ref.	: reference, referencia.	*Sr.*	: Sir, senior; señor, mayor.
reg.	: registered, regular, regulation; registrado, regular, reglamento.	*S.S.*	: Steamship, barco de vapor.
		St.	: Street, Saint; calle, santo.
		str.	: steamer, barco de vapor.
		sub.	: substitute, substituto.

Sun.	: Sunday, domingo.	*Va.*	: Virginia.
sup.	: supervisor, supervisor.	*V.A.*	: Veteran's Administration, administración de veteranos.
Supp.	: Supplement, suplemento.		
Supt.	: Superintendent, superintendente.	*var.*	: variety, various, variedad, varios.
tbs.	: tablespoon, cuchara.	*vet.*	: veteran, veterinary; veterano, veterinario.
tel.	: telephone, telegram; teléfono, telegrama.	*V.P.*	: Vice President, vicepresidente.
Tenn.	: Tennessee.		
Ter.	: Territory, territorio.	*vid.*	: seen, visto.
Tex.	: Texas.	*viz.*	: namely, es decir.
Th.	: Thursday, jueves.	*vocab.*	: vocabulary, vocabulario.
trans	: transaction, translation; transacción, traducción.	*Vol.*	: Volume, Volunteer; volumen, voluntario.
Treas.	: Treasury, tesorería.	*vs.*	: versus.
tsp.	: cucharita.	*Vt.*	: Vermont.
Tu.	: Tuesday, martes.	*W.*	: Wednesday, miércoles.
U.	: University, universidad.	*w.*	: week, weight; semana, peso.
U.K.	: United Kingdom.	*Wash.*	: Washington.
ult.	: ultimate, último, final.		
Univ.	: University, universidad.	*Wed.*	: Wednesday, miércoles
U.S.	: United States.	*Wisc.*	: Wisconsin.
U.S.M.	: United States Mail, correo de los Estados Unidos.	*wk.*	: week, work; semana, trabajo.
		wt.	: weight, peso.
U.S.S.R.	: Union of Soviet Socialits Republics.	*W.Va.*	: West Virginia.
usu.	: usually, usualmente.	*Wyo.*	: Wyoming.
Ut.	: Utah.	*y.*	: yard, year; patio, año.
v.	: verse, versus, volume; verso, versus, volumen.	*yr.*	: year, año.
		Z.	: zone, zona.

SEGUNDA PARTE

DICCIONARIO ESPAÑOL-INGLES

A

A, *prep.*, to, on, at. —**BASE DE EFEC-TIVO:** *adj.* Cash basis. Cash only. —**CARGO DE:** *adj.* In charge of. In custody of. —**CONSIDERACION:** *adj.* Under consideration. —**CONSIGNA-CION:** *adj.* On consignment. —**CUEN-TA DE:** *adj.* For the account of. Chargeable to. —**FAVOR DE:** *adj.* In favor of. Payable to. —**FIN DE:** *adj.* With the intention of. So that. —**GRA-NEL:** *adj.* In bulk. Unpackaged. —**LA MAYOR BREVEDAD:** *adv.,* At the earliest. —**LA PRESENTACION:** *adv.* On demand. On sigth. —**LA ORDEN DE:** *adv.* At the order of, request of. —**LA PAR:** adj., *adv.* At par. —**LA PRESENTACION:** *adv.* On sight. On presentation. —**LA VISTA:** *adv.* On sight. On demand. —**PARTIR DE:** *adv.* Starting with. Beginning with. —**PROPOSITO:** *adv.* So that. By the way. —**QUIEN CORRESPONDA:** *adv.* To whom it may concern. —**SALVO:** *adv.* Secure. Safe. —**SU CUENTA:** *adv.* For his (or your) account. —**Y RIESGO:** *adv.* For his (your) account and risk. —**PROPIO RIESGO Y COSTO:** *adv.* At your own risk and cost. —**RIESGO:** *adv.* At his (or your) risk. —**TIEMPO:** *adv.* On time. Timely.

A VUELTA DE CORREO: *adv.* By return mail.

ABAJO FIRMADO: *adv., adj.* Signed below. Undersigned.

ABANDONAR: *v.* To abandon. To Quit. To desert. To leave.

ABANDONO: *s.* Abandonment. Desertion.

ABARROTAR: *v.* To hoard. To ovestock

ABASTECIMIENTO: *s.* Supply. Available material. —**DE MATERIA PRIMA:** *s.* Supply of raw materials. —**DE TRABAJADORES:** *s.* supply of labor.

ABIERTO: *adj.* Open. Free. Unrestricted.

ABJURAR: *v.* To repudiate. To Disavow. To reject.

ABOGACIA: *s.* Legal profession. Practice of law.

ABOGADO: *s.* Lawyer. Attorney.

ABONAR: *v.* Pay on account.

ABONO: *s.* Partial payment. Installment.

ABRIR: *v.,* to open. —**CREDITO:** *v.* To establish or open credit. —**LOS LIBROS:** *v.* To initiate or open the books. **UNA CUENTA:** *v.* Open an account.

ABROGACION: *s.* Abrogation. Annulment. Abolishment.

ABSOLVER: *v.* To absolve. To aquit. To free of blame.

ABSORBER: *v.* Absorb. Use up. Take over. —**LOS COSTOS:** *v.* To absorb the cost. —**LOS RIESGOS:** *v.* Absorb the risks.

ABUSO DE CONFIANZA: *s.* Breach of trust.

173

ACAPARADOR: s. Hoarder, Profiteer.

ACARREADOR: s. Carrier. Freighter.

ACARREO: s. Drayage. Cartage. Transportation.

ACCESO: s. Access. Availability.

ACCESORIO: s. Accesory. Fitting.

ACCESION: s. Accession. Increase. Addition. Assent.

ACCIDENTE: s. Accident.

ACCION: s. Act. Share of stock. Lawsuit. —**CAUCIONABLE:** s. Bailable act or offense.—**CONJUNTA:** s. Joint action. —**CONTRA LA COSA:** s. Action in rem. —**CONTRACTUAL:** s. Contractual act or lawsuit. —**DE APREMIO:** s. Suit to collect debts, taxes. —**DE DESPOJO:** s. Suit to dispossess. —**DE DIVORCIO:** s. Divorce action or suit. —**DE DOMINIO:** s. Act in replevin. —**EJECUTIVA:** s. Act of execution. —**HIPOTECARIA:** s. Foreclosure on a mortgage. —**JUDICIAL:** s. Judicial act. Court order. —**MANCOMUNADA:** s. Joint action. —**POR DAÑOS Y PERJUICIOS:** s. Damage suit. —**POR INCUMPLIMIENTO:** s. Action for noncompliance.

ACCIONES: s., shares, stock. —**AL PORTADOR:** s. Shares to the bearer. —**AMORTIZABLES:** s. Expendable stock. Redeemable shares. —**COMUNES:** s. Common stock. —**CON VALOR NOMINAL:** s. Par value stock. —**CON VOTO:** s. Voting stock. --**CUBIERTAS:** s. Paid in stock. —**DE GOCE:** s. Privileged stock. —**DE PREFERENCIA:** Preferred stock. —**DE TESORERIA:** s. Treasury stock. —**DE TRABAJO:** s. Worker's participation shares. —**DILUIDAS:** s. Watered stock. —**DONADAS:** s. Donated stock. —**EN CAJA:** s. Treasury stock. —**EN DEFECTO DE PAGO:** s. Stock in lieu of payment. —**EXHIBIDAS:** s. Paid up stock. —**LIBERADAS:** s. Fully paid stock. —**NEGOCIADAS:** s. Negotiated or traded stock. —**NO EMITIDAS:** s. Unissued capital stock. —**NOMINALES:** s. Registered stock. —**ORDINARIAS:** s. Common stock. —**PAGADAS:** s. Paid in stock. —**PAGADERAS A LA VISTA:** s. Shares payable on sight. Callable shares. —**PARTICIPANTES:** s. Participating stock. —**PREFERENTES:** s. Preferred stock. —**SUSCRITAS:** s. Subscribed stock.

ACEPTACION: s. Acceptance. —**BANCARIA:** s. Bank acceptance. —**COMERCIAL:** s. Trade acceptance. —**CONDICIONAL:** s. Qualified or conditional acceptance.

ACEPTAR: v. To accept. To consent to pay.

ACERO: s. Steel. Iron.

ACLARAR: v. To define. To explain. to clear up.

ACOGER: v. To receive. To protect.

ACONSEJAR: v. To advise. To counsel. To suggest.

ACONTECIMIENTO: s. Event Happening.

ACORDAR: v. To agree. To resolve.

ACRECENTAMIENTO: s. Accretion. Gradual growth.

ACREEDOR: s. Creditor.

ACREEDORES DIVERSOS: s. Sundry creditors. —**HIPOTECARIOS:** s. Morgagee. —**PREFERENTES:** s. Preferred creditors.

ACREDITAR: v. To accredit. To authorize. To verify. To make a credit entry in the books.

ACTA: s. Record. Certificate. Notarized document. —**CONSTITUTIVA:** s. Corporate charter. —**DE ASAMBLEA:** s. Minutes of a meeting. —**DE MA-**

TRIMONIO: *s.* Marriage certificate.
—DE LA CORTE: *s.* Court record.
—DEL TRIBUNAL: *s.* Court record.

ACTIVO: *s.* Assets. Operating capital.
—AGOTABLE: *s.* Depletable or temporary assets. —AMORTIZABLE: *s.* Depreciable assets. —CIRCULANTE: *s.* Liquid assets. Revolving assets. —CONGELADO: *s.* Frozen assets. —CORRIENTE: *s.* Current assets. —DEPRECIABLE: *s.* Depreciable assets. —DIFERIDO: *s.* Deferred assets. —DISPONIBLE: *s.* Liquid assets. Quick assets. —DURADERO: *s.* Durable asses. —EVENTUAL: *s.* Contingent assets. —FIJO: *s.* Fixed assets. —FISICO: *s.* Physical assets. —FLOTANTE: *s.* Circulating or floating assets. —GRAVADO: *s.* Pledged or encumbered assets. —HIPOTECADO: *s.* Mortgaged assets. —IMPRODUCTIVO: *s.* Unproductive assets. —INTANGIBLE: *s.* Intangible assets. —LIQUIDO: *s.* Liquid assets. Net worth. —NETO: *s.* Net assets. Net worth. —NOMINAL: *s.* Goodwill. Intangible assets. —OBSOLETO: *s.* Obsolete assets. —PERMANENTE: *s.* Fixed or permanent assets. —PIGNORADO: *s.* Pledged or mortgaged assets. —REALIZABLE: *s.* Available or liquid assets. —TANGIBLE: *s.* Tangible assets.

ACTO: *s.* Act. Event. Action. Law.

ACTUACION: *s.* Performance. Action. Behavior.

ACTUALIZAR: *v.* To bring up to date.

ACTUARIO: *s.* Actuary. Statistician. Court official.

ACUERDO: *s.* Agreement. Resolution. Accord.

ACUMULABLE: *adj.* Accumulative.

ACUSACION: *s.* Accusation. Complaint. Indictment.

ACUSADO: *s.* Accused. Defendant.

ACUSAR RECIBO: *v.* To acknowledge receipt.

AD VALORUM: *adj.* Ad valorum. According to its value.

ADELANTAR: *v.* To advance. To progress. To improve. To pay.

ADELANTO: *s.* Advancement. Progress. Improvement. Advance payment.

ADEUDAR: *v.* To owe.

ADEUDO: *s.* Debt. Indebtedness. Pledge.

ADIESTRADO: *adj.* Trained. Skilled.

ADIESTRAMIENTO: *s.* Training. Teaching.

ADJUNTAR: *v.* To enclose. To annex.

ADJUNTO: *adj.* Enclosed. Adjunct. Added. Attached.

ADMINISTRACION: *s.* Administration. Management. —DE BIENES RAICES: *s.* Management of real property. —DE MERCADOS: *s.* Market management. —DE NEGOCIOS: *s.* Business management. —DE SOCIEDADES: *s.* Corporate management.

ADMINISTRADOR: *s.* Manager. Director. Administrator.

ADMINISTRADOR JURIDICO: *s.* Receiver. Trustee.

ADMINISTRAR: *v.* To manage. To direct.

ADOPCION: *s.* Adoption.

ADOPTAR: *v.* To adopt.

ADQUIRIR: *v.* To acquire. To gain. To take posession.

ADQUISICION: *s.* Acquisition.

ADUANA: *s.* Customs house. Customs service.

ADUANAL: *adj.* Pertaining to customs.

ADUEÑARSE: *v.* To take posession. To seize.

AD VALORUM: *adj.* Ad valorum.

AEROMOZO (A): *s.* Air steward or stewardess.

AFECTABLE: *adj.* Encumberable. Subject to seizure or to taxation.

AFECTABILIDAD: *s.* Encumbrance. Susceptibility to seizure or taxation.

AFIANZADO: *s.* Bonded. Free on bail.

AFIANZADOR: *s.* Bondsman. Surety.

AFIANZAR: *v.* To guarantee by bond. To bond.

AFILIACION: *s.* Membership. Affiliation.

AFILIADO: *s.* Affiliated. Subordinate member.

AFIRMAR: *v.* To affirm. To avow. To acknowledge.

AGENTE: *s.* Agent. —**ADUANAL:** *s.* Customs broker. —**COMISIONISTA:** *s.* Broker. —**DE COMPRAS:** *s.* Purchasing agent. —**FISCAL:** *s.* Fiscal or tax agent. —**VENDEDOR:** *s.* Salesman.

AGENCIA: *s.* Agency. —**DE VENTAS:** *s.* Sales agency. —**PUBLICITARIA:** *s.* Advertising agency.

AGIOTISTA: *s.* Usurer. Profiteer.

AGOTADO: *adj.* Depleted. Exhausted. Sold out.

AGREGAR: *v.* To increuse. To annex. To attach. To add.

AGREGADO DIPLOMATICO: *s.* Diplomatic attaché.

AGREMIADO: *s.* Labor union member.

AGREMIAR: *v.* To unionize.

AGRUPACION: *s.* Group. Syndicate. Pool. Society.

AHORRO: *s.* Savings. Thrift.

AJENO: *adj.* Stranger. Belonging to another. Alien.

AJUSTADOR: *s.* Adjuster. —**DE SEGUROS:** *s.* Insurance adjuster.

AJUSTAR: *v.* To adjust. To settle.

AJUSTE: *s.* Adjustment. Settlement.

AJUSTE DEL CIERRE DEL AÑO: *s.* Year's end adjustment.

AJUSTE DE CUENTAS: *s.* Adjustment or reconciliation of accounts.

AL AÑO: *adv.* Yearly. Per annum. —**AZAR:** *adv.* At random. —**CONTADO:** *adv.* Cash. On a cash basis. —**DIA:** *adv.* Up to date. Current. —**FRENTE:** *adv.* Carried forward. —**MARGEN:** *adv.* On the margin. On the verge. —**MAYOREO:** *adv.* Wholesale. —**POR MAYOR:** *adv.* Wholesale. —**PORTADOR:** *adv.* To the bearer.

ALBACEA: *s.* Executor. Executrix. —**DATIVO:** *s.* Executor appointed by the court.

ALCALDE: *s.* Mayor. Magistrate. Constable.

ALCANCE: *s.* Extent. Range. Reach.

ALEGACION: *s.* Allegation. Plea.

ALEGATO: *s.* Plea. Argument.

ALIMENTACION: *s.* Feed. Imput. Nourish.

ALINDAR: *v.* To define a boundary.

ALMACEN: *s.* Warehouse. Store. —**DE DEPOSITO:** *s.* Public warehouse. —**PARA GRANOS:** *s.* Grain warehouse. —**REFRIGERADO:** *s.* Refrigerated warehouse.

ALMACENADO: *adj.* stored.

ALMACENAJE: *s.* storage. Storage fee.

ALMACENAMIENTO: *s.* Storage.

ALMACENISTA: *s.* Warehousemen.

ALMONEDA: *s.* Auction. Forced sale.

ALQUILAR: *v.* To hire. To rent. To lease.

ALTA: *adj.* high. —**CALIDAD:** *adj.* High quality. —**EFICIENCIA:** *s.* High efficiency. —**POTENCIA:** *s.* High power. —**PRODUCCION:** *s.* High production.

ALTERACION: *s.* Alteration. Modification.

ALTERAR: *v.* To alter. To modify.

ALZA: *s.* rise, climb. **—DE PRECIOS**: *s.* Rise of prices. Price increase. **—DE COSTOS**: **s.** Increase in costs.

AMORTIGUAR: *v.* To soften a blow. To absorb an impact.

AMORTIZABLE: *adj.* Redeemable. Payable in the future.

AMORTIZAR: *v.* To redeem. To pay in instalments.

AMORTIZACION: *s.* Amortization.

AMPARO: *s.* Protection of personal rights. A writ similar to Prohibition, certiorari, injunction or habeas corpus.

AMPARAR: *v.* To apply a writ of amparo.

AMPLIAR: *v.* To expand. To enlarge.

ANALISIS: *s.* análysis. **—DE CALIDAD**: *s.* Quality analysis. **—DE COSTOS**: *s.* Cost analysis. **—DE FINANZAS**: *s.* Financial analysis. **—DE GESTION**: *s.* Analysis of effort or management. **—DE MERCADO**: *s.* Market analysis. **—DE TIEMPO**: *s.* Time analysis.

ANALIZAR: *v.* To analyze.

ANAQUEL: *s.* Display rack. Shelf.

ANEXAR: *v.* To annex. To enclose.

ANEXOS: *s.* Enclosures. Exhibits.

ANORMAL: *adj.* Abnormal.

ANOTACION: *s.* Annotation. Explanation. Addition.

ANOTAR: *v.* To annotate. To add. To record. **—EN EL DIARIO**: *v.* To make a journal entry. **—EN LOS LIBROS**: *v.* To enter in the books.

ANTECEDENTES: *s.* Personal history. Background.

ANTEDATAR: *v.* To antedate.

ANTEPROYECTO: *s.* Preproject. Outline. Plan. Study.

ANTERIOR: *adj.* Previous. Prior.

ANTES: *prep.* before. **—DE IMPUESTOS**: *adv.* Before taxes. **—MENCIONADO**: *adj., adv.* Before mentioned.

ANTICIPANDOLE LAS GRACIAS: *v.* Thanking you in advance.

ANTICIPAR: *v.* To anticipate. To foresee. To act in advance.

ANTICIPO: *s.* Advance payment. **—DE HONORARIOS**: *s.* Advance retainer fee. **—PARA EMPLEADOS**: *s.* Advance on wages.

ANTICUADO: *adj.* Obsolete. Old fashioned.

ANTIGÜEDAD: *s.* Seniority. Seniority rights.

ANTIGUO: *adj.* Senior. Old.

ANTIMONOPOLIO: *adj.* Anti-trust.

ANUAL: *adj.* Annual. Yearly. Per annum.

ANUALIDAD: *s.* Annuity. **—VITALICIA**: *s.* Life annuity.

ANULACION: *s.* Annulment. Cancelation.

ANULAR: *v.* To annul. To cancel. To void.

ANUNCIO: *s.* Advertisement. Announcement.

AÑO: (anyo), *s.,* year. **—ACTUAL**: *s.* Current year. **—COMERCIAL**: *s.* Commercial or business year. **—CORRIENTE**: *s.* Current year. **—EN CURSO**: *s.* Going year. **—FISCAL**: *s.* Fiscal year. **—SOCIAL**: *s.* Corporate year.

APALABRAR: *v.* To make a verbal agreement.

APARTADO POSTAL: *s.* Postoffice box.

APELACION: *s.* Appeal. Request. Petition.

APELANTE: *s.* Apellant.

APELAR: *v.* To appeal. To petition.

APELLIDO: *s.* Surname.

APEROS: *s.* Agricultural implements.

APERTURA: *s.* Opening. Beginning. Initiation. —**DE CREDITO:** *s.* Establishment of credit. —**DE LIBROS:** *s.* Opening of the books. Establishment of the bookkeeping system. —**DE NEGOCIO:** *s.* Opening or initiation of a business.

APLAZAMIENTO: *s.* Postponement. Delay.

APLAZAR: *v.* To postpone. To delay.

APLICACION: *s.* Application. Appropriation.

APLICAR: *v.* To apply. To appropriate. To utilize.

APODERADO: *s.* Holder of power of attorney. Proxy holder.

APODERAR: *s.* Authorize. Empower.

APODERARSE: *v.* Sieze power. Take posession.

APORTACION: *s.* Contribution. Donation. Subscription. —**DE CAPITAL:** *s.* Capital contribution. Subscription of stock.

APORTAR: *v.* To contribute. To donate. To subscribe.

APOYO: *s.* Support. Help. Encouragement.

APRECIACION: *s.* Appreciation. Increase. Appraisal.

APRECIAR: *v.* To appreciate. To increase. To appraise.

APROBACION: *s.* Approval. Acceptance.

APROBADO: *s.* Approved. Accepted.

APROBAR: *v.* To approve. To accept.

APROPIACION: *s.* Appropriation. Contribution. Seizure.

APROPIARSE: *v.* Appropriate. Take posession.

APROVECHAR: *v.* To take advantage. To profit from.

APROXIMACION: *s.* Approximation. Approach.

APROXIMADAMENTE: *adj.* Approximately. More or less.

APROXIMADO: *adj.* Approximate. Roughly.

APUNTAR: *v.* To make an entry in the books. To take a note.

APUNTE: *s.* Entry in books. A note.

ARANCEL: *s.* Tariff. Customs duties. Tariff schedule. —**PROTECCIONISTA:** *s.* Protective tariff.

ARBITRAJE: *s.* Arbitration. Mediation.

ARBITRAR: *v.* To arbitrate. To mediate.

ARBITRO: *s.* Referee. Arbitrator.

ARCHIVERO: *s.* Filing cabinet.

ARCHIVISTA: *s.* Filing clerk.

ARCHIVO: *s.* File. Archive. —**ACTIVO:** *s.* Live file. —**CONFIDENCIAL:** *s.* Confidential file. —**INACTIVO:** *s.* Inactive or dead file. —**VIVO:** *s.* Live file. —**PERSONAL:** *s.* Personal files

AREA: *s.* Area, zone. —**COMERCIAL:** *s.* Commercial or trading zone. —**RESIDENCIAL:** *s.* Residential area.

ARMADORA: *s.* Assembling plant.

ARMAZON: *s.* Framework.

ARQUEO: *s.* Audit. Check. Inspection. —**DE CAJA:** *s.* Cash count. Cash audit.

ARRAIGADO: *adj.* Released under court's supervision. Fixed. Permanent.

ARREGLO: *s.* Agreement. Settlement. Payoff.

ARRENDADOR: *s.* Landlord. Lessor.

ARRENDAMIENTO: *s.* Lease. Rental.

ARRENDAR: *v.* To lease. To rent.

ARRENDATARIO: *s.* Tenant. Leasee.

ARRIENDO: *s.* Lease. Rental.

ARRIESGAR: *v.* To risk. To gamble or venture.

ARROJAR: *v.* To reveal. To show. To add up to. To total. **—GANANCIA**: *v.* To show a profit. **—PERDIDA**: *v.* To show a loss. **—UTILIDAD**: *v.* To show a profit.

ARTESANIA: *s.* Arts and crafts. Craftsmanship.

ARTICULO: *s.* Article. Clause. Item.

ARTICULOS DE OFICINA: *s.* Office supplies. **—EN PROCESO**: *s.* Goods in process. **—TERMINADOS**: *s.* Finished goods.

ASALARIADO: *adj., s.* Wage earner. Salaried worker.

ASAMBLEA: *s.* Assembly. Meeting. Council. **—DE ACCIONISTAS**: *s.* Stockholder's meeting. **—DEL CONSEJO**: *s.*, Director's meeting. **—GENERAL**: *s.* General assembly.

ASAMBLEISTA: *s.* Assemblyman. Council member.

ASCENDER: *v.* To promote. To boost. To go up. To raise.

ASCENSO: *s.* Promotion. Increase. Raise.

ASEGURADO: *s., adj.* Insured. Insured person.

ASEGURAR: *v.* To insure. To guarantee.

ASENTAR: *v.* To make an entry in the books. To post. **—AL DEBE**: *v.* To debit. To make a debit entry. **—AL HABER**: *v.* To credit. Make a credit entry. **—PARA CONSTANCIA**: *v.* To set down for the record.

ASESOR: *s.* Counsellor. Adviser.

ASESORAR: *v.* To counsel. To advise.

ASESORIA: *s.* Advice. Counsel. Technical guidance.

ASIENTO: *s.* Entry in the books. **—CIEGO**: *s.* Blind entry. Unsubstantiated entry. **—DE AJUSTE**: adjustment entry. **—DE APERTURA**: *s.* Opening entry. **—DE CLAUSURA**: *s.* Closing entry. **—DE DIARIO**: *s.* Journal entry. **—DE MAYOR**: *s.* Ledger entry. **—DE RECLASIFICACION**: *s.* Reclassifying entry. **—DE RESUMEN**: *s.* Summarizing entry. **—DE REVERSION**: *s.* Reversing entry. **DE TRASPASO**: *s.* Transfer entry. **DOBLE**: *s.* Double entry. Dual posting. **—GLOBAL**: *s.* Global entry. Lump entry.

ASIGNACION· *s.* Assignment. Appropriation. Allowance.

ASIGNACION PUBLICITARIA: *s.* Advertising appropriation.

ASIGNAR: *v.* To assign. To appropriate. To allow.

ASISTENCIA: *s.* Attendance. Help. Aid.

ASOCIACION: *s.* Association. **—DE CREDITO**: *s.* Credit association. **—DE COMANDITO**: *s.* Silent partnership. **—PATRONAL**: *s.* Employer's association.

ASOCIADO: *s.* Associate. Member.

ASUMIR CARGO: *v.* To take charge or responsibility.

ASUNTO: *s.* Matter. Affair. Business deal.

ASUNTO LEGAL: *s.* Legal matter. **—FISCAL**: *s.* Tax matter.

A SU RIESGO: *adv.* At his (your) risk.

ATAR: *v.* To tie. To restrict. To bind.

ATENDER: *v.* To host. To attend. To show courtesies.

ATENTADO: *s.* Offense. Attempt. Transgression.

ATENTAMENTE: *adj.* Sincerely. Respectfully.

ATRASADO: *adj.* In arrears. Delinquent payment.

ATRASO: *s.* Delay. Tardiness. Backwardness.

AUDITOR: *s.* Auditor. Accountant.

AUDITORIA: *s.* Audit. Examination. Verification. **—ANUAL:** *s.* Yearly or annual audit. **—ESPECIAL:** *s.* Special audit. **—EXTERNA:** *s.* External audit. **INTERNA:** *s.* Internal audit. **—MENSUAL:** *s.* Monthly audit. **—PERIODICA:** *s.* Periodic audit. **—PROVISIONAL:** *s.* Interim audit.

AUMENTO: *s.* Increase. Growth. Increment. **—DE COSTOS:** *s.* Increase in costs. **—DE PRECIO:** *s.* Increase in price. **—DE VALOR:** *s.* Increase in value or worth.

AUSENCIA: *s.* Absence. Leave. **—CON PERMISO:** *s.* Leave of absence. **—INJUSTIFICADA:** *s.* Unjustified absence.

AUSENTISMO: *s.* Absenteeism.

AUTO: *s.* File. Record. Civil procedure. Writ. **—ASEGURADOR:** *s.* Self insurer.

AUTOMATIZACION: *s.* Automation.

AUTOMOVILES Y CAMIONES: *s.* Autos and trucks.

AUTORIDAD: *s.* Authority. Jurisdiction. Government. **—DE COBRO:** *s.* Authority to collect. **—DE PAGO:** *s.* Authority to pay.

AUTORIZAR: *v.* To authorize. To empower. To give jurisdiction.

AUTOSERVICIO: *s.* Self-service.

AUXILIAR: *adj.* Auxiliary. Ancillary. Secondary. **—DE CONTABILIDAD:** *s.* Junior accountant. Bookkeeper.

AVAL: *s.* Guarantee by endorsement. Collateral.

AVALAR: *v.* To sign as guarantor. To indorse.

AVALADO: *adj.* Guaranteed. Indorsed.

AVALUO: *s.* Appraisal. Evaluation. Assesment.

AVALUO CATASTRAL: *s.* Property assesment.

AVENTURA: *s.* Adventure. Venture.

AVERIA: *s.* Damage. Defect. Average (insurance).

AVERIGUAR: *v.* To investigate. To check.

AVIADOR: *s., mod.* Employee on padded payroll.

AVISAR: *v.* To give notice. To make service. Notify.

AVISO: *s.* Notice. Service. Advertisement. **—DE CLAUSURA:** *s.* Notice of closure. **—DE DEMANDA:** *s.* Notice of process or lawsuit. **—DE PROTESTO:** *s.* Notice of protest or appeal. **—DE RECLAMACION:** *s.* Notice of claim.

AYUDA: *s.* Help. Aid. Relief. **—DEL GOBIERNO:** *s.* Government help or aid.

AZAR: *adv.* At random.

B

BACHILLER EN ARTES: s. Bachelor of Arts.

BACHILLER EN CIENCIAS: s. Bachelor of Science.

BAGATELA: s. Bagatelle. Trifle. Small business.

BAJA: s. Dismissal from work. Decline. Casualty. —CALIDAD: adj. Low quality. Bad quality. —DE PRECIOS: s. Price decline or slump. —DE PRODUCCION: s. Fall or decrease in production. —DE UTILIDADES: s. Decrease in profits. —DE VALOR: s. Decline in value. —EFICIENCIA: s. Low efficiency. —REPENTINA: s. Sudden decline or fall.

BAJO, adj., low, below, under. —COSTO: s. Low cost. —FIANZA: adj. Under bond. Free on bond. —PAR: adj. Below par. —PRECIO: s. Low price. —PRESION: adj. Under pressure. Under duress. —RENDIMIENTO: s. Low yield. Low efficiency.

BALANCE: s., balance. —COMERCIAL: s. Trade balance. —COMPARATIVO: s. Comparative trial balance. —CONSOLIDADO: s. Consolidated balance sheet. —DE COMPROBACION: s. Trial balance. —EN PRO FORMA: s. Proforma balance sheet. —FAVORABLE: s. Favorable balance. —GENERAL: s. General balance sheet. —TENTATIVO: s. Tentative balance sheet.

BANCA: s. Banks. Banking system. —INTERNACIONAL: s. International banking system. —NACIONAL: s. National banking system. —PRIVADA: s. Private banks.

BANCARROTA: s., adj. Bankruptcy. In bankruptcy.

BANCO: s. Bank. Fund. —CORRESPONSAL: s. Correspondent bank. —DE AHORROS: s. Savings bank. —DE DEPOSITO: s. Deposit bank. —FIDUCIARIO: s. Trust bank. Trust company. —FILIAL: s. Associate or banch bank. —HIPOTECARIO: s. Mortgage bank. —MUTUALISTA: s. Mutual bank. —NACIONALIZADO: s. Nationalized bank. —PRIVADO: s. Private bank.

BANDERA ROJA Y NEGRA: s. Striker's banner.

BARATA: s. Bargain sale. Clean-up sale.

BARCO: s. Ship. Vessel.

BARRIL: s. Barrel.

BASCULA: s. Weighing scale.

BENEFICIARIO: s. Beneficiary.

BENEFICIENCIA: s. Welfare.

BENEFICIO: s. Benefit. Profit. Gain.

BENEFICIOS LABORALES: s. Fringe benefits. Worker's benefits.

BENEFICIO NETO: s. Net profit. —SOBRE LA INVERSION: s. Return on the investment.

BIENES: s. Goods. Assets. Property.

—COMERCIALES: *s.* Stock in trade. —COMUNALES: *s.* Community property. —CONYUGALES: *s.* Conjugal property. —DE CAPITAL: *s.* Capital or fixed assets. —CONSUMO: *s.* Consumer's goods. —DE CONVENIENCIA: *s.* Convenience goods. —DE PRODUCCION: *s.* Production goods. —DISPONIBLES: *s.* Available assets. —DURABLES: *s.* Durable goods. —FIJOS: *s.* Fixed goods. Real estate. —HEREDADOS: *s.* Inherited assets. —HIPOTECADOS: *s.* Mortgaged assets. —INMUEBLES: *s.* Fixed property. Real estate. —MOSTRENCOS: *s.* Lost or abandoned property. —MUEBLES: *s.* Personal property. Chattels. —MUERTOS: *s.* Dead assets. Unproductive assets. —PARTICULARES: *s.* Private property. —PERECEDEROS: *s.* Perishable goods. —RAICES: *s.* Real estate. Real property.

BIENESTAR SOCIAL: *s.* Social welfare.

BIFURCACION: *s.* Bifurcation. Division. Branching out.

BILLETE: *s.* Bill. Ticket. Paper money.

BLOQUE: *s.* Syndicate. Group. Block.

BODEGA: *s.* Warehouse. Storage room.

BOLETA: *s.* Receipt. Voucher. Slip. —DE VENTA: *s.* Sales slip.

BOLETIN: *s.* Bulletin. Spot news. Brief news.

BOLETO: *s.* Ticket. Tag.

BOLSA: *s.* Exchange. Trading place. Pool. —DE COMESTIBLES: *s.* Food pool. —DE PRODUCTOS: *s.* Commodity exchange. —DE VALORES: *s.* Stock exchange.

BONIFICACION: *s.* Allowance. Discount. Bonus. Rebate. —SOBRE FILETES: *s.* Freight allowance. —SOBRE VENTAS: *s.* Sales allowance. Sales rebate.

BONISTA: *s.* Bondholder. Bond owner.

BONO: *s.* Bond. Obligation. —DE CAJA: *s.* Cash warrant. Cash voucher. —SIN RESPALDO: *s.* Unsecured or debenture bond.

BONOS CON GARANTIA COLATERAL: *s.* Collateral trust bonds. Bonds guaranteed with collateral. —DE AHORRO: *s.* Savings bonds. —DE PRIMERA HIPOTECA: *s.* First mortgage bonds. —DEL GOBIERNO: *s.* Government bonds. —HIPOTECARIOS: *s.* Mortgage bonds. —REDIMIBLES: *s.* Callable bonds. —SOCIALES: *s.* Corporate bonds.

BORRADOR: *s.* Rough draft. Outline. Eraser.

BRUTO: *adj.* Gross.

BUENO HASTA QUE SE CANCELE: *adj.* Good until cancelled.

BURSATIL: *adj.* Pertaining to the stock exchange. Concerning securities trade.

BUSHEL: *s.* Bushel.

BUSQUEDA: *s.* Search. Hunt.

BUZON: *s.* Mail box. Suggestion box.

C

c.o.d.: *abr.* Cash on delivery.

C.P.A.: *abr.* (Compañía por acciones) Stock company.

C.P.T.: *abr.* (Contador público titulado) Certified public accountant.

c.s.f.: *abr.* (Costo, seguro y flete) Cost, insurance and freight.

c. y f.: (Costo y flete) Cost and freight.

CABILDEO: *s.* Lobbying. Seeking official privileges.

CABLEGRAMA: *s.* Cable. Wire. Telegram.

CADENA: *s.* Chain. Link. Series. **—DE MANDO:** *s.* Chain of command. **—DE RESPONSABILIDAD:** *s.* Chain of responsibility. **—DE TIENDAS:** *s.* Chain of stores.

CADUCIDAD: *s.* Expiration. Lapse.

CADUCO: *s.* Lapse. Default. Perscribe.

CAIDA: *s.* Crash. Slump. Fall. **—DE VENTAS:** *s.* Sales slump.

CAJA: *s.* Cashier. Cash box. Crate. **—CHICA:** *s.* Petty cash. **—DE CAUDALES:** *s.* Security vault. Safe. **—DE SEGURIDAD:** *s.* Safety deposit box. **—FUERTE:** *s.* Strong box. Safe.

CAJERO (A): *s.* Cashier.

CALCULADO: *adj.* Estimated. Calculated.

CALCULADORA: *s.* Calculating machine. Computer.

CALCULAR: *v.* To calculate. Compute. To estimate.

CALCULO: *s.* Computation. Calculation.

CALENDARIO: *s.* Calendar. Program. Schedule. Itinerary. **—DE PRODUCCION:** *s.* Production schedule. **—DE VIAJE:** *s.* Trip schedule. Itinerary.

CALIDAD: *s.* Quality. Grade. Characteristic. **—ECONOMICA:** *adj.* Economy grade. Utility grade. **—DE EXPORTACION:** *s.* Export quality or grade. **—DE SOCIO:** *s.* As a partner or a member.

CALIFICACION: *s.* Grade. Evaluation. Qualification.

CALIFICADO: *adj.* Graded. Classified.

CAMARA: *s.* Chamber. Committee. House of Representatives. **—DE COMERCIO:** *s.* Chamber of Commerce. **—DE COMPENSACION:** *s.* Clearing house. **—DE INDUSTRIA Y COMERCIO:** *s.* Chamber of commerce and industry.

CAMBIAR: *v.* To change. To vary. To fluctuate. To exchange. **—DE IDEA:** *v.* Change one's mind. **—DE POSICION:** *v.* Shift. Change sides.

CAMBIARIO: *adj.* Concerning bills of exchange.

CAMBIO: *s.* Exchange. Change. Deviation. **—DE DINERO:** *s.* Money exchange. **—DE VALOR:** *s.,* Change in value. **—EXTRANJERO:** *s.* Foreign exchange.

CAMPO: *s.* Field of action. Area of operation. **—DE OPERACION**: *s.* Scope or range of action. **—LIMITADO**: *s.* Limited field.

CANALIZAR: *v.* To canalize. To channel. To direct.

CANCELACION: *s.* Cancellation. Deletion.

CANCELAR: *v.* To cancel. To write off. To nullify. **—UNA CUENTA**: *v.* To write off an account.

CANJEAR: *v.* To exchange. Barter.

CANTIDAD: *s.* Amount. Quantity. **—ANTERIOR**: *s.* Previous amount. **—GLOBAL**: *s.* Global amount. Lump sum. **—INCOMPLETA**: *s.* Incomplete amount. Odd lot.

CAPACIDAD: *s.* Capacity. Ability. **—DE PRODUCCION**: *s.* Productive capacity. **—DE GANANCIA**: *s.* Earning capacity. **—MAXIMA**: *s.* Maximum capacity. **—MINIMA**: *s.* Minimum capacity.

CAPATAZ: *s.* Overseer. Shift boss. Supervisor.

CAPAZ: *adj.* Capable. Apt. Able.

CAPITAL: *s.* Capital. **—AUTORIZADO**: *s.* Authorized capital. **—COMANDITARIO**: Capital of silent partnership. **—CUBIERTO**: *s.* Paid up capital. **—DECLARADO**: *s.* Declared capital. **—EN GIRO**: *s.* Working capital. **—INICIAL**: *s.* Initial capital. **—LIQUIDO**: *s.* Liquid capital. Disposable capital. **—NETO**: *s.* Net capital. Net worth. **—PROPIO**: *s.* Own capital. Personal capital. **—SOCIAL**: *s.* Corporate capital. **—SUSCRITO**: *s.* Subscribed capital.

CAPITALIZAR: *v.* To capitalize.

CARENCIA: *s.* Scarcity. Lack. Deficit.

CARGA: *s.* Load. Responsibility. Charge. Burden. **—FABRIL**: *s.* Manufacturing costs.

CARGADOR: *s.* Loader. Cartridge. Cassette. Stevedore.

CARGAR: *s.* Load. Charge. Bear.

CARGO: *s.* Charge. Responsibility. Fee. **—POR DEPRECIACION**: *s.* Depreciation charge.

CARRERA: *s.* Career. Professional education.

CARTA DE CREDITO: *s.* Letter of credit. **—ABIERTA**: *s.* Open or established letter of credit. **—CANCELADA**: *s.* Cancelled letter of credit. **—ENMENDADA**: *s.* Ammended letter of credit. **—ESTABLECIDA**: *s.* Established letter of credit. **—LIMITADA**: *s.* Limited letter of credit. **—VENCIDA**: *s.* Expired letter of credit. **—VIOLADA**: *s.* Breached letter of credit.

CARTEL: *s.* Cartel. Monopolistic combination.

CARTERA: *s.* Portfolio. Available funds.

CASTIGAR: *v.* To reduce the price or the cost.

CATALOGO: *s.* Catalog.

CAUDAL: *s.* Wealth. Property. Treasure.

CAUSA: *s.* Case. Lawsuit. Cause.

CAUSANTE: *s.* Taxpayer. Constituent. Principal.

CAUSANTE MAYOR: *s.* Major taxpayer. **—MENOR**: *s.* Minor taxpayer.

CAUTELA: *s.* Caution. Conservative action.

CEDULA: *s.* Certificate. Official document. License. **—DE EMPADRONAMIENTO**: *s.* Taxpayer's or personal registration, certificate or number.

CELEBRAR: *v.* To celebrate. To agree to. To enter into.

CENTENARIO: *s.* Mexican gold piece.

CERTIFICADO: *s.* adj., Certificate. Certified. **—DE ALMACEN**: *s.* Ware-

house certificate. —DE NACIMIEN-
TO: *s.* Birth certificate. —DE ORI-
GEN: *s.* Certificate of origin. —DE
PESO: *s.* Weight certificate.

CERTIFICAR: *v.* To certify. To attest.
to verify.

CERRAR: *v.* To close. To finish.
—LOS LIBROS: *v.* Close the books.

CESAR: *v.* Dismiss. Discharge. Cease.

CESION: *s.* Cession, transfer, conveyance.

CESIONARIO: *s.* Grantee.

CESIONISTA: *s.* Grantor.

CIFRA: *s.* Cipher. Number. Code.

CITA: *s.* Appointment. Notice. Service.

CITAR: *v.* Summon. Cite. Serve.

CIUDADANO: *s.* Citizen.

CIUDADANIA: *s.* Citizenship.

CLASIFICAR: *v.* Classify.

CLASSIFICATION: *s.* Classification.

CLAUSURAR: *v.* To close by official
order. To seal.

CLIENTE: *s.* Customer. Client.

COBRADOR: *s.* Collector.

COBRO: *s.* Collection. —ANTICIPA-
DO: *s.* Collection in advance. —DILA-
TADO: *s.* Delayed collection.

CODICILIO: *s.* Codicil. Supplement of
a will.

CODIFICACION: *s.* Coding. Encoding.

CODIGO: *s.* Code. Basic law. legal code.

COHECHO: *s.* Collusion.

COHEREDERO: *s.* Coheir. Joint heir.

COMANDITA: *s.* Silent partnership.

COMBUSTIBLE: *s.* Fuel. Combustible.

COMERCIAR: *v.* To trade. To du business.

COMERCIO: *s.* Business. Trade. Commerce. —AL MAYOREO: *s.* Wholesale business. —AL MENUDEO: *s.* Retail business. —EXTERIOR: *s.* Foreign commerce. —INTERIOR: *s.*
Interior or local commerce.

COMISION: *s.* Commission. Board.
Delegation. —BANCARIA: *s.* Ban-
king commission. —DE FOMENTO:
s. Development commission. —DE
VALORES Y BOLSA: *s.* Securities
and exchange commission. —DE
TRABAJO: *s.* Labor board. —REVI-
SORA: *s.* Reviewing comission.

COMODATO: *s.* Gratituous loan or
bail.

COMPAÑIA: *s.* Company. Corpora-
tion. Enterprise. —ALMACENADO-
RA: *s.* Warehouse company. —BAN-
CARIA: *s.* Banking or finance company. —DE BIENES RAICES: *s.* Real
estate company. —DE CAPITAL VA-
RIABLE: *s.* Corporation with variable capital. (S.A. de C.V.). —DE
RESPONSABILIDAD LIMITADA: *s.*
Corporation with limited responsibility. (S. R. L.). —DESCENTRALIZA-
DA: *s.* Government controlled corporation. —DE SERVICIOS PUBLI-
COS: *s.* Public service corporation.
—INDUSTRIAL: *s.* Industrial company. —INVERSIONISTA: *s.* Investment company. —MATRIZ: *s.* Parent
company. —MERCANTIL: *s.* Merchantile or trading company. —MUL-
TINACIONAL: *s.* Multinational company. —NACIONAL: *s.* National
company. —PRIVADA: *s.* Private
company.

COMPARTIMIENTO: *s.* Sharing or
dividing. Department. —DE COSTOS:
s. Cost sharing. —DE GASTOS: *s.*
Expense sharing. , —DE TIERRAS:
s. Distribution of lands. —DE UTILI-
DADES: *s.* Profit sharing.

COMPARTIR: *v.* To share. To divide.
to distribute.

COMPELER: *v.* To compel. To force.
To push.

COMPENDIO: *s.* Supplement. Summary. Condensation.

COMPENSACION: *s.* Compensation. Remuneration. Balance. **—A OBREROS:** *s.* Worker's compensation. **—EXTRAORDINARIA:** *s.* Overtime compensation. **—POR ACCIDENTES:** *s.* Accident compensation. **—POR ENFERMEDAD:** *s.* Sick pay or compensation.

COMPRA: *s.* Purchase. **—A CREDITO:** *s.* Purchase on credit. **—AL CONTADO:** *s.* Cash purchase. **—AL FUTURO:** *s.* Futures. Future purchase. **—AL MAYOREO:** *s.* Wholesale purchase. **—AL MENUDEO:** *s.* Retail purchase.

COMPRA-VENTA: *s.* Purchase and sale.

COMPRADOR: *s.* Buyer. Purchaser. **—AL CONTADO:** *s.* Cash buyer. **—A CREDITO:** *s.* Credit buyer. **—PEQUEÑO:** *s.* Small buyer. **—PREFERIDO:** *s.* Preferred buyer.

COMPRAR: *v.* To buy. To purchase. **—LA COSECHA:** *v.* To buy the entire crop. **—LA PRODUCCION:** *v.* To buy the production.

COMPROBAR: *v.* To prove. To verify. **—LA CUENTA:** *v.* To verify the account. **—EL BALANCE:** *v.* To check the balance sheet. **—LAS UTILIDADES:** *v.* To verify the profits.

COMPROMISO: *s.* Obligation. Duty. Pledge. **—DE ACTUAR:** *s.* Obligatory performance. **—DE COMPRAR:** *s.* Obligation to buy **—DE VENDER:** *s.* Obligation to sell. **—CONTRACTUAL:** *s.* Contractual obligation. **—VERBAL:** *s.* Verbal obligation.

COMPUTO: *s.* Computation. Calculation. Record.

CONCESION: *s.* Concession. Grant.

CONCURSO: *s.* Contest. Competition.

CONDENA: *s.* Sentence. Judgment. **—CONDICIONAL:** *s.* Conditional sentence. Probation.

CONDICION: *s.* Condition. Situation. Circumstance.

CONDICIONES DE PAGO: *s.* Terms of payment.

CONDICIONAL: *s.* Conditional. Tentative. Uncertain.

CONDONAR: *v.* Condone. Forgive.

CON EL PRESENTE: *adv.* Herewith.

CONEXIDAD: *s.* Incidental rights.

CON FECHA DE: *adv.* Dated. With the date of.

CONFESION: *s.* Confession. Acknowledgement.

CONFERENCIA: *s.* Conference. Telephone call. Meeting.

CONFIDENCIAL: *adj.* Confidential. Private. Intimate.

CONFIRMACION: *s.* Confirmation. Ratification. **—DE CARTA DE CREDITO:** *s.* Confirmation of letter of credit. **—DE CONTRATO:** *s.* Confirmation of contract. **—DE PEDIDO:** *s.* Confirmation of order. **—DE PRECIO:** *s.* Confirmation of price. **—DE VENTA:** *s.* Confirmation of sale.

CONFIRMAR: *v.* To confirm. To ratify.

CONFISCAR: *v.* To confiscate. To seize. To appropriate.

CONFISCACION: *s.* Confiscation. Seizure. **—DE BIENES:** *s.* Confiscation of assets. **—DE CONTRABANDO:** *s.* Confiscation of contraband. **—DE PROPIEDAD:** *s.* Confiscation of property.

CONFORME: *adj.* Satisfied. In agreement. According to.

CONGLOMERACION: *s.* Conglomeration. Conglomerate.

CONGRESO: *s.* Congress. Assembly. Convention. **—DE TRABAJO:** *s.* Labor congress.

CONMUTAR: *v.* To commute. To exchange. To substitute. To lessen or pardon an offense.

CONMUTADOR: *s.* Switchboard. (telephone).

CON QUE: *adv.* So that.

CON TAL QUE: *adv.* Provided that. On condition that.

CONSEJERO: *s.* Adviser. Counsellor.

CONSEJO: *s.* Board. Commission. Advice. —DE ADMINISTRACION: *s.* Board of Directors.

CONSENTIMIENTO: *s.* Consent. Acceptance. Assent.

CONSENTIR: *v.* To consent. To accept. To assent. To agree.

CONSERVADOR: *s.,* adj. Conservative.

CONSERVAR: *v.* To conserve. To maintain.

CONSIDERACION: *s.* Consideration.

CONSIGNAR: *v.* Consign.

CONSOCIO: *s.* Co-partner. Associate.

CONSOLIDACION: *s.* Consolidation. Combining.

CONSOLIDADO: *adj.* Consolidated.

CONSOLIDAR: *v.* Consolidate. Merge.

CONSPIRACION: *s.* Conspiracy. Plot. Collusion.

CONSTITUCION: *s.* Constitution. Charter.

CONSTITUCIONAL: *adj.* Constitutional.

CONSTITUIR: *v.* To constitute.

CONSTRUIR: *v.* To construct. To establish.

CONSTRUCCION: *s.* Construction.

CONSUL: *s.* Consul.

CONSULAR: *adj.* Consular.

CONSULTA: *s.* Conference. Consultation.

CONSULTAR: *v.* To consult.

CONSUMIDOR: *s.* Consumer.

CONSUMIR: *v.* Consume. Exhaust. Destroy.

CONSUMO: *s.* Consumption. Use.

CONTABILIZAR: *v.* To enter in the company books.

CONTADO: *adj. s.* Cash. Hard money.

CONTADOR: *s.* Accountant.

COTEJO: *s.* Comparison. Compare. Collate.

CONTINGENTE: *adj.* Contingent. Conditional.

CONTINGENCIA: *s.* Accident. Contingency. Unexpected event.

CONTRA: *prep.* Against. Counter to. —ACTO: *s.* Offsetting action. Counter act.

CONTRAACTUAR: *v.* To counteract.

CONTRAATACAR: *v.* To counterattack.

CONTRABANDO: *s.* Contraband. Smuggling.

CONTRALOR: *s.* Comptroller.

CONTRAPARTIDA: *s.* Corrective entry.

CONTRATAR: *v.* To contract. To enter into a contract.

CONTRATO: *s.* Contract. Agreement. —A CORRETAJE: *s.* Contract to sublet work. —A COSTO MAS HONORARIOS: *s.* Cost-plus contract. —A TITULO GRATUITO: *s.* Gratuitous contract. —A TITULO ONEROSO: *s.* Onerous contract. —BILATERAL: *s.* Bilateral contract. —COLECTIVO: *s.* Collective contract. —CONDICIONAL: *s.* Conditional contract. —CONJUNTO: *s.* Joint contract. —DE APARCERIA: *s.* Contract to work land os shares. —DE ARRENDAMIENTO: *s.* Lease contract. —DE COMPRAVENTA: *s.* Purchase and sale contract. —DE COMPROMISO: *s.* Arbitration agreement. —DE EDICION: *s.* Publishing agreement. —DE EMBARQUE: *s.* Shipping contract. – DE ENGANCHE: *s.* Contract for recruiting seasonal workers. **—DE FIDEICOMISO:** s. Fiduciary contract. **—DE FLETAMIENTO:** s. Charter party. **—DE PALABRA:** s. Verbal contract. **DE PRENDA:** s. Collateral or secured contract. **—DE REFACCION:** s. Farm credit contract. **—DE RETROVENDENDO:** s. Contract with option to buy. **—DE TAREA:** s. Piece-work contract. **—DE TRABAJO:** s. Work contract. **—INDIVISIBLE:** s. Indivisible contract. **—PIGNORATICIO:** s. Mortgage or pledge contract. **—PRIVADO:** s. Private contract. **—SINDICAL:** s. Labor union contract. **—SOCIAL:** s. Corporate contract. **—TACITO:** s. Implied contract. **—UNILATERAL:** s. Unilateral contract.

CONTRIBUIR: v. To contribute. To donate.

CONTRIBUCION: s. Contribution. Donation.

CONTROVERSIA: s. Controversy. Dispute. Argument.

CONVENCION: s. Convention. Meeting.

CONVENIENTE: adj., Convenient. Advisable.

CONVENIR: v. To agree. Have a meeting of minds.

CONVENIO: s. Agreement. Contract.

CONVERTIR: v. Convert. Change. Transform.

CONVOCAR: v. Convoke. Summon. Call a meeting.

CONVOCATORIA: s. Summons.

COPIA NOTARIAL: s. Notarized copy. **—FOTOSTATICA:** s. Photostatic copy.

COPROPIEDAD: s. Joint ownership. Jointly owned.

CORPORACION: s. Corporation. Company. Group.

CORREDOR: s. Broker.

CORRER EL RIESGO: v. To run the risk. To take the risk.

CORRESPONDIENTE: adj. Related to. Corresponding to.

CORRESPONSAL: s. Correspondent. Foreign representative.

CORRETAJE: s. Brokerage.

CORRIENTE: adj. Current. Up to date.

COSTO: s. Cost. **—DE ADMINISTRACION:** s. Administrative cost. **—DE MANO DE OBRA:** s. Labor cost. **—DE MATERIAL:** s. Cost of materials. **—DE OPERACION:** s. Operating cost. **—DE VENTAS:** s. Cost of sales. **—FINANCIERO:** s. Financial cost.

COSTOS IMPREVISTOS: s. Unforseen costs.

CRECIMIENTO: s. Growth. Increase. Development. **—ECONOMICO:** s. Economic growth. **—NACIONAL:** s. National growth or development.

CREDENCIALES: s. Credentials.

CREDITO: s. Credit. Recognition. **—ABIERTO:** s. Open credit. **—BANCARIO:** s. Bank credit. **—COMERCIAL:** s. Commercial credit. **—DUDOSO:** s. Doubtful credit. Risky credit. **—ESTABLECIDO:** s. Established Credit. Firm credit. **—GIRATORIO:** s. Revolving credit. **—HIPOTECARIO:** s. Mortgage. **—LIMITADO:** s. Limited credit. **—MALO:** s. Bad credit. **—PRIVADO:** s. Private credit. Personal credit. **—RETIRADO:** s. Discontinued credit. **—REVOLVENTE:** s. Revolving credit.

CRITERIO: s; Judgment. Criterion.

CUADRILLA: s. Crew. Work group. Gang.

CUADRO: s. Graph. Chart. Picture.

CUADRAR: v. To square up. To reconcile. To cross-add.

CUASICONTRATO: *s.* Quasi-contract.

CUASICORPORACION: *s.* Quasi-corporation.

CUASIDELITO: *s.* Quasi-offense. Quasi-crime.

CUASIJUDICIAL: *s.* Quasi-judicial.

CUASIPUBLICO: *s.* Quasi-public.

CUELLO DE BOTELLA: *s.* Bottle neck.

CUENTA: *s.* Account. **—ABIERTA:** *s.* Open account. **—CORRIENTE:** *s.* Current account. **—DE AHORROS:** *s.* Savings account. **—DE CHEQUES:** *s.* Checking account.

CUENTAS INCOBRABLES: *s.* Uncollectible accounts. **—POR COBRAR:** *s.* Accounts receivable. **—POR PAGAR:** *s.* Accounts payable. **—VENCIDAS:** *s.* Past due accounts.

CUERPO: *s.* Body. Corps. Group. **—CONSULAR:** *s.* Consular corps. **—DE BIENES:** *s.* Entire worth. Total assets. **—DEL DELITO:** *s.* Corpus delictus. **—DE LA HERENCIA:** *s.* The whole of an inheritance. **—DEL DERECHO:** *s.* Corpus juris. Body of the law. **—LEGISLATIVO:** *s.* Legislative body. **—POLICIACO:** *s.* Police force.

CUESTION: *s.* Matter. Affair. Issue.

CUESTIONARIO: *s.* Questionnaire.

CULPA: *s.* Guilt. Fault.

CULPABILIDAD: *s.* Culpability.

CULPABLE: *adj.* Guilty. Responsible. At fault.

CUMPLIMIENTO: *s.* Compliance. Performance.

CUMULATIVO: *s.* Cumulative. Accumulative.

CUOTA: *s.* Quota. Share. Allotment. Charge.

CUPO: *s.* Tax rate. Share. Availability.

CUPON: *s.* Coupon.

CURADOR: *s.* Curator. Administrator. Guardián.

CURATELA: *s.* Guardianship.

CURSO: *s.* Course. Rate. Route. Flow.

CUSTODIA: *s.* Custody.

CH

CHANTAJE: *s.* Blackmail. Extortion.

CHANTAJISTA: *s.* Blackmailer.

CHATARRA: *s.* Jund. Waste.

CHEQUE: *s.* Check. Order to pay. —ALTERADO: *s.* Altered check. —CANCELADO: *s.* Cancelled check. —CERTIFICADO: *s.* Certified check. —CRUZADO: *s.* Crossed check for deposit only. —DE CAJA: *s.* Cashier's check. —DE TESORERIA: *s.* Treasury or government check. —DESCUBIERTO: *s.* Check without funds. —NOMINATIVO: *s.* Check not transferable. —SIN FONDOS: *s.* Check without funds. —VISADO: *s.* Certified check.

D

D. C.: *abr.* (después de Cristo). After Christ.

Dol.: *abr.* (dólar). Dollar.

DADIVA: *s.* Gift. Donation.

DAÑADO: *adj.* Damaged.

DAÑAR: *v.* To damage.

DAÑOS: (danyos), *s.,* demages. **—INMEDIATOS:** *s.* Inmediate damages. **—INMODERADOS:** *s.* Excessive damages. **—IRREPARABLES:** *s.* Irreparable damages. **—LIQUIDADOS:** *s.* Liquidated damages. **—NO DETERMINADOS:** *s.* Undetermined damages. **—NOMINALES:** *s.* Nominal damages. **—PECUNIARIOS:** *s.* Pecuniary damages. **—PERSONALES:** *s.* Personal damages. **—PUNITIVOS:** *s.* Punitive damages.

DAÑOS Y PERJUICIOS: *s.* Damages and losses incurred.

DAR: *v.* To give, to concede, to grant. **—AVISO:** *v.* To notify. To make service. **—CREDITO:** *v.* To give credit. **—DE ALTA:** *v.* To put on the payroll. **—DE BAJA:** *v.* To dismiss or discharge from work. **—FE:** *v.* To testify. To certify. **—PERMISO:** *v.* To grant permission. **—PODER:** *v.* To grant authority. To empower. **—UNA ORDEN:** *v.* Give an order.

DATAR: *v.* To date. To assign a date.

DATOS: *s.,* data. Information. **—EN BRUTO:** *s.* Unclassified data. **—ESTADISTICOS:** *s.* Statistical data. **—GENERALES:** *s.* General data or information.

DE ACUERDO: *adv.* In agreement.

DE AHORA EN ADELANTE: *adv.* From now on.

DEBATE: *s.* Debate.

DEBE: *s.* Debit. Debt. Debit entry.

DEBER: *v.* To owe.

DEBIDAMENTE: *adj.* Duly. Properly. Accordingly.

DEBIDO: *adv.* Due to. Because of.

DEBITAR: *v.* To make a debit entry.

DECISION: *s.* Decision. Judgement. Conclusion.

DECLARACION: *s.* Declaration. Statement. **—DE CULPABILIDAD:** *s.* Plea of guilty. **—DE DERECHOS:** *s.* Declaration of rights. **—DE DIVIDENDOS:** *s.* Declaration of dividends. **—DE IMPUESTOS:** *s.* Tax declaration. **—DE IMPUESTOS SOBRE LA RENTA:** *s.* Income tax declaration. **—DE NULIDAD:** *s.* Declaration of annulment. **—DE REBELDIA:** *s.* Declaration of default. **—DE RECHAZO:** *s.* Declaration of refusal or dishonor. **—DE UTILIDADES:** *s.* Declaration of profits.

DE COBRO INMEDIATO: *adj.* For inmediate payment.

DECOMISAR: *v.* To forfeit. To seize. To confiscate.

DE CORTA DURACION: *adj.* Of short duration.

DECRETAR: *v.* To decree. To declare. To order.

DECRETO: *s.* Decree. Declaration. Order.

DEDUCCION: *s.* Deduction. Discount. Implication.

DEDUCCION DE IMPUESTOS: *s.* Tax deduction.

DEDUCCIONES ADMISIBLES: *s.* Admisible deductions. **—INADMISIBLES:** *s.* Inadmissible deductions.

DEDUCIR: *v.* To deduct. To reduce. To substract.

DEFECTO: *s.* Defect. Imperfection. **—CONSTITUTIVO:** *s.* Constitutional defect. **—DE FORMA:** *s.* Defect in form. **—DE PRESENTACION:** *s.* Failure to present. **—IRREMEDIABLE:** *s.* Incurable defect. **—SUBSANABLE:** *s.* Curable defect.

DEFECTOS DE FABRICA: *s.* Defect in manufacturing.

DEFECTUOSO: *adj.* Faulty. Imperfect.

DEFENDER: *v.* To defend.

DEFENSA: *s.* Defense.

DEFICIENCIA: *s.* Deficiency. Lack.

DEFICIT: *s.* Deficit. Shortage.

DEFICITARIO: *adj.* With an unfavorable balance.

DEFINICION: *s.* Definition. Specification.

DEFINIR: *v.* To define. To describe. To specify.

DEFINITIVO: *adj.* Definite. Positive. Unmistakeable.

DEFLACION: *s.* Deflation. Collapse.

DEFRAUDADOR: *s.* Defrauder. Cheat. Con man.

DEFRAUDAR: *v.* To defraud.

DELATADOR: *s.* Accuser. Denouncer.

DELATAR: *v.* To accuse. To denounce.

DELEGACION: *s.* Delegation. Committee. City hall.

DELEGADO: *s.* Delegate.

DELEGAR: *v.* Delegate.

DEL FRENTE: *adj.*, adv. Brought forward.

DELINCUENTE: *s.*, adj. Delinquent.

DELITO: *s.* Offense. Crime. Wrong. **—CAUCIONABLE:** *s.* Bailable offense. **—CIVIL:** *s.* Tort. Civil injury. **—GRAVE:** *s.* Felony. **—MENOR:** *s.* Misdemeanor. **—PENAL:** *s.* Penal offense. **—POLITICO:** *s.* Political crime.

DEMANDA: *s.* Complaint before a court. **—CIVIL:** *s.* Civil complaint. **—POR DAÑOS Y PERJUICIOS:** *s.* Action for demages. **—DEL CONSUMIDOR:** *s.* Consumer's demand, **—DE EQUIDAD:** *s.* Bill in equity. **—JUDICIAL:** *s.* Judicial complaint. **—PENAL:** *s.* Complaint under penal law.

DEMANDADO: *s.* Defendant.

DEMANDANTE: *s.* Plaintiff.

DEMANDAR: *s.* To sue. To complain. To demand.

DEMORA: *s.* Delay. Demurrage. **—BUROCRATICA:** *s.* Red tape. Papeleo.

DENEGACION: *s.* Disallowance.

DENEGAR: *v.* To Disallow. To deny.

DENTRO DE LOS LIMITES: *adv.* Within the limits.

DENUNCIA: *s.* Accusation. Denouncement.

DENUNCIANTE: *s.* Denouncer. Claimant.

DENUNCIAR: *v.* To accuse. To denounce.

DE OTRA MANERA: *prep.* Otherwise.

DEPARTAMENTO: *s.* Department. Apartment. **—ALQUILADO:** *s.* Rented or leased apartment. **—DE COMPRAS:** *s.* Purchasing department. **—DE CREDITO:** *s.* Credit department. **—DE CONTABILIDAD:** *s.* Accounting department. **—DE EMBARQUES:**

s. Shipping department. —DE FIDEI-COMISO: s. Trust department. —DE HACIENDA: s. Treasury department. —DE INMIGRACION: s. Immigration department. —DE PERSONAL: s. Personnel department. —DE SALUBRIDAD: s. Health department. —DE TRAFICO: s. Traffic department. Shipping and receiving department. —DE PRODUCCION: s. Production department. —DE VENTAS: s. Sales department. —MEDICO: s. Medical department.

DEPENDENCIA: s. Dependency. Branch.

DEPENDIENTE: s. Clerk. Dependent. DE PLANTA: adj. Permanent or senior (worker).

DEPONENTE: s. Deponent. Witness under oath.

DEPORTACION: s. Deportation.

DEPORTAR: v. To deport.

DEPOSITANTE: s. Depositer. Bailor.

DEPOSITARIO: s. Depositary. Bailee.

DEPOSITO: s., v. Deposit. —A PLAZO: s. Time deposit.

DERECHOS: s. Customs duties. Rights. —DE ADUANA: s. Customs duties. —DE AUTOR: s. Author's rights. Copyright. —DE INVENTOR: s. Inventor's right. Patent. —HUMANOS: s. Human rights. —DE PROPIEDAD: s. Property rights.

DERECHOHABIENTE: s. Beneficiary. Holder of rights.

DERIVADO: adj. Derivative. Resultant.

DEROGADO: adj. Annulled. Repealed.

DERRAME: s. Tax assesment. Overflow.

DERROCHAR: v. To squander. Waste.

DERRUMBE: s. Slump. Fall. Crash.

DESACATO: s. Contempt. Contempt of court.

DESACUERDO: s. Disagreement. Dissent.

DESAHUCIO: s. Dismissal of lawsuit. Rejection.

DESAJUSTADO: adj. Unadjusted. Out of order.

DESAPARECIDO: s., adj. Disappeared. Dead.

DESAPROBACION: s. Disapproval. Rejection. Disallowance.

DESAPROBAR: v. To disapprove. To disallow. To reject.

DESARROLLAR: v. To develop. To grow. To progress.

DESARROLLO: s. Development. Progress. Growth. —ECONOMICO: s. Economic development.

DESASTRE: s. Disaster. Act of God.

DESCENSO: s. Descent. Drop. Fall.

DESCONFIANZA: s. Distrust. Suspicion.

DESCONTADAS, LETRAS: s. Discounted promissory notes.

DESCONTADO: adj. Discounted.

DESCONTADOS, DOCUMENTOS: s. Discounted paper.

DESCONTAR: v. To discount.

DESCUENTO: s. Discount. Deduction. —BANCARIO: s. Bank discount. —COMERCIAL: s. Trade discount or allowance. —POR EFECTIVO: s. Cash discount. —POR PRONTO PAGO: s. Discount for prompt payment. —POR VOLUMEN: s. Quantity or volume discount. —SOBRE COMPRAS: s. Purchase discounts. —SOBRE VENTAS: s. Sales discount.

DESECHAR: v. To discard. Reject. Eliminate —EQUIPO OBSOLETO: v. To discard obsolete equipment.

DESECHO: s. Salvage. Scrap.

DE SEGURO: adv. Possitively. Assuredly.

DESEMBOLSO: s. Disbursement. Payment. —**EN EFECTIVO**: *s.* Cash disbursement.

DESEMPLEO: *s.* Unemployment.

DESFALCO: *s.* Embezzlement. Fraud. Kiting.

DESFALCAR: *v.* To embezzle. Appropriate money in breach of trust.

DESGASTE: *s.* Wear and tear.

DESHACERSE DE: *v.* To get rid of.

DESHECHO: *s.* Undone. Destroyed. Waste.

DESIGNADO: *adj.* Designated. Earmarked.

DESISTIR: *v.* Desist. Withdraw.

DESMANTELAR: *v.* Dismantle. Disassemble.

DESMONTAR: *v.* Dismantle. Tear down.

DESPACHO: *s.* Office.

DESPEDIR: *v.* Dismiss. Discharge. Fire.

DESPERDICIO: *s.* Waste. Scrap.

DESPIDO: *s.* Dismissal. Discharge.

DESPLAZAMIENTO: *s.* Removal Displacement. Substitution.

DESPOSEER: *v.* To disposses. Divest. Eject.

DESPRENDER: *v.* To detach. Separate.

DESPUES DE IMPUESTOS: *adv.* After taxes.

DESTAJO: *s.* Piece work. Customs work.

DESTINATARIO: *s.* Addressee.

DESTINO DESCONOCIDO: *s.* Address unknown.

DESTITUIR: *v.* Dismiss. Discharge. Remove.

DESTREZA: *s.* Experience. Know-how. Ability.

DESTRUCCION: *s.* Destruction.

DESTUIR: *v.* To destroy. To demolish.

DESVENTAJA: *s.* Disadvantage. Handicap.

DESVIACION: *s.* Deviation. Detour.

DESVIADO: *adj.* Diverted. Side-tracked.

DETERIORACION: *s.* Deterioration.

DETERIORAR: *v.* Deteriorate. Worsen.

DETERMINACION: *s.* Determination. Decision. —**DE ANTIGÜEDAD**: *s.* Determination of seniority. —**DEL COSTO**: *s.* Determination of costs. —**DEL MERCADO**: *s.* Determination of the market.

DETRIMENTO: *s.* Detriment. Harm.

DEUDA: *s.* Debt. Liability. —**A LARGO PLAZO**: *s.* Long term debt. —**CONSOLIDADA**: *s.* Consolidated debt. —**FIJA**: *s.* Fixed liabilities. —**FLOTANTE**: *s.* Floating liabilities. —**PUBLICA**: *s.* Public debt. —**SEGUN LIBROS**: *s.* Books liabilities, debts.

DEUDOR: *s.* Debtor. —**HIPOTECARIO**: *s.* Mortgager. —**BANCARIO**: *s.* Debtor to bank.

DEUDORES DIVERSOS: *s.* Sundry debtors. Accounts receivable.

DEVALUACION: *s.* Devaluation.

DEVALUADO: *adj.* Devaluated.

DEVENGADO: *adj.* Accrued. Earned. Enhanced.

DEVENGAR: *v.* To earn. To draw. To increase.

DEVOLUCION: *s.* Returned purchase.

DEVOLUCIONES Y REBAJAS: *s.* Returns and allowances.

DEVOLVER: *v.* To return an article.

DEVOLUTIVO: *adj.* Returnable.

DIA: *s.* Day, date. —**DE APERTURA**: *s.* Opening day. —**DE DESCANSO**: *s.* Day off. Day of rest. —**DE PAGO**: *s.* Payday. —**DE TRABAJO** *s.* Workday. —**HABIL**: *s.* Working day.

DIAGRAMA DE FLUJO: *s.* Flow chart.

DIARIO: *s., adj.* Journal. Daily.

DICTAMEN: *s.* Opinion. Ruling. Decision. —**DE LA CORTE:** *s.* The court's ruling.

DICTAR: *v.* To dictate. To state. To order.

DIFERIDO: *adj.* Deferred. Postponed.

DIFERIR: *v.* To carry forward. To delay.

DIFUSORA: *s.* Broadcasting station.

DIGNO DE CONFIANZA: *adj.* Reliable. Meriting confidence.

DIMITIR: *v.* To resign. Relinquish. Step aside.

DINERO: *s.* Money. Currency. —**COBRABLE A LA VISTA:** *s.* Call money. Money payable on sight. —**DESOCUPADO:** *s.* Idle money. —**DEVALUADO:** *s.* Devaluated money. —**DURO:** *s.* Hard money. —**FALSIFICADO:** *s.* Counterfeit money. —**FLOTANTE:** *s.* Floating money.

DIRECCION: *s.* Address. Direction. Management. —**DE CORRESPONDENCIA:** *s.* Post office address. —**GENERAL DE ADUANAS:** *s.* General customs office. —**GENERAL IMPOSITIVA:** *s.* Treasurey dept.

DIRECTOR: *s.* Director. Manager.

DIRIGENTE: *s.* Director. Officer. Manager.

DIRIGIR: *v.* To direct. To manage. To control.

DISCUTIR: *v.* To discuss. To challenge.

DISEÑO: *s.* Design.

DISEÑAR: *v.* To design.

DISMINUCION: *s.* Decrease.

DISMINUYENDO: *v.* Decreasing. Shrinking.

DISOLUCION: *s.* Dissolution.

DISOLVER: *s.* To disolve. To liquidate.

DISPERSION: *s.* Dispersion. Distribution. Dissimination.

DISPONIBLE: *adj.* Available. At hand.

DISPONIBILIDAD: *s.* Availability. —**DE MATERIA PRIMA:** *s.* Availability of raw materials.

DISTRIBUCION: *s.* Distribution. Allocation. —**DE ACCIONES:** *s.* Distribution of stock. —**DE FONDOS:** *s.* Allocation of funds. —**DE UTILIDADES:** *s.* Distribution of profits.

DISTRIBUIDOR: *s.* Distributor. —**AUTORIZADO:** *s.* Authorized distributor. —**MAYORISTA:** *s.* Jobber.

DISTRIBUIR: *v.* Distribute. Allocate. Market.

DITA: *s.* Surety bond.

DIVERSOS: *adj.* Sundry. Various.

DIVIDENDOS: *s.* Dividends. —**ACUMULADOS:** *s.* Accumulated or accrued dividends. —**ATRASADOS:** *s.* Dividends in arrears. —**COMPLEMENTARIOS:** *s.* Complementary or equalizing dividends. —**DE LIQUIDACION:** *s.* Liquidating dividends. —**DECRETADOS:** *s.* Declared dividends. —**DIFERIDOS:** *s.* Deferred dividends. —**EN ACCIONES:** *s.* Dividends paid with shares. —**EN ESPECIE:** *s.* Dividends paid in kind. —**EXTRAORDINARIOS:** *s.* Extraordinary dividends. —**NO RECLAMADOS:** *s.* Unclaimed dividends. —**PAGADOS:** *s.* Paid dividends. —**PARCIALES:** *s.* Partial or interim dividends. —**POR PAGAR:** *s.* Dividends payable. —**PREFERENTES:** Preferred dividends.

DIVISA: *s.* Currency. Money. Foreign currency.

DIVISAS, FUGA DE: *s.* Escape of money abroad.

DOBLE: *adj.* Double. —**INDEMNIZACION:** *s.* Double indemnity. —**RESPONSABILIDAD:** *s.* Double liability. —**TURNO:** *s.* Double shift. (work).

DOCUMENTO: *s.* Document, draft, bill. Paper. Notes. **—VENCIDO:** *s.* Lapsed note, bill or draft. **—A COBRAR:** *s.* Notes receivable. **—A CORTO PLAZO:** *s.* Short term paper. **—A LARGO PLAZO:** *s.* Long term paper. **—A LA VISTA:** *s.* Sight notes. Sight drafts. **--AL PORTADOR:** *s.* Paper to the bearer. **—DE PRUEBA:** *s.* Written proof or exhibits. **—DESCONTADOS:** *s.* Discounted paper. **—JUSTIFICATIVOS:** *s.* Supporting documents. Supporting exhibits. **--POR PAGAR:** *s.* Notes payable.

DOLAR: *s.* Dollar.

DOLARES EN BANCOS NACIONALES: *s.* Dollars in local banks. **—EN EL EXTRANJERO:** *s.* Dollars abroad.

DOLO: *s.* Deceit. Bad faith.

DOMINIO: *s.* Dominion. Ownership. Possesion.

DONACION: *s.* Donation. Contribution. Endowment.

DONANTE: *s.* Donor. Giver.

DONAR: *v.* To donate. To endow.

DONATIVOS: *s.* Gifts. Donations.

DUDOSO: *adj.* Doubtful. Questionable.

DUEÑO: *s.* Owner. Proprietor.

DUPLICADOR: *s.* Duplicating machine.

DUPLICAR: *v.* Duplicate. Overlap. Repeat.

DURACION: *s.* Duration. Date due.

DURO: *adj.* Hard. Difficult. Solid.

E

ECONOMIA: *s.* Economy. Economics. Thrift. **—EN COSTOS:** *s.* Economy in costs.

ECONOMO: *s.* Trustee. Custodian. Economist.

EDICTO: *s.* Edict. Decree.

EDIFICAR: *v.* To build. To construct.

EDIFICIO: *s.* Building. Construction.

EDITAR: *v.* To edit. To publish.

EDITOR: *s.* Publisher. Editor.

EFECTIVAR: *v.* To cash. Negotiate. To collect.

EFECTIVO: *s.* Cash. Money in hand. **—DISPONIBLE:** *s.* Available cash. **—EN BANCOS:** *s.* Cash in banks. **—EN CAJA:** *s.* Cash on hand.

EFECTOS: *s.* Goods. Properties. Securities. Paper. **—A COBRAR:** *s.* Notes receivable. **—A PAGAR:** *s.* Notes payable. **—DE ESCRITORIO:** *s.* Office suplies. **—DESCONTADOS:** *s.* Discounted paper. **—TERMINADOS:** *s.* Finished goods. **—Y MATERIALES:** *s.* Materials and supplies.

EFECTUAR: *v.* To perform. To carry out.

EFICACIA: *s.* Efficiency.

EFICAZ: *adj.* Efficient.

EFICIENCIA: *s.* Efficiency.

EGRESO: *s.* Outlay. Payment. Debit.

EJECUTAR: *v.* To execute. To render. To perform.

EJECUCION: *s.* Execution. Judgement. **—CAPITAL:** *s.* Capital punishment. **—DE SENTENCIA:** *s.* Execution of the judgment. **—DE TAREA:** *s.* Execution of a task.

EJECUTADO: *s.* Person against whom judgment is decreed.

EJECUTANTE: *s.* Person favored by judgment. Plaintiff.

EJECUTIVO: *s.* Executive. **—AUXILIAR:** *s.* Junior executive. **—DIRECTIVO:** *s.* Member of the board. Staff member.

EJECUTOR: *s.* Executor. Administrator of a will.

EJECUTORIA: *s.* Executorship. Judgment. Writ of execution.

EJEMPLAR: *s.* Copy. Duplicate. **—DE TRABAJO:** *s.* Desk copy. Work copy. **—CERTIFICADO:** *s.* Certified copy. **—NOTARIAL:** *s.* Notarized copy.

EJERCER: *v.* To practice a profession. To perform.

EJERCICIO: *s.* Working cycle; working year, fiscal year, corporate year. **—FISCAL:** *s.* Fiscal year. **—SOCIAL:** *s.* Corporate year.

EJERCITAR: *v.* To practice. To perform.

EJIDO: *s.* Communal land. Communal farming.

ELABORAR: *v.* To manufacture. To work on. **—UN PLAN:** *v.* To draft a plan.

ELASTICIDAD: *s.* Elasticity. Changeability.

ELECCION: s. Election. Selection. Choice.

ELECTIVO: adj. Elective.

ELECTOR: s. Elector. Voter.

ELECTRONICO, PROCESO DE DATOS: s. Electronic data processing.

ELEGIR: v. To elect. To choose. To name. **—UN JURADO:** v. To elect, empanel a jury.

ELIMINACION: s. Elimination. Removal.

ELIMINAR: v. Eliminate.

EMBAJADA: s. Embassy.

EMBAJADOR: s. Ambassador.

EMBALAGE: s. Packing.

EMBARCACION: s. Ship, craft, vessel.

EMBARCAR: v. To ship. To remit.

EMBARCADERO: s. Pier. Harbor. Docks. Wharf.

EMBARCADOR: s. Shipper.

EMBARGABLE: adj. Attachable (legal). Garnisheeable.

EMBARGADO: adj. Garninsheed. Attached. Defendant in these proceedings.

EMBARGADOR: s. Plaintiff in garnishment or attachment.

EMBARGAR: v. To attach (legal). To garnishee.

EMBARGO: s. Attachment. Seizure. Foreclosure.

EMBARGO PRECAUTORIO: s. Preventive attachment to prevent escape of assets.

EMBARQUE: s. Shipment. Remittance. Cargo. **—DE EXPORTACION:** s. Export shipment. **—DE URGENCIA:** s. Urgent shipment.

EMISION: s. Emission. Publication.

EMISORA: s. Broadcasting station.

EMOLUMENTO: s. Emolument. Profit.

EMPACAR: v. To pack. To package.

EMPADRONAMIENTO: s. Voter's registration. Taxpayer's registration.

EMPADRONAR: v. To register. To take census.

EMPAQUE: s. Package. Container.

EMPAQUETAR: s. To package.

EMPEÑAR: v. To pawn. To pledge.

EMPEZAR: v. To initiate activities.

EMPLAZAMIENTO: s. Notification. Service. Summons.

EMPLAZAR: v. To summon. To subpoena. **—UNA HUELGA:** v. To declare a strike.

EMPLEADO: s. Employee. Clerk. **—DE CONFIANZA:** s. Administrative employee. Non-union employee. **—DE TIEMPO COMPLETO:** s. Full time employee. **—SINDICALIZADO:** s. Union worker.

EMPLEAR: v. To employ. To hire.

EMPLEO: s. Employment. Work.

EMPRESA: s. Company. Firm. Business. Enterprise. **—DESCENTRALIZADA:** s. Government controlled company. **—FIADORA:** s. Bonding company. **—FILIAL:** s. Subsidiary company. **—DE SERVICIOS PUBLICOS:** s. Public service company. **—NO ACTIVA:** s. Non-operating company.

EMPRESARIO: s. Promoter. Impresario.

EMPRESTITO: s. Loan.

EN: prep., in, on, pertaining. **—DEFECTO DE PAGO:** adv. In lieu of payment. **—GIRO:** adv. Active, operating. **—GRANDE ESCALA:** adj., On large scale. **—PERPETUIDAD:** adj. In perpetuity. **—SUSPENSO:** adj. In suspense. **—VIGOR:** adv. In effect, in operation.

ENAJENABLE: adj. Saleable. Alienable. Transferable.

ENAJENACION: s. Sale. Transfer.

ENAJENAR: *v.* To transfer. To sell. To alienate.

ENCABEZAR: *v.* To lead. To head. To direct.

ENCAJE: *s.* Cash position. Cash reserve.

ENCARCELAR: *v.* To imprison.

ENCARGADO: *s.* Person in charge.

ENCARGAR: *v.* To order. To entrust.

ENCAUSABLE: *adj.* Indictable. Chargeable.

ENCAUSADO: *s.* Person indicted. Defendant. Accused.

ENCOMIENDA: *s.* Responsibility. Charge. Commission.

ENCUBIERTA: *s.* Fraud. Swindle.

ENCUBRIDOR: *s.* Accessory to a crime. One who conceals a crime.

ENCUESTA: *s.* Poll. Survey. Investigation.

ENDOSADO: *adj.* Endorsed.

ENDOSADOR: *s.* Endorser.

ENDOSAR: *v.* To endorse.

ENDOSATARIO: *s.* Endorsee.

ENDOSO CONDICIONAL: *s.* Conditional endorsement. **—EN GARANTIA:** *s.* Collateral endorsement. **—RESTRICTIVO:** *s.* Limited endorsement.

ENFERMEDADES INDUSTRIALES: *s.* Industrial diseases.

ENFOQUE: *s.* Attention. Approach. Focus.

ENGANCHE: *s.* Down payment.

ENGAÑAR: *v.* To misrepresent. To defraud.

ENLACE: *s.* Connection. Link.

ENMIENDA: *s.* Ammendment. Change. Restatement.

ENMENDAR: *v.* To ammend.

ENSAMBLAJE: *s.* Assembly. Joining. Putting together.

ENSAMBLAR: *v.* To assemble. To put together.

ENSEÑANZA: *s.* Training. Teaching.

ENSEÑAR: *v.* To train. To teach.

ENSERES: *s.* Fixtures. Wares. Accessories.

ENTENDER: *v.* To understand.

ENTIDAD: *s.* Entity. **—ECONOMICA:** *s.* Economic entity.

ENTRADA: *s.* Income. Imput. Entry. Entrance. **—DOBLE:** *s.* Double entry. **—ORIGINAL:** *s.* Original entry.

ENTRADAS DE PERDIDA: Entries reflecting a loss.

ENTRAR EN VIGENCIA: *v.* To take effect.

ENTRE, *prep.*, **—COMPAÑIAS AFILIADAS:** *adj.,* adv. Between affiliated companies. Intercompany. **—OFICINAS:** *adj.* Inter-office. Among offices. **—SUCURSALES:** *adj.* Inter-branch.

ENTREGA: *s.* Delivery. Shipment. **—INMEDIATA:** *s.* Special delivery. **—RETARDADA:** *s.* Delayed delivery.

ENTREGAR: *v.* To deliver.

ENTREGADO: *adj.* Shipped. Delivered.

ENTRENADO: *adj.* Trained. Skilled.

ENTRENAMIENTO: *s.* Training. Indoctrination.

ENTRENAR: *v.* To train. To teach.

ENTREVISTA: *s.* Interview.

ENTRONQUE: *s.* Railroad spur. Junction.

ENVASE: *s.* Container. Wrapper. Package.

ENVIAR: *v.* To ship. To send. To mail.

ENVIO: *s.* Shipment. Consignment. Remittance.

ENVOLTURA: *s.* Wrapping. Wrapper.

ENVOLVER: *v.* To wrap.

EQUIPO: *s.* Equipment. Team. Staff. Organization. **—ADMINISTRATIVO:** *s.* Administrative staff.**—AGRICOLA:** *s.* Agricultural equipment. **—DE OFICINA:** *s.* Office equipment. **—DURA-**

BLE: *s.* Durable equipment. —PESA-DO: *s.* Heavy equipment. —RODANTE: *s.* Rolling stock.

EQUIVOCO: *s.* Mistake. Error.

EQUIVOCACION: *s.* Misunderstanding.

EROGACION: *s.* Division. Expense. Payment. Outgo.

ERROR: *s.,* Error. —COMPENSADO: *s.* Compensated, offsetting error. —DE OFICINA: *s.* Clerical error. —HEREDADO: *s.* Inherited error.

ERRORES U OMISIONES: *s.* Errors or omissions.

ESCALA: *s.* Scale. Measurement. Rank.

ESCALA DE SUELDOS: *s.* Scale of wages.

ESCALAFON: Roll. Rank. Roster. Escalation.

ESCALONADO: *adj.* Escalated. Step by step.

ESCASEZ: *s.* Scarcity. Lack of. —DE CAPITAL: *s.* Shortage of money. —DE MANO DE OBRA: *s.* Shorthanded. —DE MATERIA PRIMA: *s.* Scarcity of raw material.

ESCRITO LEGAL: *s.* Legal document. Brief. Pleading.

ESCRITURA: *s.* Charter. Brief. Indenture. Articles of incorporation. —CONSTITUTIVA: *s.* Charter. Articles of incorporation. —NOTARIAL: *s.* Notarized document. —PUBLICA: *s.* Public document.

ESCRUTINIO: *s.* Verification. Official count.

ESFUERZO PARTICULAR: *s.* Private enterprise.

ESO ES: *prep.* That is. So that. So it is.

ESPECIALIDADES: *s.* Specialty goods or items.

ESPECULACION: *s.* Speculation. Venture. —EN PARTICIPACION: *s.* Joint venture.

ESPUELA DE FERROCARRIL: *s.* Railroad siding.

ESQUELETO: *s.* Blank form.

ESQUEMA: *s.* Outline. Sketch.

ESQUIVAR: *v.* To evade.

ESTABILIZACION: *s.* Stabilization. Normalization. —DEL CAMBIO EXTERIOR: *s.* Stabilization of foreign exchange. —DE COSTOS: *s.* Stabilization of costs. —DE DINERO: *s.* Stabilization of money. —DE PRECIOS: *s.* Stabilization of prices.

ESTABLECIMIENTO: *s.* Establishment. Business.

ESTACION: *s.* Station.

ESTADIA: *s.* Demurrage. Charge for delay.

ESTADISTICA: *s.* Statistics. Data.

ESTADO: *s.* State. Statement. Condition. —ANUAL: *s.* Annual statement. —COMPARATIVO: *s.* Comparative statement. —CONDENSADO: *s.* Condensed statement. —CONSOLIDADO: *s.* Consolidated statement. —CONTABLE: *s.* Status in books. —DE CUENTA: *s.* Statement. Summary of account. —BANCARIO: *s.* Bank statement. —FINANCIERO: *s.* Financial statement. —DE INGRESOS: *s.* Income statement. —DE OPERACION: *s.* Operating statement. —DE PERDIDAS Y GANANCIAS: *s.* Profit and loss statement. —DE PRODUCTOS Y GASTOS: *s.* Statement of earnings and expenses. —DE RESULTADOS: Summary of operations. —DE SUPERAVIT: *s.* Surplus statement. Statement of retained profits. —FINANCIERO: *s.* Financial statement —PERIODICO: *s.* Periodic statement. —SINTETIZADO: *s.* Summary statement.

ESTAMPILLA: *s.* Stamp. Seal.

ESTANDAR: *s.* Standard.

ESTANTE: *s.* Shelf. Cabinet.

ESTATUTO: *s.* Statute.

ESTARCIDO: *s.* Stencil.

ESTIMACION: *s.* Estimate. Estimation. **—DE GANANCIAS:** *s.* Estimate of earnings. **—DE PERDIDAS:** *s.* Estimate of losses. **—DE PRODUCCION:** *s.* Estimate of production. **—DE VENTAS:** *s.* Estimate of sales.

ESTIMADO: *adj.* Estimated. Calculated. **—SEÑOR MIO:** sal. My dear sir.

ESTIMULOS: *s.* Stimulus. Incentives. Push.

ESTIPULACION: *s.* Stipulation.

ESTRATEGIA: *s.* Strategy. **—DE VENTAS:** *s.* Sales strategy.

ESTUDIO: *s.* Survey. Research. Study.

ESTUDIO DEL MERCADO: *s.* Market study. **—DE TIEMPO:** *s.* Time study.

ETAPA: *s.* Phase. Stage. Step.

ETCETERA: (etc.) et cetera. And so forth.

ETICA: *s.* Ethics.

ETIQUETA: *s.* Label. Tag. Sticker.

EVALUACION: *s.* Evaluation. Judgment. **—DE CLIENTES:** *s.* Customer evaluation. **—DE RIESGO:** *s.* Risk evaluation. **—DE MERCADOS:** *s.* Market evaluation.

EVALUAR: *v.* To evaluate.

EVASION: *s.* Evasion.

EVICCION: *s.* Eviction. To legally expel a tenant.

EVIDENCIA: *s.* Evidence. **—CIRCUNSTANCIAL:** *s.* Circunctantial evidence. **—CONTABLE:** *s.* Accounting evidence. **—POR REFERENCIA:** *s.* Hearsay evidence.

EXCEDER: *v.* To exceed.

EXCEDENTE: *s.* Excess. **—DE PERSONAL:** *s.* Excess of personnel. Overs-

taffed. **—DE INVENTARIO:** *s.* Excess of inventory.

EXENCION: *s.* Exemption. **—DE IMPUESTOS:** *s.* Tax exemption.

EXENTO: *adj.* Exempt.

EXCEPCION: *s.* Exception.

EXCESO: *s.* Excess. Overage. **—DE TRABAJO:** *s.* Excess of work. Overwork. **—DE PASIVO SOBRE ACTIVO:** *s.* Excess of liabilities over assets. Deficit.

EXCLUSION: *s.* Exclusion. Exemption. Exception.

EXCLUSIVO: *adj.* Exclusive. No other.

EXHIBICION: *s.* Exhibition. Demonstration.

EXHIBIR: *v.* To exhibit. To display.

EXHORTAR: *v.* Demand. Request. Exhort.

EXIGIR: *v.* To demand. To require. To force. **—CUMPLIMIENTO DE CONTRATO:** *v.* Demand compliance of contract.

EXIGENCIA: *s.* Requirement. Specification.

EXIMIR: *v.* To release. To free.

EXISTENCIA: *s.* Supply. Goods on hand. Inventory. **—EN CAJA:** *s.* Cash on hand. **—AGOTADA:** *s.* Exhausted stock. **—DE MATERIA PRIMA:** *s.* Supply of raw materials. Raw materials on hand. **—DE PRODUCTOS TERMINADOS:** *s.* Stock of finished products. **—EN BODEGA:** *s.* Stock in storage. **—FISICA:** *s.* Physical inventory. **—SEGUN LIBROS:** *s.* Book inventory.

EXITO: *s.* Success.

EXITOSO: *adj.* Successful.

EXPANSION: *s.* Expansion. Enlargement. **—DE TERRITORIO:** *s.* Expansion of territory.

EXPEDIENTE: s., File. —Record. **DE CORRESPONDENCIA:** s., Correspondencia file. —**DE PERSONAL:** s., Personnel file. —**DE FACTURAS:** s., Invoice file. —**DE PERSONAL:** s., Personnel file.

EXPLOTACION: s., Exploitation. Development. —**DE RECURSOS NATURALES:** s., Exploitation of natural resources. —**FORESTAL:** s., Exploitation of forests.

EXPONERSE: v., To take a risk.

EXPORTACION: s. Exportation. —**DE MATERIA PRIMA:** s. Exportation of raw material. —**DE PETROLEO:** s. Exportation of petroleum. —**DE PRODUCTOS TERMINADOS:** s. Exportation of finished products.

EXPORTAR: v., To export. —**A MENOS DEL COSTO:** v., To dump.

EXPROPIACION: s., Expropriation. — **DE INDUSTRIAS:** s., Expropriation of industries.

EXPROPIAR: v., Expropiate.

EXTENDER: v., To draw, to draft. To extend. To enlarge.

EXTENSION DE TIERRA s., Extension of land.

EXTERIOR: adj. Exterior. Foreign.

EXTRACCION: v., Withdrawal. Extraction.

EXTRACTO: s., Summary. Extract. —**CUENTA:** s., Summary of account.

EXTRANJERO: s., Foreigner. Foreign.

F

FABRICA: *s.* Factory. Plant.

FABRICACION: *s.* Manufacture. Make. Product of.

FABRICANTE: *s.* Maker. Manufacturer. Producer.

FABRIL: *adj.* Pertaining to manufacture.

FACILIDADES DE PAGOS: *s.* Easy payments.

FACILITADOR: *s.* Impulser. Helper. Aider. —DE VENTAS: *s.* Sales aid.

FACILITAR: *v.* Facilitate. Expedite. Finance. —DINERO: *v.* Furnish money.

FACTIBLE: *adj.* Practicable. Possible.

FACTOR: *s.* Factor. Important part. Agent. —LIMITANTE: *s.* Limiting factor. Bottleneck.

FACTURA: *s.* Invoice. —COMERCIAL: *s.* Commercial invoice. —CONSULAR: *s.* Consular invoice. —DE VENTA: *s.* Sales invoice. Bill of sale.

FACTURACION: *s.* Billing. Invoicing.

FACTURADO: *s.* Invoiced. Billed.

FACTURAS A COBRAR: *s.* Invoices receivable.

FACTURISTA: *s.* Invoice clerk.

FACULTAD: *s.* Ability. Right. Competence. College. —DE HUELGA: *s.* Right to strike. —DE NOMBRAR: *s.* Right to name or appoint. —DE TESTAR: *s.* Competence to make a will. —PROCESAL: *s.* Competence to sue.

FACULTAR: *v.* To authorize. To empower.

FALSEAR: *v.* To forge. To counterfeit.

FALSEDAD:*s.* Misrepresentation. Falsehood.

FALSIFICACION: *s.* Forgery. Misrepresentation.

FALSO: *adj.* False. Bogus.

FALTA: *s.* Lack of. Scarcity. Failure. Absence. —AL TRABAJO: *s.* Absence from work. —AUTORIZADA: *s.* Authorized or excused absence. —CON LICENCIA: *s.* Leave of absence. —DE ACEPTACION: *s.* Nonacceptance. —DE AVISO: *s.* Failure to notify or make service. —DE CAPACIDAD: *s.* Lack of legal capacity. —DE CAUSA: *s.* Lack of consideration. Lack of probable cause. —DE CUMPLIMIENTO: *s.* Failure to perform. Default. —DE ENTREGA: *s.* Nondelivery. Failure to deliver. —DE FONDOS: *s.* Insufficient funds. —DE JURISDICCION: *s.* Lack or faulty jurisdiction. —DE PAGO: *s.* Default of payment. —DE PRUEBA: *s.* Lack of proof or of evidence. —POR ENFERMEDAD: *s.* Absence due to sickness.

FALTANTES: *s.* Absences. Shortages. —Y SOBRANTES: *s.* Shortages and overages.

FALLA: *s.* Error. Failure. Malfunction.

FALLECIMIENTO: s. Death. Demise.

FALLO: s. Judgment. Finding of the court. Decree. —**DEL JURADO:** s. Finding of the jury. —**JUDICIAL:** s. Judgment of the court.

FE: s. Faith. Testimony. Proof.

FECHA: s. Date. —**DE APERTURA:** s. Opening date. —**DE CIERRE:** s. Closing date. —**DE CORTE:** s. Close-out date. —**DE VENCIMIENTO:** s. Due date. —**DE VIGENCIA:** s. Effective date. Duration.

FECHADO: adj. s. Dated. Out of style. Obsolete.

FECHORIA: s. Malfeasance. Wrongful action.

FEDERACION: s. Federation.

FEDERAL: adj. Federal.

FEDERALISMO: s. Federalism.

FELON: s. Felon.

FENECIDO: s. deceased. Dead.

FERIA: s. Fair. Small change.

FERIA INDUSTRIAL: s. Industrial fair.

FERRETERIA: s. Hardware store.

FERROCARRIL: s. Railroad. Railway.

FIADO: adj. On credit. Person under bond.

FIADOR: s. Guarantor. Indorser. Underwriter. Surety.

FIANZA: s. Bond. Bail. —**DE CUMPLIMIENTO:** s. Performance bond. —**DE FIDELIDAD:** s. Fidelity bond. —**DE SEGURIDAD:** s. Surety bond. —**EN EFECTIVO:** s. Cash bond.

FICHA: s. Ticket. Slip. Voucher. —**DE ALMACEN:** s. Warehouse voucher. —**DE DEPOSITO:** s. Deposit slip.

FIDEICOMISARIO: s. Beneficiary of a trust.

FIDEICOMISO: s. Trust. Escrow. Trust fund. —**CONDICIONAL:** s. Conditional or contingent trust. —**PARA VOTO:** s. Proxy. Voting trust. —**PARA**

TENENCIA DE TIERRA: s. Land holding trust. —**SECRETO:** s. Secret trust. —**TESTAMENTARIO:** s. Testamentary trust.

FIDEICOMISOR: s. Trustee.

FIDEICOMITENTE: s. Founder or maker of a trust.

FIDUCIARIO: adj. Fiduciary.

FIJO: adj. Fixed. Firm.

FIN: s., adj. End. —**DE AÑO:** s. End of the year. —**DEL MES:** s. End of the month. —**DE LA OPERACION:** s. Termination of the operation.

FINADO: s. Deceased. Descedent.

FINANCIAR: v. To finance.

FINANCIERO: s. adj. Financier. Financial.

FINANZA: s. Finance. —**CORPORATIVA:** s. Corporate finance. —**INTERNACIONAL:** s. International finance. —**NACIONAL:** s. National finance.

FINCA: s. Farm. Country home.

FINIQUITADO: adj. Finished. Terminated.

FINIQUITAR: v. To finish. To settle.

FINIQUITO: s. Quittance. Termination.

FIRMA: s. Signature. Firm.

FIRMA MANCOMUNADA: s. Joint signature.

FIRMADOR: s. Signer.

FIRMAR: v. To sign.

FIRME: adj. Firm. Strong. Solid.

FISCAL: s., adj. Fiscal. Financial. Pertaining to the treasury. District Attorney.

FISCALIZACION: s. Financial audit.

FISCALIZAR: v. To control. To inspect.

FLETADOR: s. Freighter. Carrier.

FLETAMIENTO DE BARCO: s. Chartering a boat.

FLETAR: v. To carry freight. To charter.

FLETE: *s.* Freight. **—AEREO:** *s.* Air freight. **—MARITIMO:** *s.* Maritime or ocean freight. **—PAGADO:** *s.* Freight prepaid. **—POR COBRAR:** *s.* Freight collect. **—TERRESTRE:** *s.* Overland freight.

FLOTANTE: *adj.* Floating. Variable.

FLOTAR: *v.* To float.

FLUCTUAR: *v.* To fluctuate.

FLUJO: *s.* Flow. **—DE FONDOS:** *s.* Cash flow. **—HACIA AFUERA:** *s.* Outflow.

FLUJOGRAMA: *s.* Flow chart.

FOLLETO: *s.* Pamphlet.

FOMENTAR: *v.* To promote. To develop. To aid.

FOMENTO: *s.* Development. Promotion.

FONDO: *s.* Fund. **—CONGELADO:** *s.* Frozen fund. **—DE AMORTIZACION:** *s.* Sinking fund. **—DE BENEFICENCIA:** *s.* Welfare fund. **—DE CAJA CHICA:** *s.* Petty cash fund. **—DE FIDEICOMISO:** *s.* Trust fund. **---DE HUELGA:** *s.* Strike fund. **—DE RESERVA:** *s.* Reserve fund. **---EN FLUJO:** *s.* Cash flow fund. Floating fund. **--FIJO:** *s.* Fixed fund. Imprest fund. **—GIRATORIO:** *s.* Revolving fund. **—PARA NOMINA:** *s.* Payroll fund. **--ROTATIVO:** *s.* Rotating fund.

FONDOS EN EL EXTERIOR: *s.* Funds abroad. **—EXTRAPRESUPUESTA-RIOS:** *s.* Extra-budgetary funds. **—PUBLICOS:** *s.* Public funds.

FORANEO: *adj.* Foreign. Foreigner.

FORMA IMPRESA: *s.* Printed form.

FORMACION: *s.* Formation. Creation. **- DE UNA SOCIEDAD:** *s.* Formation of a corporation.

FORMAR: *v.* To form. To establish.

FORMALIZAR: *v.* Formalize. Legalize. Execute.

FORMATO: *s.* Format.

FORTUITO: *adj.* Casual. Accidental. Unexpected.

FORZADO: *adj.* Forced. Imposed.

FORZAR: *v.* To force. To apply force or duress. **—LA QUIEBRA:** *v.* To force a bankruptcy.

FORZOSO: *adj.* Compulsary. Unavoidable.

FRACASO: *s.* Failure. Crash. Collapse.

FRACCION ARANCELARIA: *s.* Customs classification.

FRANQUEO: *s.* Postage.

FRANQUICIA: *s.* Franchise. Exclusive permit.

FRAUDE: *s.* Fraud. Swindle. Deception.

FUENTE: *s.* Source. Origin. **—DE ABASTECIMIENTO:** *s.* Source of supply. **—DE FINANCIAMIENTO:** *s.* Source of finances. **—DE MATERIA PRIMA:** *s.* Source of raw material. **—DE TRABAJO:** *s.* Source of hand labor.

FUERA DE HORAS DE TRABAJO: *adv.* Off duty time. **—DE LA LEY:** *adv.* Outside of the law. **—DE LA NOMINA:** *adv.* Off the payroll. **—DE PRECIO:** *adv.* Out of price range. Out of line.

FUERO: *s.* Privilege. Exemption. Court. Code.

FUERZA MAYOR: *s., adj.* Act of God.

FORZAR LA VENTA: *v.* To push or force the sales.

FUGA: *s.* Escape. Leakage. Loss. **—DE DINERO:** *s.* Disappearance of money. Escape of money abroad.

FUNCION: *s.* Role. Assigned duty. Function.

FUNCIONARIO: *s.* Officer. Executive.
—**PUBLICO:** *s.* Public officer.
FUNDACION: *s.* Foundation.
FUNDADORES: *s.* Founders.

FUSION: *s.* Merger. Union.

FUSIONAR: *v.* To merge.

FUTUROS: *s.* Futures.

G

GANADO: *s.* Livestock.

GANANCIA: *s.* Profit. Earnings. —LIQUIDA (O NETA): *s.* Net profit or gain. —PROMEDIO: *s.* Average profit or gain.

GANANCIAS BRUTAS: *s.* Gross profits. —DE CAPITAL: *s.* Capital gains. —EXCESIVAS: *s.* Excessive profits. —FUERA DE OPERACIONES: *s.* Earnings outside the operations. —GRAVABLES: *s.* Taxable earnings. —NO DISTRIBUIDAS: *s.* Undivided profits.

GANANCIAS PREVISTAS: *s.* Anticipated profits.

GANAR: *v.* To earn. To win. —INTERESES: *v.* To draw interest.

GANGA: *s.* Bargain.

GARANTIA: *s.* Guarantee. Assurance. —COLATERAL: *s.* Collateral guarantee. —HIPOTECARIA: *s.* Mortgage guarantee. —MANCOMUNADA: *s.* Joint guarantee. —POR AVAL: *s.* Guarantee by indorsement. —PRENDARIA: *s.* Collateral guarantee. Guaranteed with property.

GARANTIZADO: *adj.* Guaranteed.

GARANTIZAR: *v.* To guarantee. To underwrite.

GASTO: *s.* Expense. Burden. —APLICADO AL PRODUCTO: *s.* Burden to the product. —DIFERIDO: *s.* Deferred expense.

GASTOS: *s.*, Expenses. —ACUMULADOS: *s.* Accrued expenses. —ANTICIPADOS: *s.* Prepaid expenses. —DE ADMINISTRACION: *s.* Administrative expenses. —DE COBRANZA: *s.* Collection expenses. —DE EMBARQUE: *s.* Shipping expenses. —DE PRODUCCION: *s.* Production expenses. —DE PUBLICIDAD: *s.* Advertising expenses. —DE VENTAS: *s.* Selling expenses. —DE VIAJE: *s.* Traveling expenses. —DIVERSOS: *s.* Miscellaneous expenses. —FIJOS: *s.* Fixed expenses. Overhead.

GENERALES: *s.* Personal data. Personal history.

GERENCIA: *s.* Management. Manager's office.

GERENTE: *s.* Manager. Director. —DE ADMINISTRACION: *s.* Administrative or office manager. —DE PERSONAL: *s.* Personnel manager. —DE PRODUCCION: *s.* Production manager. —DE VENTAS: *s.* Sales manager.

GESTION: *s.* Act of soliciting, transacting or negotiating.

GESTIONAR: *v.* To solicit, negotiate or transact.

GESTOR: *s.* Fixer. Negotiator.

GIRADOR: *s.* Drafter, drawer. Maker.

GIRAR: *v.* To draft. To draw. To extend.

GIRO: *s., adj.* Draft. Line of business. Active. —A LA VISTA: *s.* Sight draft. —A PLAZO: *s.* Time draft. —BANCARIO: *s.* Bank draft. —COMERCIAL: *s.* Commercial draft. —CONTRA DOCUMENTOS: *s.* Draft against bill of lading or letter of credit. —EN DESCUBIERTO: *s.* Unsecured draft. Open draft. Over draft. —FORANEO: *s.* Foreign draft. —POSTAL: *s.* Postal money order. —RECHAZADO: *s.* Rejected draft. —TELEGRAFICO: *s.* Telegraphic money order.

GOBERNADOR: *s.* Governor.

GOBERNACION: *s.* Governmental. Dept. of interior.

GOBIERNO: *s.* Government.

GOCE: *s.* Posession. Enjoyment. Usufruct.

GRABACION: *s.* Recording.

GRABADORA: *s.* Recorder. Recording machine.

GRABAR: *v.* To record (sound).

GRACIA: *s.* Remission of debt. Pardon. Commutation.

GRADO: *s.* Grade. Classification. Rank.

GRAFICA: *s.* Graph. Chart. Diagram. —DE FLUJO: *s.* Flow chart. —DE DISPERSION: *s.* Dispersion diagram. —DE EQUILIBRIO: *s.* Break-even chart. —DE OPERACIONES: *s.* Operations chart. —DE ORGANIZACION: *s.* Organization chart. —DE VENTAS: *s.* Sales chart.

GRAMO: *s.* Gram.

GRAN EXITO: *s.* Big success. Big hit.

GRANO: *s.* Grain. Cerial.

GRATIFICACION: *s.* Bonus. Reward. Gift.

GRATUITO: *adj.* Gratuitous. Free.

GRAVABLE: *adj.* Taxable.

GRAVADO: *adj.* Encumbered. Taxed. Affected.

GRAVAMEN: *s.* Lien. Encumberance. Assesment. —BANCARIO: *s.* Bank lien. Bank encumberance. —DE IMPUESTOS: *s.* Tax lien. —HIPOTECARIO: *s.* Mortgage lien.

GRAVAR: *v.* To encumber. To pledge.

GREMIO: *s.* Group. Class. Union.

GRUESA: *s.* A gross (144).

GRUPO: *s.* Group. Syndicate. Combine.

GUARDAR: *v.* To keep safe. To store. To care for.

GUBERNAMENTAL: *adj.* Pertaining to the government.

GUERRA DE PRECIOS: *s.* Price war.

GUIA: *s.* Bill of layding. Shipping slip. Guide.

H

HABEAS CORPUS: s. Habeas corpus.

HABER: s. Credit side of ledger. Credit.

HABIL: adj. Capable. Useful.

HABILES, DIAS: s. Work days.

HABILIDAD: s. Aptitude. Skill.

HABILITADO: adj. Financed. Employee sharing profits.

HABILITAR: v. To finance.

HACER: v. To do. To execute. To carry out. —BALANCE: v. To strike a balance. —CONSTAR: v. To certify. To vouch. EFECTIVO: v. To cash in. To collect. —INVENTARIO: v. To take inventory. —JUEGO: v. To match. To play.

HACERSE CARGO: v. To take charge of. To take the responsibility of.

HACIENDA: s. The treasury. Ranch. Property.

HASTA: prep. Until, up to. —LA CANTIDAD DE: adv. Up to the amount of. —LA FECHA: adv. Up to this date. Up to now.

HECHO: s. Fact. Act. Event. —SOBRE PEDIDO: adj. Made to order.

HECHOS ESENCIALES: s. Essential facts. —JUSTIFICADOS: s. Justifying or mitigating facts. —PERTINENTES: s. Pertinent facts. Res gestae. —PROBADOS: s. Proven facts.

HECTAREA: s. Hectare. (Appx. 2.5 acres).

HEREDADO: adj. Inherited.

HEREDAR: v. To inherit.

HEREDERO: s. Heir. Heiress. —ABSOLUTO: s. Absolute heir. —COLATERAL: s. Collateral heir. —DE REMANENTE: s. Residuary heir. —EN LINEA: s. Lineal heir. —FIDEICOMISARIO: s. Heir of a trust. —FORZADO: s. Heir apparent. —LEGITIMO: s. Legitimate heir. —TESTAMENTARIO: s. Testamentary heir.

HEREDITARIO: adj. Hereditary.

HERENCIA: s. Inheritance. Bequest. Estate.

HIJO NATURAL: s. Natural or illegitimate offspring.

HIPOTECA: s. Mortgage. —CERRADA: s. Closed mortgage. COLECTIVA: s. Blanket mortgage. —DE PRIMER GRADO: s. First mortgage. —DE SEGUNDO GRADO: s. Second mortgage. —POSTERIOR: s. Succeeding mortgage. —PRENDARIA: s. Chattel mortgage.

HIPOTECANTE: s. Morgagor. Person who borrows.

HIPOTECAR: v. To mortgage.

HIPOTECARIO: s. Mortgagee. Person who lends.

HOJA: s., sheet, page, list. —DE COBRO: s. Collection sheet. —DE COSTO: s. Cost sheet. —DE PEDIDO: s. Order sheet. Order blank. —DE TRA-

BAJO: s. Work sheet. —**MAESTRA**: s. Master sheet.

HOLOGRAFO (also **OLOGRAFO**): Holographic. Handwritten.

HOMBRE CLAVE: s. Key man. Right hand man.

HOMICIDIO: s. Homicide.

HONESTO: adj. Honest.

HONORARIO: s. Fee. Retainer. Honorary. —**FACULTATIVO**: s. Professional fee. —**POR SERVICIOS**: s. Service fee.

HORAS: s. Hours, time. —**EXTRAS**: s. Overtime. — **HABILES**: s. Work hours. Usual working hours.

HUELGA: s. Strike. —**DE BRAZOS CRUZADOS**: s. Sit-down strike. —**DE SOLIDARIDAD**: s. Sympathetic strike. —**GENERAL**: s. General strike.

HUELLA DIGITAL: s. Fingerprint.

HURTAR: v. To steal. To pilfer.

HURTO: s. Theft.

I

IDENTIFICACION: *s.* Identification.
IDENTIFICAR: *v.* To identify.
IDONEO: *adj.* Competent. Qualified.
IGUALA: *s.* Retainer. Fee.
IGUALACION: *s.* Equalization. Stipulation.
IGUALAR: *v.* To equalize. To match. To tie.
IGUALDAD: *s.* Equality.
ILEGAL: *adj.* Illegal.
ILEGALIDAD: *s.* Illegality.
ILEGITIMIDAD: *s.* Illegitimacy.
ILEGITIMO: *adj.* Illegitimate.
ILICITO: *adj.* Illicit. Unlawful.
IMAGEN: *s.* Image. Reputation. Personification. —DEL NEGOCIO: *s.* Image or reputation of the business.
IMITACION: *s.* Imitation. Copy. Counterfeit.
IMPEDIMENTO: *s.* Incumbrance. Impediment. Disability. —ABSOLUTO: *s.* Absolute estoppel. —DE REGISTRO PUBLICO: *s.* Estoppel by public record. —JUDICIAL: *s.* Judicial impediment. —LEGAL: *s.* Legal encumbrance or estoppel. —TECNICO: *s.* Technical encumbrance.
IMPEDIR: *v.* To encumber or hinder. To estop.
IMPLICAR: *v.* To implicate. To involve.
IMPLICITO: *adj.* Implicit. Unquestionable. Inherent.
IMPONIBLE: *adj.* Taxable.

IMPORTADO: *adj.* Imported.
IMPORTACION: *s.* Imported material.
IMPORTAR: *v.* To import.
IMPORTE: *s.* Amount. Value.
IMPOSICION: *s.* Tax. Assesment.
IMPRESION: *s.* Printed matter. Edition.
IMPRESO: *adj.* Printed. Published.
IMPREVISTO: *adj.* Unforeseen. Unexpected.
IMPRUDENCIA: *s.* Imprudence. Lack of common sense.
IMPUESTO: *s.* Tax. —A BENEFICIOS EXTRAORDINARIOS: *s.* Excess profits tax. —A LA HERENCIA: *s.* Inheritance tax. —A LA PROPIEDAD: *s.* Property tax. —AL LUJO: *s.* Luxury tax. —AL VALOR AGREGADO (IVA): *s.* Tax on the aggregate value of merchandise. —ADUANAL: *s.* Customs tax. Customs duty. —COMPLEMENTARIO: *s.* Surtax. —DE ARRIENDO: *s.* Tax on rentals. —DE CAPITACION: *s.* Poll tax. —DE DERECHOS REALES: *s.* Tax on transfer of real property. —DE TIMBRE: *s.* Stamp tax. —DEL SEGURO SOCIAL: *s.* Social security tax. —ESTATAL: *s.* State tax. —FEDERAL: *s.* Federal tax. —PREDIAL: *s.* Real estate tax. —SOBRE LA RENTA: *s.* Income tax. —SOBRE EL EXCESO DE UTILIDADES: *s.* Excess profits tax. —SOBRE LAS VENTAS: *s.* Sales

tax. —SUNTUARIO: s. Luxury tax.

IMPUESTOS: s. Taxes. —ACUMULA-DOS: s. Accrued taxes. —ANTICIPA-DOS: s. Prepaid taxes. —DEVENGA-DOS: s. Tax accruals. —DIFERIDOS: s. Deferred taxes. —HIPOTECARIOS: s. Mortgage taxes. —MUNICIPALES: s., Municipal taxes. —OCULTOS: s., Hidden taxes.—PAGADOS:s., Paid-up taxes. —PARA LA EDUCACION: s. School taxes. —PARA LA VIVIEN-DA: s. Housing taxes. —POR CABE-ZA: s. Head tax. —POR PAGAR: s. Taxes payable. —PREDIALES: s. Real estate taxes. —RETENIDOS: s. Withheld taxes. Withholding tax. —SOBRE ESPECTACULOS: s. Amusement tax. —SOBRE INGRESOS: s. Income tax.—SOBRE LA RENTA: s. Income tax. —SOBRE VENTA DE ACCIONES: s. Tax on the sale of corporate shares. —SUNTUARIOS: s. Luxury tax.

IMPULSAR: v. Impulse. Promote. Trigger.

INADECUADO: adj. Inadecuate. Deficient.

INADVERTIDO: adj. Overlooked.

INAFECTABILIDAD: s. Immunity, usually from taxes or expropriation.

INAUGURACION: s. Inauguration. Opening ceremony.

INCAPACIDAD: s. Incapacity.

INCENDIO PROVOCADO: s. Arson.

INCENTIVOS: s. Incentives. Motives.

INCIERTO: adj. Uncertain.

INCINERAR: v. s. To incinerate. To destroy by burning.

INCISO: s. Clause. Paragraph.

INCLUIDO: adj., adv. Included herewith. Annexed.

INCLUIR: v. To include or annex.

INCONDICIONAL: adj. Unconditional. Absolute.

INCONFIRMADO: adj. Unconfirmed. Unproven.

INCONFORME: adj. Dissatisfied. Dissenting. Discontent.

INCONSTITUCIONAL: adj. Unconstitutional.

INCORPORACION: s. Incorporation.

INCORPORAR: v. To incorporate.

INCOSTEABLE: adj. Unprofitable. Not worth while.

INCREMENTO: s. Increment. Increase.

INCUMPLIMIENTO: s. Failure to perform. Default.

INCURRIDO: adj. Incurred. Accepted.

INDEMNIZACION: s. Indemnity. Compensation. —POR DESPIDO: s. Indemnity for dismissal.

INDEPENDIENTE: adj. Independent. Self-sufficient.

INDICACION: s. Indication. Trace.

INDICE: s. Index. Ratio. Relation. —DE CAPITAL EN GIRO: s. Index of working capital. —DE COSTO A PRECIO: s. Ratio of cost to selling price. —DE CREDITO: s. Credit rating. —DE INFLACION: s. Inflation rate. —DE UTILIDADES: s. Ratio of profits. —DE MOVIMIENTO DE CA-PITAL: s. Capital turnover ratio. —DEL MERCADO: s. Market index.

INDICIOS: s. Indications. Clues.

INDULTO: s. Pardon. Amnesty.

INDUSTRIA: s. Industry.

INDUSTRIA BASICA: s. Basic industry. —BELICA: s. War industry. —CLAVE: s. Key industry.

INDUSTRIAL: adj. Industrial. Industrialist.

INEFICACIA: s. Inefficiency.

INEFICIENTE: adj. Inefficient.

INEPTO: adj. Inept. Incompetent.

INEQUITATIVO: adj. Inequitable. Unfair.

INESPERADO: adj. Unexpected. Unforeseen.

INEXPERTO: *a dj.* Unskilled.

INFLACION: *s.* Inflation.

INFLUENCIA: *s.* Influence. Power.

INFLUENCIAS ECONOMICAS: *s.* Economic influences.

INFLUYENTE: *s.* Person with political influence.

INFORMACION: *s.* Information. —DE CREDITO: *s.* Credit information. —DE MERCADOS: *s.* Market information. —FINANCIERA: *s.* Financial information.

INFORME: *s.* Report. Account. Plea in court. —A LA NACION: *s.* Report to the nation. —ANUAL A ACCIONISTAS: *s.* Annual report to stockholders. —DE AUDITORIA: *s.* Auditor's report.

INFRACCION: *s.* Violation. Infraction. Breach.

INGENIERO: *s.* Engineer.

INGENIO AZUCARERO: *s.* Sugar mill.

INGRESO: *s.* Income. Earnings. Revenue. —AGRICOLA: *s.* Farm income. Agricultural income. —ACUMULADO: *s.* Accrued revenue. —BRUTO: *s.* Gross income. —DE OPERACIONES: *s.* Operating income. —DEVENGADO: *s.* Earned income. —DIFERIDO: *s.* Deferred revenue. —DIVERSO: *s.* Miscellaneous income. —GRAVABLE: *s.* Taxable income. —MERCANTIL: *s.* Sales revenue. Sales income.

INGRESOS NETOS: *s.* Net earnings. —NO GANADOS: *s.* Unearned income. Non-operating income. —PERSONALES: *s.* Personal income. —VARIOS: *s.* Miscellaneous income.

INICIAL: *adj.* Initial. First.

INICIATIVA PRIVADA: *s.* Private initiative.

INCUMBIR: *v.* To be incumbent. To hold office.

INJERENCIA: *s.* Interference. Hindrance. Intrusion.

INJURIA: *s.* Injury. Damage.

INJUSTICIA: *s.* Injustice.

INMATERIAL: *s.* *adj.* Immaterial. Trivial.

INMIGRACION: *s.* Immigration.

INMIGRANTE: *s.* Immigrant.

INMIGRADO: *s.* Permanent resident alien.

INMOBILIARIO: *s.* Real estate. Fixed property.

INMUEBLES: *s.* Realty.

INMUNE: *adj.* Immune. Exempt.

INMUNIDAD: *s.* Immunity.

INNOVACION: *s.* Innovation.

INQUILINO: *s.* Tenant.

INSCRIBIR: *v.* To register. To inscribe.

INCRIPCION: *s.* Inscription. —DE VALORES: *s.* Stock listing (exchange).

INSCRITO: *adj.* Registered. Inscribed.

INSOLUTO: *adj.* Unpaid.

INSOLVENCIA: *s.* Insolvency.

INSPECCION: *s.* Inspection.

INSPECCIONAR: *v.* To inspect. To examine.

INSTANCIA: *s.* Petition. Prosecution of a lawsuit.

INSTAR: *v.* To prosecoute. To instigate. To urge.

INSTITUCION: *s.* Institution. —CARITATIVA: *s.* Charitable institution. —PRIVADA: *s.* Private institution. —PENAL: *s.* Penal institution.

INSTITUTO: *s.* Institute. School. Organization.

INSTRUCCION: *s.* Instruction. Order.

INSTRUCCIONES DE EMBARQUE: *s.* Shipping orders.

INSTRUCTIVO: *s.* Manual. Book of instructions.

INSTRUIR: *s.* To instruct. To teach.

INSTRUMENTO: s. Instrument. Document. Bill. Note. —AL PORTADOR: s. Bearer paper. —DE TITULO: s. Document concerning property title. —NEGOCIABLE: s. Negotiable instrument. —VENCIDO: s. Expired or due document.

INSUFICIENCIA: s. Insufficiency.

INSUFICIENTE: adj. Insufficient.

INTANGIBLE: adj. Intangible.

INTACHABLE: adj. Unimpeachable. Unquestionable.

INTEGRACION: s. Integration. Assembly. —HORIZONTAL: s. Horizontal integration.

INTEGRAR: v. Integrate. Assemble.

INTENDENCIA: s. Headquarters. Principal office.

INTENDENTE: s. Governor. Commissioner, Superintendent.

INTERCAMBIO: s. Exchange. Trade.

INTERDICTO: s. Injunction. Restraining order.

INTERES: s. Interest. Right. Claim. —A LARGO PLAZO: s. Long term interest. —ADVERSO: s. Adverse interest. —ATRASADO: s. Interest in arrears. —COMPUESTO: s. Compound interest. —DEVENGADO: s. Accrued interest. —LEGAL: s. Legal interest. —MAYORITARIO: s. Majority interest.

INTERESES ALTOS: s. Hight interest. —BAJOS: s. Low interest. —CREADOS: s. Vested interests. —USUARIOS: s. Usurious interest.

INTERLOCUTORIA: s. Interlocutory decree.

INTERFERENCIA: s. Interference.

INTERMEDIARIO: s. Middleman. Intermediary.

INTERNO: adj. Inner. Interior. Internal.

INTERPRETAR: v. To interpret.

INTERPRETE: s. Interpreter.

INTERROGACION: s. Interrogation. Question mark.

INTERROGATORIO: s. Interrogatory. Questioning.

INTERVENCION: s. Intervention. Take-over. —DE ACREEDORES: s. Creditors' intervention. —DE SOCIOS: s. Partners' intervention. —DEL GOBIERNO: s. Government intervention.

INTERVENIR: v. To intervene.

INTERVENTOR: s. Controller. Auditor. Referee.

INTESTADO: adj. Intestate.

INTRANSFERIBLE: adj. Not transferable.

INTRANSIGENTE: adj. Inflexible. Unchangeable.

INUTIL: adj. Useless.

INVALIDAR: v. To invalidate. To nullify. To void.

INVALIDEZ: s. Invalidation. Nullification.

INVALIDO: s., adj. Invalid. Having no effect.

INVENTARIO: s. Inventory. —DE APERTURA: s. Opening or initial inventory. —DE CIERRE: s. Closing inventory. —DE MATERIA PRIMA: s. Inventory of raw materials. —DE PRODUCTOS ELABORADOS: s. Inventory of finished products. —EN LIBROS: s. Book inventory. —FISICO: s. Physical inventory. —PERPETUO: s. Perpetual inventory. —REAL: s. Actual inventory. —REVOLVENTE: s. Revolving inventory.

INVERSION: s. Investment. —CORRIENTE: s. Current investment. —DE LARGO PLAZO: s. Long term investment. —EN VALORES: s. Investment in securities. —EN BIENES: s. Investment in property.

INVERSIONES REALIZABLES: *s.* Redeemable investments.

INVERSIONISTA: *s.* Investor.

INVERTIR: *v.* To invest.

INVESTIGACION: *s.* Investigation. Research. —**DE MERCADOS:** *s.* Market research. —**INDUSTRIAL:** *s.* Industrial research.

INVESTIGACION PUBLICITARIA: *s.* Publicity research.

INVESTIGADOR: *s.* Investigator.

INVESTIGAR: *v.* To investigate.

INVOCAR: *v.* To invoke, to petition. To solicit.

INVOLUCRADO: *adj.* Involved. Mixed up with.

INVOLUNTARIO: *adj.* Involuntary. Unwilling.

IRRESPONSABLE: *adj.* Irresponsible.

IRRESPONSABILIDAD: *s.* Irresponsibility.

IRREVOCABLE: *adj.* Irrevocable.

ITINERARIO: *s.* Itinerary. Schedule.

J

JEFATURA: s. Headquarters. Main office.

JEFE: s. Boss. Chief. Leader. Manager. —DE DEPARTAMENTO: s. Departamental chief. —DE SERVICIO: s. Service manager.

JINETEO: s., mod. (mex.). Using someone else's money.

JORNADA: s. Working day. Day's work.

JORNAL POR HORA: s. Hourly wage.

JORNALERO: s. Worker. Laborer.

JUBILACION: s. Retirement. Pension.

JUBILADO: s. Pensioner.

JUBILAR: v. To pension. To retire.

JUDICIAL: adj. Judicial.

JUEGO DE LIBROS: s. Set of books.

JUEZ: s. Judge. Magistrate. —CIVIL: s. Civil judge. —COMPETENTE: s. Judge having jurisdiction. —DE APELACION: s. Judge of appeals. —DE DISTRITO: s. District judge. —DE LA CORTE SUPREMA: Supreme court judge.

JUGAR AL ALZA: v. Play on the margin.

JUICIO: s. Judgment. Decree. Opinion. —CIVIL: s. Civil action. —DE AMPARO: s. Action to protect personal rights. Restraining order. (See AM-PARO.) —DE CONVOCATORIA: s. Decree calling for a creditor's meeting. DE DESAHUCIO: s. Action for disposession. —DE LANZAMIENTO: s. Decree of disposession. —DE QUIEBRA: s. Decree or action in bankruptcy. —DE REBELDIA: s. Judgment in default.

JUNTA: s. Meeting. Session. Council. Board. —DE ACCIONISTAS: s. Stockholder's meeting. —DE ACREEDORES: s. Creditor's meeting. —DE CONCILIACION: Labor conciliation board.

JUNTA DEL CONSEJO: s. Board of directors meeting.

JURADO: s. Jury.

JURAMENTO: s. Oath. Swearing in.

JURAR: v. To swear. To take an oath.

JURIDICO: adj. Judicial. Legal.

JURISDICCION: s. Jurisdiction.

JURISPRUDENCIA: s. Jurisprudence.

JUSTAMENTE: adj., adv. Justly. Fairly. Just.

JUSTICIA: s. Justice.

JUSTIFICAR: v. To justify.

JUSTO: s. Just.

JUZGADO: s. Court. Tribunal.

JUZGAR: v. To judge.

L

LABOR: *s.* Labor. Work.

LACRAR: *v.* To seal.

LAPSO: *s.* Lapse.

LANZAMIENTO: *s.* Eviction.

LANZAR: *s.* To expell. To disposess.

LARGA DISTANCIA: *s.* Long distance.

LARGO PLAZO: *s.* Long term.

LATIFUNDIO: *s.* Latifund. Large landed estate.

LAUDO: *s.* Award. Decision.

LEGACION: *s.* Legation. Embassy.

LEGADO: *s.* Legacy. Bequest. Representative.

LEGAJO: *s.* File. Folder. Documentation.

LEGALIZAR: *v.* To legalize.

LEGALMENTE: *adj.* Legally.

LEGISLACION: *s.* Lagislation.

LEGISLADOR: *s.* Legislator.

LEGISLATIVO: *adj.* Legislative.

LEGITIMO: *adj.* Legitimate.

LEGO: *s.* Layman.

LEMA: *s.* Slogan.

LESIVO: *adj.* Injurious. Demaging.

LETRA: *s.* Promissory note. Bill. Letter. —A LA VISTA: *s.* Bearer note. Demand note. —A PLAZO: *s.* Long term note. —ACEPTADA: *s.* Accepted note. Acceptance bill. —BANCARIA: *s.* Bank note. Bank draft. —DE CAMBIO: *s.* Bill of exchange. —POR COBRAR: *s.* Note receivable. —POR PAGAR: *s.* Note payable. —PROTESTADA: *s.* Protested note. —RECHAZADA: *s.* Dishonored note. —VENCIDA: *s.* Overdue note.

LETRAS DESCONTADAS: *s.* Discounted notes or paper.

LEVANTAR EL ACTA: *v.* Record the minutes of a meeting. To make a witnessed statement of a happening.

LEVANTAR LA SESION: *v.* To adjourn the meeting.

LEY: *s.* Law. —AGRARIA: *s.* Agrarian law. —CIVIL: *s.* Civil law. —COMUN: *s.* Common law. —CONSTITUCIONAL: *s.* Constitutional law. —DE PROCEDIMIENTOS: *s.* Proceedural law. —DE TRABAJO: *s.* Labor law. Work law. —DE SOCIEDADES MERCANTILES: *s.* Law of merchantile corporations. —FISCAL: *s.* Tax law. —PENAL: *s.* Penal law. —SOBRE VENTA DE VALORES: *s.* Sale of securities law. —SOBRE DERECHOS DE AUTOR: Copyrigth law. —SOBRE INSTITUCIONES DE CREDITO: *s.* Law governing credit institutions.

LIBERACION: *s.* Release. Liberation.

LIBERAR: *v.* To release. To liberate.

LIBRA ESTERLINA: *s.* Pound sterling.

LIBRAR: *v.* To acquit. To draft. To draw.

LIBRADO: *s.* Drawee.

LIBRADOR: *s.* Drawer. Deliverer.

LIBRE: *s.* Free. Gratis. Exempt. **—A BORDO:** *adj.* Free on board. (f.o.b.) **—AL COSTADO:** *adj.* Free alongside. **—DE CONTRIBUCIONES:** *adj.* Tax free. **—DE DERECHOS:** *adj.* Duty free. **—DE GASTOS:** *adj.* Free of charges. Expense free. **—DE GRAVAMEN:** *adj.* Encumbrance free.

LIBRETA: *s.* Notebook.

LIBRO: *s.,* Book, volume. **—AUXILIAR:** *s.* Auxiliary book. **—DE ACTAS:** *s.* Minute book. **—DE PEDIDOS:** *s.* Order book. **—DE REGISTRO:** *s.* Book of record. **—DIARIO:** *s.* Journal. Day book. **—MAYOR:** *s.* Ledger.

LIBROS: *s.* Set of books, books. **—DE CUENTAS:** *s.* Account books. **—DE ENTRADA ORIGINAL:** *s.* Books of original entry. **—FACULTATIVOS:** *s.* Books not required by law. **—NOTARIALES:** *s.* Notarized books. Notarized records. **—OBLIGATORIOS:** *s.* Books required by law.

LICENCIA: *s.* License. Leave. Leave of absence. **—PARA MANEJAR:** *s.* Driver's license. **—PARA VENDER LICORES:** *s.* Liquor license.

LICENCIADO: *s.* Licentiate. Lawyer. Person licensed in a profession.

LICITADOR: *s.* Bidder.

LICITAR: *v.* To bid.

LICITO: *adj.* Legal. Lawful.

LIGA: *s.* Tie. Bond. League. **—DE NACIONES:** *s.* League of nations.

LIMITACION: *s.* Limitation. Restriction.

LIMITADO: *adj.* Limited. Restricted.

LIMITAR: *v.* To limit.

LIMITE: *s.* Limit. Boundary. End. **—DE CREDITO:** *s.* Limit of credit. **—DE VENTAS:** *s.* Limit of sales.

LIMPIAR UNA CUENTA: *v.* Charge off an account.

LINDE: *s.* Boundary. Border.

LINDERO: *s.* Property line. Boundary.

LINEA DE CREDITO: *s.* Amount of credit. Credit limit.

LIQUIDACION: *s.* Liquidation. Dissolution. Payment. **—DE CUENTA:** *s.* Payment of account. **—DE IMPUESTOS:** *s.* Payment of taxes.

LIQUIDAR: *v.* To pay in full. To liquidate. **—UNA EMPRESA:** *v.* To dissolve a company.

LIQUIDEZ: *adj.* Liquidity. Solvency.

LIQUIDO: *adj.* Clear. Net. Liquid.

LISTA: *s.* List. Itemized annotation. **—DE ASISTENCIA:** *s.* Attendance list. Roll. **—DE RAYA:** *s.* Payroll.

LITIGACION: *s.* Litigation. Legal proceedure.

LITIGANTE: *s.* Litigant.

LITIGAR: *v.* To litigate. To practice law.

LITIGIO: *s.* Litigation. Law suit.

LITISPENDENCIA: *s.* Litis pendens. Same case pending.

LITORAL: *s.* Litoral. Coastline.

LOCAL: *s.* Location. Place of business.

LOGICO: *s., adj.,* Logical. Logical person.

LOGOTIPO: *s.* Emblem. Trade mark. Logotype.

LOGRAR: *v.* To achieve. To succeed.

LOGRO: *s.* Achievement. Success.

LONJA: *s.* Exchange. Stock exchange. **—DE COMERCIO:** *s.* Commodity exchange.

LOTE: *s.* Lot. Batch. **—EN PROCESO:** *s.* Lot or batch in process. **—TERMINADO:** *s.* Finished lot. Finished batch.

LUCRO: *s.* Lucre. Unfair profit.

LUGAR DE NEGOCIO: *s.* Place of business.

LUJO: *s.* Luxury. Extravagance.
—GRAVABLE: *s.* Taxable luxury.

LUZ, FUERZA Y CALEFACCION: *s.* Light, power and heating.

LL

LLAMADA: *s*. Telephone call. Summons. —DE LARGA DISTANCIA: Long distance call.

LLAVE: *s*. Key. Wrench. Spigot.

LLEVAR: *v*. To carry, to take. —A CABO: *v*. To carry out. To succed. —A LA QUIEBRA: *v*. To put into bankruptcy. —CUENTA: *v*. To keep account of. —UN PLEITO: *v*. To purse or conduct a lawsuit.

M

MACHOTE: *s.* Blank form.

MAGISTRADO: *s.* Magistrate. Judge.

MAGISTRATURA: *s.* Tribunal. Court.

MALHECHOR: *s.* Malefactor. Wrong-doer.

MALICIA: *s.* Malice. Ill will.

MALVERSACION: *s.* Misappropriation. Embezzlement.

MANCOMUNADAMENTE: *adj.* Jointly. Combined.

MANCOMUNADO: *s., adj.* Joint. **—Y SOLIDARIAMENTE**: *adj.* Joint and several. Jointly and severally.

MANDAMIENTO: *s.* Writ. Warrant. Mandamus. Order.

MANDATO: *s.* Mandate. Order.

MANDATARIO: *adj.* Mandatory. Obligatory.

MANEJO: *s.* Management. Handling.

MANIFESTACION: *s.* Manifestation. Declaration.

MANIFESTAR: *v.* To state. To declare. To manifest.

MANIOBRA: *s.* Maneuver. Action. **—PROTEGEDORA**: *s.* Maneuver against risks. To hedge.

MANIPULACIONES: *s.* Manipulations.

MANIPULAR: *v.* To manipulate. To handle.

MANO DE OBRA: *s.* Hand labor. Unskilled labor.

MANTENIMIENTO: *s.* Maintenance. Housekeeping. Upkeep. **—PREVENTIVO**: *s.* Preventative maintenance.

MANUAL: *s.* Manual. Handbook. **—DE INSTRUCCIONES**: *s.* Instruction manual. **—TECNICO**: *s.* Technical manual.

MANUFACTURA: *s.* Manufactured article. Make. Brand.

MANUFACTURADO: *adj.* Manufactured. Made. Fabricated.

MANUFACTURAR: *v.* To manufacture.

MAPA: *s.* Map. Chart.

MAQUINA: *s.* Machine. Devise. Apparatus. **—CALCULADORA**: *s.* Calculating machine. **—COPIADORA**: *s.* Copying machine. **—DE CONTABILIDAD**: *s.* Bookkeeping machine. **—DE ESCRIBIR**: *s.* Typewriting machine. **—SUMADORA**: *s.* Adding machine. **—FACTURADORA**: *s.* Invoicing machine. **—PERFORADORA**: *s.* Perforating machine. **—VENDEDORA**: *s.* Vending machine.

MAQUINARIA: *s.* Machinery. **—Y EQUIPO**: *s.* Machinery and equipment.

MARBETE: *s.* Label. Tag.

MARCA: *s.* Mark. Brand. Make. Trade mark. **—COMERCIAL**: *s.* Trade name. **—DE FABRICA**: *s.* Trade mark. **—PARTICULAR**: *s.* Private brand. **—REGISTRADA**: *s.* Registered trademark.

MARCAR: *v.,* To mark. **—EL PASO**:

v. To set the pace. —**LA SALIDA:** *v.* To set the start.

MARGEN: *s.* Margin. Limit. —**DE UTI-LIDAD:** *s.* Margin of profit.

MATERIA: *s.* Material. Matter. Affair. Subject. —**PRIMA:** *s.* Raw materials.

MATERIAL EN PROCESO: *s.* Material in process.

MATERIALES DISPONIBLES: *s.* Available material. —**EN TRANSITO:** *s.* Material in transit. —**ESCASOS:** *s.* Scarce materials. —**Y SUMINIS-TROS:** *s.* Materials and supplies.

MATRIZ: *s.* Headquarters. Head office. Matrix.

MATRICULA: *s.* Matriculation. Register. License.

MATRICULAR: *v.* To register. To enroll.

MATRIMONIO: *s.* Matrimony.

MATUTE: *s., mod.* (Méx.) Smuggled goods. Contraband.

MAXIMA CAPACIDAD: *s.* Maximum capacity.

MAYOR: *s.* Ledger. Major. Principal. —**DE EDAD:** *adj.* Of age. Adult.

MAYORDOMO: *s.* Foreman. Supervisor. Boss.

MAYOREO: *s., adj.* Wholesale. Goods at wholesale.

MECANIZACION: *s.* Mechanization.

MECANOGRAFIA: *s.* Typewriting.

MECANOGRAFO(A): *s.* Typist.

MEDIANO: *adj.* Average. Median.

MEDIAR: *v.* To mediate. To referee.

MEDIDA: *s.* Measures. Means. Action.

MEDIDAS: *s.* Measures. —**DE EMER-GENCIA:** *s.* Emergency measures. —**DE SEGURIDAD:** *s.* Security measures. —**PREVENTIVAS:** *s.* Preventive measures.

MEDIO: *adj. s.* Medium. Means. Method. Media. —**DE CAMBIO:** *s.* Medium of exchange. —**DE PRODUC-CION:** *s.* Method of production. —**DE VENTAS:** *s.* Sales method.

MEDIOS: *s.* Means. Ways. —**ECONO-MICOS:** *s.* Economic means. —**LEGA-LES:** *s.* Legal means. —**PUBLICITA-RIOS:** *s.* Advertising media.

MEJOR OFERTA: *s.* Best offer. Highest offer. —**PRECIO:** *s.* Best price.

MEJORA: *s.* Improvement. Recovery.

MEJORADO: *adj.* Improved.

MEJORAMIENTO: *s.* Improvement.

MEMBRETE: *s.* Letterhead.

MEMORANDUM: *s.* Memorandum. Memo.

MENOR: *s.* Minor. Under age.

MENOS DE FURGON: *adj.* Less than carload.

MENOSPRECIAR: *v.* Underestimate.

MENSAJE: *s.* Message.

MENSUAL: *adj.* Monthly.

MENSUALIDADES: *s.* Monthly payments.

MENUDEO: *adj.* Retail.

MERCADEO: *s.* Marketing. Selling. —**COOPERATIVO:** *s.* Cooperative marketing.

MERCADERIA: *s.* Merchandise. Goods.

MERCADERIAS Y SERVICIOS: Goods and services.

MERCADO: *s.* Market. —**COMUN:** *s.* Common market. —**DEL COMPRA-DOR:** *s.* Buyer's market. —**DEL VENDEDOR:** *s.* Seller's market. —**LOGRADO:** *s.* Captured market. —**NEGRO:** *s.* Black market. —**PRO-BABLE:** *s.* Probable market.

MERCADOTECNIA: *s.* Marketing. Merchandising.

MERCANCIA: *s.* Merchandise. Goods. —**CARA:** *s.* High priced merchandise.

—DAÑADA: s. Damaged merchandise. —DEFECTUOSA: s. Defective merchandise. —QUEDADA: s. Unsold merchandise. —REZAGADA: s. Carried over merchandise.

MERCANCIAS: s. Stock of merchandise. —ALMACENADAS: s. Stored merchandise. —EN CONSIGNACION: s. Goods on consignment. —EN TRANSITO: s. Goods in transit. —EN QUIEBRA: s. bankrupt merchandise.

MERCANTIL: adj. Merchantile. Pertaining to business.

MERCENARIO: s., adj. Mercenary. Venal.

MERMA: s. Shrinkage. Shortage. Loss.

MESA DE TRAMITES: s. Proceedures desk. Processing desk. —DIRECTIVA: s. Board of directors. —REDONDA: s. Round table.

META: s. Goal. Target. Objective.

METODO: s. Method. Proceedure. —CONTABLE: s. Accounting proceedure. —DE OPERACION: s. Operating proceedure.

METODOS Y PROCEDIMIENTOS: s. Methods and proceedures.

MIEMBRO: s. Member. Associate. —DEL CONSEJO: s. Board member. —SUPLENTE: s. Alternate member.

MILLA: s. Mile.

MILLAS POR HORA: s. Miles per hour. (m.p.h.)

MILLON: s. Million.

MIMEOGRAFO: s. Mimeograph.

MINERIA: s. Mining. Mining industry.

MINIMO: adj. Minimum.

MINISTERIO: s. Ministry. Department. Secretariat.

MINISTRO: s. Minister. Cabinet member.

MINORIA: adj., s. Minority.

MINORITARIO: adj. Of the minority.

MINUTAS: s. Minutes or notes of a meeting.

MINUTARIO: s. Minute book.

MISCELANEA: s., adj. Miscellaneus. Miscellanea.

MITIGACION: s. Mitigation. Respite. Alleviation.

MITIN: s. Meeting. Public assembly.

MOBILIARIO: s. Movables. Personal property.

MOCION: s. Motion. Proposal at a meeting.

MODA, DE: adj. Stylish. Up to the minute.

MODELO: s. Model. Standard. Blank form.

MODELOS Y DISEÑOS: s. Models and designs.

MODIFICACION: s. Modification. Change.

MODIFICAR: v. To modify or change. Adapt.

MOLINO: s. Mill. Factory. Grinder.

MONEDA: s. Money. Coin. Currency. —BLOQUEADA: s. Blocked money. —CIRCULANTE: s. Money in circulation. —DEVALUADA: s. Devaluated money. —CONTROLADA: s. Controlled money. —DE CURSO LEGAL: s. Legal tender. —FLOTANTE: s. Floating money. —INFLADA: s. Inflated money. —FALSA: s. False or counterfeit money. —FLOJA: s. Unstable or loose money. —SANA: s. Sound money. —SONANTE: s. Hard money. Cash.

MONOPOLIO: s. Monopoly.

MONOPOLIZAR: v. To monopolize.

MONTEPIO: s. Pawnshop. Pension fund.

MONTO: s. Amount. Total. Sum.

MONTON: s. Pile. Lot. Stack.

MORATORIA: *s.* Moratorium. Suspension of payments.

MORDIDA: *s. (mod).* (Méx.). Bribe. Graft. Pay-off.

MOROSO: *adj.* Slow to pay.

MOSTRADOR: *s.* Show case. Display counter.

MOSTRAR: *v.* To show. To exhibit.

MOTIVO: *s.* Motive. Cause. **—DE COMPRAS**: *s.* Buying motive or motivation.

MOVIMIENTO: *s.* Movement. Operation. Flow. Trading. **—DE BOLSA**: *s.* Stock market activity. **—DE CAPITAL**: *s.* Capital flow or turnover. **—DE INVENTARIO**: *s.* Inventory turnover. **—TEMPORAL**: *s.* Temporary movement.

MUEBLES: *s.* Furniture. Personal property. **—Y ENSERES**: *s.* Furniture and fixtures.

MUELLE: *s.* Pier. Docks. Harbor Wharf.

MUESTRAS: *s.* Samples.

MULTA: *s.* Fine. Sanction.

MULTIPLE: *adj.* Multiple.

MULTIPLICAR: *v.* To multiply. To increase.

MUNICIPAL: *adj.* Municipal.

MUNICIPIO: *s.* Municipality.

MUTUO: *adj.* Mutual.

MUTUALIDAD: *s.* Mutuality.

MUY ATENTAMENTE: Sincerely yours. Yours truly. **—SEÑOR MIO**: My dear sir.

N

NACION: s. Nation. Country.

NACIONAL: adj. National. Citizen of a nation.

NACIONALIDAD: s. Nationality.

NACIONALISMO: s. Nationalism.

NACIONALIZAR: v. To nationalize. To naturalize.

NACIONALIZACION: s. Naturalization. Adoption of citizenship.

NATURALIZAR: v. To naturalize. Obtain citizenship.

NEGACION: s. Negation. Denial. Disavowal.

NEGAR: v. To deny. To reject.

NEGATIVO: adj. Negative.

NEGLIGENCIA: s. Negligence.

NEGLIGENTE: agj. Negligent.

NEGOCIABILIDAD: adj. Negotiability.

NEGOCIABLE: adj. Negotiable.

NEGOCIACION: s. Negotiation. Business. Deal.

NEGOCIANTE: s. Merchant. Business man.

NEGOCIAR: v. Negotiate. To do business. To deal.

NEGOCIO: s. Business. Deal. Place of business. —EN MARCHA: s. A going business. —LEGAL: s. Legal business. —MANCOMUNADO: s. Joint business. or venture. —PRIVADO: s. Private business. —REDONDO: s. Complete business.

NETO: adj. Net. Final.

NEUTRAL: adj. Neutral.

NEUTRALIDAD: s. Neutrality.

NIVEL: s. Level. Position.

NIVELAR: v. To level. To equalize. To balance. —EL PRESUPUESTO: v. To balance the budget. —LOS COSTOS: v. To balance the costs.

NO: neg. No. Not. —ACEPTABLE: adj. Not acceptable. Unacceptable. —ACEPTADO: adj. Not accepted. Dishonored. —AMORTIZADO: adj. Unamortized. Unrecovered. —CLASIFICADO: adj. Not classified. —COBRADO: adj. Not paid. Not collected. Unpaid. —CONTESTADO: adj. Not answered. Ignored. —CULPABLE: adj. Not guilty. —DAR IMPORTANCIA: v. Disregard. Underestimate. —ENTREGADO: adj. Not delivered. —ESPECIFICADO: adj. Not specified. —GANADO: adj. Not earned. Unearned. —GARANTIZADO: adj. Not guaranteed. —GRAVABLE: adj. Not taxable. —LIQUIDADO: adj. Unpaid. Unliquidated. —LUCRATIVO: adj. Not profitable. —PROGRAMADO: adj. Unscheduled. —REALIZADO: adj. Unrealized. Unachieved. —RECLAMADO: adj. Unclaimed. Abandoned. —RECUPERADO: adj. Not recovered. Unrecovered. —SINDICALIZADO: adj. Not unionized. Non-union. —TRANSFERI-

231

BLE: *adj.* Not transferable. Non-assignable. —VENCIDO: *adj.* Not due.
NOBLE: *adj.* Sure or reliable.
NOMBRAMIENTO: *s.* Appointment. Nomination.
NOMBRAMIENTO VITALICIO: *s.* Appointment for life.
NOMBRAR: *v.* To name. To appoint.
NOMBRE: *s.* Name. —COMERCIAL: *s.* Trade name. Commercial name. —DE FABRICA: *s.* Trade name. —DE LA SOCIEDAD: *s.* Corporate name.
NOMINA: *s.* Payroll. —A PAGAR: *s.* Accrued payroll.
NOMINAR: *v.* Nominate. Select. Name.
NOMINATIVO: *adj.* Nominative. In the name of a person.
NORMALIZACION: *s.* Normalization. Standardization.
NORMAS: *s.* Norms. Standards. —DE AUDITORIA: *s.* Auditing standards. —DE CALIDAD: *s.* Quality standards. —DE PROCEDIMIENTOS: *s.* Proceedural standards. —DE TRABAJO: *s.* Work standards. —LEGALES: *s.* Legal standards.
NOTA: *s.* Note. Slip. —AL CALCE: *s.* Foot note. —DE ABONO: *s.* Credit slip. Credit voucher. —DE CARGO: *s.* Charge slip. Charge voucher. —DE EMBARQUE: *s.* Shipping order. shipping slip.
NOTARIA: *s.* Notary's office.
NOTARIAL: *adj.* Notarial. Pertaining to a notary.
NOTARIALES, LIBROS: *s.* Notarial books, records.
NOTARIO: *s.* Notary. Notary public.
NOTAS: *s.* Notes. Annotations.
NOTICIA: *s.* Notice. Citation. Summons.
NOTIFICACION: *s.* Notification. Service. —PERSONAL: *s.* Personal service. —IMPLICITA: *s.* Implied notification. —POR CEDULA: *s.* Substituted service. —POR EXPEDIENTE: *s.* Service by mail.
NOTIFICAR: *v.* To notify. To serve notice.
NULO: *adj.* Null. Void.

NUMERACION: *s.* Enumeration. Count.
NUMERAR: *v.* To enumerate. To number. Assign a number.
NUMERO: *s.* Number. Figure. Cipher.
NUMEROS ROJOS: *s.* Losses. Figures in red ink.
NUMEROSO: *adj.* Numerous.

O

OBJECION: s. Objection. Demurrer. Challenge.

OBJETAR: v. Demur. Object.

OBJETIVO: s. Objective. Subject. Goal. **—EXHIBIDO:** s. Exhibit in evidence.

OBLIGAR: v. To force. To bind. To oblige.

OBLIGACION: s. Pledge. Liability. Obligation. Duty. **—EXPRESA:** s. Express obligation. **—INCONDICIONAL:** s. Unconditional obligation. **—LIMITADA:** s. Limited obligation. **—SIN RESPALDO:** s. Unsecured liability, debt. **—VENCIDA:** s. Matured liability, debt.

OBLIGACIONES: s. Duties, obligations. **—EN DOLARES:** s. Dollar obligations. **—HIPOTECARIAS:** s. Mortgage obligations. **—SIN GARANTIA:** s. Unsecured debentures.

OBLIGACIONISTA: s. Debenture holder.

OBLIGADO: s. Liable person. Debtor.

OBLIGAR: s. To force. To compel. To bind.

OBLIGATORIO: adj. Obligatory. Compulsory.

OBRA: s. Development. Task. Building. Work. Project. **—CONCLUIDA:** s. Finished project. **—DEL GOBIERNO:** s. Government project.

OBRERO: s. Worker. Laborer.

OBSOLETO: adj. Obsolete.

OCUPACION: s. Occupation. Employment.

OFERTA: s. Offer. Bid. **—CONDICIONAL:** s. Conditional offer or bid. **—EN FIRME:** s. Firm offer. **—Y ACEPTACION:** s. Offer and acceptance. **—Y DEMANDA:** s. Supply and demand.

OFICIAL: s., adj. Official. Functionary. Officer. **—MAYOR:** s. Executive officer.

OFICIALMENTE: adj. Officially.

OFICINA: s. Office. Bureau. **—DE COMPENSACION:** s. Clearing house. **—DE ENTRADAS:** s. Clerk's office. **—FEDERAL DE HACIENDA:** s. Federal tax office. **—FORANEA:** s. Foreign office. Field office. **—MATRIZ:** s. Head office. Headquarters. **—PRIVADA:** s. Private office. **—REGIONAL:** s. Regional office.

OFICINISTA: s. Clerk. Office employee.

OFICIO: s. Legal document. Brief. Official notice.

OFRECER: v. To offer. To bid. To quote.

OFERTA: s. Offer. Bargain.

OMITIR: v. To omit.

ONEROSO: adj. Onerous. Troublesome. Burdensome.

OPCION: s. Option. **—DE COMPRA:** s. Option to buy. **—DE COMPRA DE VALORES:** s. Option to buy securities. **—DEL COMPRADOR:** s. Buyer's option. **—DE VENDEDOR:** s. Seller's option.

OPCIONAL: *adj*. Optional.

OPERACION: *s*. Operation. Process. Business deal. —**ANUAL**: *s*. Yearly operation or exercise. —**DE FUTUROS**: *s*. Operation in futures. —**FORANEA**: *s*. Foreign operation. —**NO EFECTUADA**: *s*. Unrealized operation.

OPERADOR: *s*. Operator.

OPINION: *s*. Opinion. Belief. —**RESTRINGIDA**: *s*. Qualified opinion.

OPORTUNO: *adj*. Convenient. Timely.

ORDEN: *s*. Order. Warrant. Command. request. —**DE ARRESTO**: *s*. Warrant of arrest. —**DE COMPRA**: *s*. Purchase order. —**DE DETENCION**: *s*. Warrant of arrest or detention. —**DE EMBARQUE**: *s*. Shipping order. —**DE PAGO**: *s*. Payment order. —**DE PRODUCCION**: *s*. Production order. —**DE REGISTRO**: *s*. Search warrant. —**DE SUSPENSION**: *s*. Stop order. —**DE TRABAJO**: *s*. Work order. —**DE VENTA**: *s*. Sales order.

ORDENAMIENTO: *s*. Ordinance.

ORDENANZA: *s*. Ordinance. Statute.

ORDENAR: *v*. To order. To command.

ORGANIZACION: *s*. Organization. —**CARITATIVA**: *s*. Charitable organization. —**COMERCIAL**: *s*. Comercial organization. —**INDUSTRIAL**: *s*. Industrial organization. —**PARA INVESTIGACION**: *s*. Research organization.

ORGANIZAR: *v*. To organize.

ORIGEN: *s*. Origin. Source.

ORIGINAL: *adj*. Original. Authentic.

ORO: *s*. Gold. —**ACUÑADO**: *s*. Minted gold.

OTORGADOR: *s*. Granter. Maker.

OTORGANTE: *s*. Granter. Maker.

OTORGAR: *v*. To grant. To make. To execute. —**FIANZA**: *v*. To give bail. To put up bond.

OTROS: *adj*., *pr*. Other. —**ASUNTOS**: *s*. Other matters. —**BIENES**: *s*. Other assets. Other properties. —**ENTRADAS**: *s*. Other income. —**GASTOS**: *s*. Other expenses. —**IMPUESTOS**: *s*. Other taxes. —**PRODUCTOS**: *s*. Other products.

P

PACTAR: *v.* To agree. To covenant. To contract.

PACTO COMERCIAL: *s.* Commercial treaty or agreement.

PACTO DE PREFERENCIA: *s.* Preferential agreement.

PAGABLE: *adj.* Payable. Due and payable.

PAGADERO: *adj.* Payable. Due and payable. **—A LA ORDEN:** *adj.* Payable to the order of. **—AL PORTADOR:** *adj.* Payable to the bearer. **—EN EL DESTINO:** *adj.* Payable on arrival.

PAGADO: *adj.* Paid. **—POR ADELANTADO:** *adj.* Paid in advance. **—EN EFECTIVO:** *adj.* Paid in cash.

PAGADOR: *s.* Paymaster. Payroll clerk. Teller.

PAGAR: *v.* To pay. **—A CUENTA:** *v.* To pay on account. **—AL CONTADO:** *v.* To pay in cash. **—BAJO PROTESTA:** *v.* To pay under protest. **—DAÑOS Y PERJUICIOS:** *v.* To pay damages. **—POR ANTICIPADO:** *v.* To pay in advance. **—UNA CONDENA:** *v.* To serve a sentence.

PAGARE: *s.* Promissory note. Negotiable note. **—A LA ORDEN:** *s.* Note payable to the order of. **—AL PORTADOR:** *s.* Note payable to the bearer.

PAGARES: *s.* Notes. Documents. **—DESCONTADOS:** *s.* Discounted notes. **—POR COBRAR:** *s.* Notes receivable. **—POR PAGAR:** *s.* Notes payable.

PAGO: *s.* Payment. **—ANTES DEL ENVIO:** *s.* Payment before shipment. **—ATRASADO:** *s.* Payment in arrears. **—CONTRA DOCUMENTOS:** *s.* Payment upon presentation of documentation. **—ILEGAL:** *s.* Illegal payment. Pay-off. **—PARCIAL:** *s.* Partial payment. **—POR HORAS EXTRAS:** *s.* Overtime pay.

PAGUESE: Imperative. You pay. **—A LA ORDEN DE:** *v.* Pay to the order of **—AL PORTADOR:** *v.* Pay to the bearer.

PAIS DE NACIMIENTO: *s.* Country of birth.

PALABRA, DE: *adv.* Verbally. Informally.

PALANCA: *s., mod.* Influence.

PANEL: *s.* Panel. Commitee. Group. Board. **—DE CONSUMIDORES:** *s.* Consumer's Committee.

PANFLETO: *s.* Pamphlet.

PAPEL: *s.* Document. Securities. Paper. **—BANCARIO:** *s.* Bank paper. Bank documents. **—BURSATIL:** *s.* Listed securities.

PAPELEO: *s.* Red tape. Paper work.

PAPELES DE INMIGRACION: *s.* Immigration papers. **—DE TRABAJO:** *s.* Working papers.

PAQUETE: *s.* Package. Parcel.

PAR, A LA: *adv.* At par.

PARACAIDISTA: *s., mod.* Invader of private lands.

PARADA: *s.* Shut-down. Discontinuance.

PARCELERO: *s.* Small landowner.

PARCIALIDAD: *s.* Prejudice. Discrimination. Partiality.

PARIDAD: *s.* Parity.

PARLAMENTARIO: *adj.* Parliamentary.

PARO: *s.* Shutdown. Strike. Stop. **—FORZOSO:** *s.* Forceful shutdown. **—INVOLUNTARIO:** *s.* Involuntary shutdown.

PARTE: *s.* Party. Part. Share. **—DE-MANDADA:** *s.* Defendant. Party accused. **—DEMANDANTE:** *s.* Plaintiff. Party who accuses. **—PERJUDICADA:** *s.* Damaged agrieved party.

PARTICION: *s.* Partition. Division

PARTICIPACION: *s.* Participation. Participating. **—DE ACCIONISTAS:** *s.* Stockholder's equity in the company. **—DE UTILIDADES:** *s.* Profit sharing.

PARTICIPANTE: *s.* Participant. Beneficiary.

PARTICIPAR: *v.* To participate.

PARTIDA: *s.* Lot. Entry in the books. Shipment. Item. **—DE MERCANCIA:** *s.* Lot of merchandise. **—DOBLE:** *s.* Double entry in the books.

PARTIDAS A COBRAR: *s.* Accounts receivable.

PASAR: *v.* Pass. To post. To deliver. To review. **—AL MAYOR:** *v.* To post to the ledger. **—POR ALTO:** *v.* To skip. To ignore.

PASIVO: *s.* Liabilities. Debts. Obligations. **—A CORTO PLAZO:** *s.* Short term liability. **—ACUMULA-DO:** *s.* Accrued liability. **—CON-**

TINGENTE: *s.* Contingent liability. **—CORRIENTE:** *s.* Current liabilities. **—DIFERIDO:** *s.* Deferred liability. **—FIJO:** *s.* Fixed liabilities. **—VENCI-DO:** *s.* Matured or due liabilities.

PASO: *s.* Step. Speed. Measure.

PASOS PREVENTIVOS: *s.* Preventative measures.

PATENTADO: *adj.* Patented.

PATENTE: *s.* Patent. License. Certificate. **—DE NACIMIENTO:** *s.* Birth certificate. **—DE OPERADOR:** *s.* Driver's license. **—PROFESIONAL:** *s.* Professional license. **—SOLICITA-DA:** *s.* License applied for.

PATERNIDAD: *s.* Paternity.

PATERNO: *adj.* Paternal.

PATRIA POTESTAD: *s.* Paternal jurisdiction.

PATRIMONIO: *s.* Patrimony. Estate. Wealth. **—NACIONAL:** *s.* National wealth.

PATROCINADOR: *s.* Sponsor. Supporter. "Angel".

PATROCINAR: *v.* To sponsor.

PATRON: *s.* Employer. Boss. Pattern. Master.

PATRONATO: *s.* Board of governors.

PEAJE: *s.* Toll charge.

PECUNIARIO: *adj.* Pecuniary. Pertaining to money.

PEDIDO: *s.* Order. Request. **—DE COMPRA:** *s.* Purchase order. **—DE CONTADO:** *s.* Cash order. **—DE CRE-DITO:** *s.* Credit order. **—EN FIRME:** *s.* Firm order. Confirmed order. **—PENDIENTE:** *s.* Pending or unfilled order.

PEDIMENTO: *s.* Petition. Application. **—DE ADUANA:** *s.* Customs declaration. **—DE IMPORTACION:** *s.* Import declaration.

PEDIR PRESTADO: *v.* To borrow.

PELIGROSO: *adj.* Dangerous. Risky.

PENA: *s.* Penalty. Punishment. Sentence.

PENDIENTE: *adj.* Pending. Waiting. **—DE PAGO:** *s.* Pending payment.

PENSION: *s.* Pension. Lodging. **—DE INVALIDEZ:** *s.* Disability pension. **—DE JUBILACION:** *s.* Retirement pension.

PENSIONADO: *s.* Pensioner.

PERCEPCIONES: *s.* Income. Earnings. Receipts.

PERDER: *v.* To lose. Failure to make a profit. **—POR ABANDONO:** *s.* Loss through abandonment.

PERDIDA: *s.* Loss. Shortage. Spoilage. **—BRUTA:** *s.* Gross loss. **—DE CAPITAL:** *s.* Capital loss. **—EN ACTIVO FIJO:** *s.* Loss of fixed assets. **—NETA:** *s.* Net loss. **—PARCIAL:** *s.* Partial loss.

PERDIDAS: *s.* Losses. **—ACUMULADAS:** *s.* Accumulated losses. **—Y GANANCIAS:** *s.* Profit and loss.

PERFORACION PETROLERA: *s.* Drilling for petroleum.

PERIODO: *s.* Period. Term. **—CORRIENTE:** *s.* Current period. **—DE GRACIA:** *s.* Grace period. **—DE PRUEBA:** *s.* Time for presenting evidence.

PERIODOS CONTABLES: *s.* Accounting periods.

PERITAJE: *s.* Expert opinion. Expert testimony.

PERITO: *s.* Expert. Skilled. **—CONTADOR:** *s.* Expert accountant.

PERITO VALUADOR: *s.* Appraiser. Evaluator.

PERJUDICADO: *adj.* Injured. Agrieved. Damaged.

PERJUDICAR: *v.* To injure or damage.

PERJUICIO: *s.* Prejudice. Harm. Detriment.

PERMISO: *s.* Permit. License. Leave.

—CON GOCE DE SUELDO: *s.* Leave with pay. **—DE EXPORTACION:** *s.* Export permit. **—DE IMPORTACION:** *s.* Import permit. **—DE TRABAJO:** *s.* Work papers. Work permit.

PERMISIONARIO: *s.* Holder of a permit.

PERMUTA: *s.* Barter. Exchange. Trade.

PERPETUIDAD: *s.* Perpetuity.

PERSONA JURIDICA: *s.* Legal or artificial person. **—ROMPE-HUELGA:** *s.* Strike breaker. Scab.

PERSONAL: *s.* Personnel. Personal. **—ADMINISTRATIVO:** *s.* Administrative personnel. **—DE OFICINA:** *s.* Office personnel. **—DE PRODUCCION:** *s.* Production Personnel. **—DE VENTAS:** *s.* Sales personnel. **—JUBILADO:** *s.* Pensioned personnel. **—SINDICALIZADO:** *s.* Unionized personnel.

PERTENENCIA: *s.* Ownership. Property right.

PERTINENTE: *adj.* Pertinent.

PESO: *s.* Peso. Weight. **—BRUTO:** *s.* Gross weight. **—NETO:** *s.* Net weight.

PETICION: *s.* Petition. Request. Plea. **—DE PATENTE:** *s.* Application for a patent. **—DE QUIEBRA:** *s.* Petition for bankruptcy. **—POR NUEVO JUICIO:** *s.* Petition for a new trial.

PETROBONOS: *s.* Petrobonds.

PETRODOLARES: *s.* Petrodollars.

PETROLEO ALMACENADO: *s.* Stored petroleum. **—COMBUSTIBLE:** *s.* Fuel oil. **—CONTRATADO:** *s.* Contracted or sold petroleum. **—CRUDO:** *s.* Crude petroleum.

PIE: *s.* Foot. Twelve inches. (Appx. 28 cm.)

PIGNORACION: *s.* Pignoration. Chattel mortgage. Pledge.

PIGNORAR: *v.* To pledge or mortgage.

237

PLAGIAR: *v.* To plagiarize.

PLAN DE JUBILACION: *s.* Retirement plan. —DE VENTAS: *s.* Sales plan.

PLANEACION: *s.* Planning.

PLANEACION A LARGO PLAZO: *s.* Long range planning.

PLANES DE DESARROLLO: *s.* Development, expansion plans.

PLANILLA: *s.* Sheet. Form. Bill.

PLANO: *s.* Map. Chart.

PLANTA: *s.* Plant. Factory.

PLATA: *s.* Silver. Money.

PLATAFORMA DE CARGA: *s.* Loading platform.

PLAZO: *s.* Term. Period. Deadline. Easy payments. —DE GRACIA: *s.* Period of grace. —DE VALIDEZ: *s.* Valid time. Term of validity.

PLEITO: *s.* Lawsuit. Legal action. Quarrel.

PLICA: *s.* Escrow.

PLIEGO: *s.* Folio. Sheet. Dossier.

PLURALIDAD: *s.* Plurality. Majority.

PLUSVALIA: *s.* Unearned increment. Goodwill.

PLUSVALOR: *s.* Amount of unearned increment.

PODER: *s.* Power. Faculty. Authority. Power of attorney. Proxy. —ADQUISITIVO: *s.* Purchasing power. —APARENTE: *s.* Implied authority. —DE VOTO: *s.* Proxy. —JUDICIAL: *s.* Judicial authority. —LEGISLATIVO: *s.* Legislative authority.

PODERHABIENTE: *s.* Holder of authority. Proxy holder.

POLICIA INDUSTRIAL: *s.* Industrial security police.

POLITICA: *s.* Policy. Politics. —DE MERCADEO: *s.* Marketing policy. —SOCIAL: *s.* Corporate policy.

POLIZA: *s.* Voucher. Warrant. Script.

—DE DIARIO: *s.* Journal voucher. —DE FIANZA: *s.* Surety bond.

PONENCIA: *s.* Proposition. Statement. Decision.

PONER AL DIA: *v.* To bring up to date.

POR: *prep.* By, for, about. —ADELANTADO: *adv.* In advance. —AVION: *adv.* By plane. By air. —CABLE: *adv.* By cable. By wire. —CIENTO: *s.* Per cent. —COBRAR: *adv.* Collectable. Receivable. —C.O.D: Collect on delivery. —CONDUCTO DE: *adv.* By means of. Through. —EL PRESENTE: *adv.* For the time being. —ESTO: *adv.* Therefore. Hereby. —LO TANTO: *adv.* Inasmuch. Therefore. —MEDIO DE: *adv.* By means of. —LA OTRA PARTE: *adv.* On the other hand. Otherwise. —PAGAR: *adv.* Payable. To be paid. —PODER SUPERIOR: *adv.* By eminent domain. —SU CUENTA: *adv.* For your account. —VENCER: *adv.* About to fall due.

PORCENTAJE: *s.* Percentage.

PORTADOR: *s.* Bearer.

PORTAFOLIO: *s.* Portafolio. A list.

PORTE: *s.* Postage. Transportation.

PORTEADOR: *s.* Carrier.

POSDATAR: *v.* To update. To postdate.

POSEEDOR: *s.* Possessor. Owner. Holder.

POSEER: *v.* To possess. To hold. To own.

POSESION: *s.* Possession. Tenure. —DE BUENA FE: *s.* Possession in good faith. —HOSTIL: *s.* Adverse possession. —NOTORIA: *s.* Notorius possession.

POSICION: *s.* Position. Situation. State of being.

POSPONER: *v.* To postpone.

POSTERIOR: *adj.* Subsequent to.

POSTOR: *s.* Bidder.

POSTULAR: *v.* Postulate. Demand. Request.

POSTUMO: *adj.* Posthumous. After death.

POTENCIA: *s.* Powerful nation. Power.

POTENCIAL DE VENTAS: Sales potential.

POTESTAD: *s.* Jurisdiction. Authority. Custody.

PRACTICA COMERCIAL: *s.* Business prectice.

PRACTICAR: *v.* To practice a profession or religion.

PREAMBULO: *s.* Preamble. Introduction.

PRECAUTORIO: *adj.* Precautionary. Preventive.

PRECAUTORIO, EMBARGO: *s.* Precautionary attachment. Garnishment.

PRECIO: *s.* Price. —**AL CONTADO:** *s.* Cash price. —**AL MAYOREO:** *s.* Wholesale price. —**AL MENUDEO:** *s.* Retail price. —**CONTROLADO:** *s.* Controlled price. —**DE LISTA:** *s.* List price. —**DEL MERCADO:** *s.* Market price. —**EN FIRME:** *s.* Firm price. —**FIJO:** *s.* Fixed price. —**FLOTANTE:** *s.* Floating price. —**GLOBAL:** *s.* Global price. Blanket price. —**INFLADO:** *s.* Inflated price. —**POR DESTAJO:** *s.* Piece rate. Price for piecework. —**TOPE:** *s.* Ceiling price.

PRECLUSION: *s.* Estoppel. Preclusion. Prohibition.

PRECONTRACTUAL: *adj.* Precontractual.

PREDIAL: *adj.* Concerning real property.

PREDIO: *s.* Land. Real property.

PREFECTURA: *s.* Superintendency. Headquarters.

PREFECTO: *s.* High administrative official.

PREFERENCIA SEGUN ANTIGÜEDAD: *s.* Preferente in order of seniority.

PREFERIDO: *adj.* Preferred. Selected.

PRENDA: *s.* Chattel. Pledge. Personal property.

PRESCRIBIR: *v.* To prescribe. To be outlawed.

PRESCRIPCION: *s.* Prescription. Lapse.

PRESENTAR LA DEMANDA: *v.* To file the complaint.

PRESENTACION: *s.* Presentation. Aspect. The filing.

PRESENTE, CON EL: *adv.* Herewith. Annexed.

PRESIDENTE INTERINO: *s.* Acting president, mayor or chairman of a meeting.

PRESIONADO: *adj.* Under pressure or duress.

PRESTACION: *s.* Benefit. Loan. Advance. Obligation.

PRESTACIONES LABORALES: *s.* Fringe benefits.

PRESTAMISTA: *s.* Money lender. Loan shark.

PRESTAMO: *s.* Loan. —**A CORTO PLAZO:** *s.* Short term loan. —**AGRICOLA:** *s.* Agricultura loan. Farn loan —**ASEGURADO:** *s.* Secured loan. Assured loan. —**AVALADO:** *s.* Loan secured by indorsement. —**BANCARIO:** *s.* Bank loan. —**HIPOTECARIO:** *s.* Mortagage loan. —**PERSONAL:** *s.* Personal loan. —**Y ARRIENDO:** *s.* Lend-lease.

PRESTAR: *v.* To lend.

PRESTATARIO: *s.* Borrower.

PRESTIGIO: *s.* Prestige. Fame. Influence.

PRESUPUESTO: *s.* Budget. Schedule.

—ANUAL: s. Annual budget. —DE GASTOS: s. Expense budget. —DE OPERACIONES: s. Operating budget. —DE PRODUCCION: s. Production budget. —DE VENTAS: s. Sales budget. —FINANCIERO: s. Financial budget.

PREVENCION: s. Prevention. Protection. Supply.

PREVENTIVO: s. Preventative.

PREVISION SOCIAL: s. Social welfare.

PRIMA: s. Premium. Bonus. Rate. Fee. —DE SEGURO: s. Insurance premium.

PRIMERA: adj. First. —ENTRADA: s. First entry. —HIPOTECA: s. First mortgage.

PRIMERAS ENTRADAS PRIMERAS SALIDAS: s. First in first out.

PRINCIPAL: s., adj. Principal. Main. Chief.

PRINCIPIAR: v. To commense. To initiate.

PRINCIPIOS: s. Principles. Ethics. Rules. —DE CONTABILIDAD: s. Principles of accounting. —DE LEY: s. Principles of law.

PRIORIDAD: adj., s. Priority. Preferential.

PRIVADO: adj. Private. Personal.

PRIVAR: v. To deprive. To divest.

PRIVILEGIADO: adj. Privileged. Preferred. Protected.

PRIVILEGIO: s. Privilege. Immunity.

PROBABILIDAD: s. Probability. Possibility. —DE ALZA: s. Possibility of a rise. —DE BAJA: s. Probability of a decline. —DE VIDA: s. Life expectancy.

PROBAR: v. To test. To try. To prove.

PROCEDENCIA: s. Source. Place of origin.

PROCEDENTE DE: adv. Originating at. According to.

PROCEDER: v. To proceed.

PROCEDIMIENTO: s. Proceedure. Method.

PROCESAR: v. To process. To sue. To indict.

PROCESO: s. Process. Trial. Proceedings. Arraignment. —DE DATOS: s. Data processing.

PROCURADOR: s. Prosecutor. Solicitor. Attorney.

PROCURADURIA: s. Prosecutor's office. Legal office.

PRODUCCION: s. Production. Yield. - BRUTA: s. Gross production. --BRUTA NACIONAL: Gross national production. —EN SERIE: s. Line or in series production.

PRODUCIR: v. To produce. —INTERESES: v. To yield interest.

PRODUCTIVIDAD: s. Earning capacity. Productivity.

PRODUCTO: s. Product. Gain. Profit. --DE VENTAS: s. Income from sales. —LIQUIDO: s. Net proceeds. Net profit.

PRODUCTOR: s., Producer.

PRODUCTOS: s. Products. —DE EXPORTACION: s. Export products. —DE INVERSIONES: s. Income from investments. —DE OPERACIONES: s. Operating income. —ELABORADOS: s. Finshed goods. —EN PROCESO: s. Goods in process. —TERMINADOS: s. Finished products.

PROFESIONAL: adj., s., Professional.

PROFESIONISTA: s. A professional.

PROFORMA: adj. Pro-forma. As a matter of form.

PROGRAMA: s. Program. Schedule. Plan.

PROGRAMAR: *v.* To program. To schedule.

PROGRAMADOR: *s.* Programmer.

PROGRAMAS Y MATERIALES PARA COMPUTADOR: *s.* Software.

PROMEDIO: *s.* Average. —**DE PRODUCCION:** *s.* Average production. —**DE UTILIDAD:** *s.* Average profits. —**DE VENTAS:** *s.* Average sales.

PROMESA: *s.* Promise. Pledge.

PROMOCION: *s.* Promotion. Special offer. —**DE VENTAS:** *s.* Sales promotion.

PROMOTOR: *s.* Promoter. Organizer. Pusher.

PROMOVER: *v.* To promote. To make a special effort.

PRONOSTICO: *s.* Forecast. Prediction.

PRONUNCIAMIENTO: *s.* Pronouncement. Formal declaration.

PROPAGANDA: *s.* Advertising. Propaganda. —**AGENCIA DE:** *s.* Advertising agency. —**DIRECTA:** *s.* Direct advertising.

PROPIEDAD: *s.* Property. —**ARRENDADA:** *s.* Leased property. —**COLINDANTE:** *s.* Abutting property. —**DE ACCIONISTAS:** *s.* Stockholder's equity. —**EN DOMINIO PLENO:** *s.* Estate in fee simple. —**HIPOTECADA:** *s.* Mortgaged property. —**PERSONAL:** *s.* Personal property. —**PRIVADA:** *s.* Private property. —**PUBLICA:** *s.* Public property.

PROPIETARIO: *s.* Proprietor. Owner.

PROPIO: *adj.* Own. Belonging to one's self.

PROPONER: *v.* To offer. To propose.

PROPOSICION: *s.* Proposition.

PROPUESTA: *s.* Bid. Offer. Proposition. —**Y ACEPTACION:** *s.* Offer and acceptance.

PRORRATA: *s.* Pro-rata. In proportion.

PRORROGAR: *v.* To postpone. Extend time.

PRORRATEAR: *v.* To prorate. To divide proportionally.

PRORROGA: *s.* Postponement.

PROSCRIBIR: *v.* To proscribe. To outlaw. To forbid.

PROSECUCION: *s.* Prosecution. Court action. Pursuit.

PROSEGUIR: *v.* To proceed. To prosecute. To pursue.

PROSPECTO: *s.* Prospect. Prospectus. Probability.

PROTESTA: *s.* Protest. Demurrer. Exception.

PROTESTAR: *v.* To protest. To demur. To except.

PROTOCOLO: *s.* Protocol. Official record. Registry.

PROVEEDORES: *s.* Suppliers. Providers. —**DE MATERIA PRIMA:** *s.* Suppliers of raw materials.

PROVEER: *v.* To supply. To provide.

PROVISION: *s.* Provision. Reserve. Precaution. —**PARA CUENTAS MALAS:** *s.* Reserve for bad debts. —**PARA IMPUESTOS:** *s,* Reserve for taxes. —**PARA DEPRECIACION:** *s.* Reserve for depreciation.

PROVISIONAL: *adj.* Provisional.

PROXIMO: *adj.* Next. Near. Close. Proximate.

PROYECTO: *s.* Project. Plan. —**DE TRABAJO:** *s.* Work project. —**EN GRANDE ESCALA:** *s.* Large scale project.

PRUEBA: *s.* Trial. Test. Proof. Evidence. —**ABSOLUTA:** *s.* Absolute proof or evidence. —**ADMISIBLE:** *s.* Admissible evidence. —**CIRCUNSTANCIAL:** *s.* Circumstantial evidence. —**CORROBORATIVA:** *s.* Corroborating evidence. —**MEDIATA**: *s.* Indirect or hearsay evidence.

PRUEBAS DE APTITUD: *s.* Aptitude tests.

PUBLICIDAD: *s.* Publicity. Advertising. —**DE MARCA**: *s.* Brand advertising. —**EN PUNTO DE VENTA**: *s.* Point-of-sale advertising. —**INSTITUCIONAL**: *s.* Institutional advertising.

PUESTO: *s.* Post. Position. Job.

PUNTO: *s.* Point. —**DE APOYO**: *s.* Leverage point. —**DE EQUILIBRIO**: *s.* Break-even point. —**DE NO REGRESO**: *s.* Point of no return. —**DE RUPTURA**: *s.* Breaking point. —**DE TENSION**: *s.* Point of stress. —**DEBIL**: *s.* Weak point. —**EN DEBATE**: *s.* Point at issue. —**FIJO**: *s.* Fixed point. —**Y APARTE**: *s.* Period and paragraph. —**Y COMA**: *s.* Semicolon.

PUPILAGE: *s.* Guardianship.

PUPILO: *s.* Ward. Child or incompetent in the care of a guardian.

Q

QUEBRADO: *adj.* Broke. In bankruptcy.

QUE: *r. pr.,* that. which. **—DEVENGA INTERESES:** *adj.* That bears interest. **—NO SE REPITE:** *adj.* Nonrepeating. Nonrecurring. **—SE DIGA:** *Imp.* Let it be said.

QUEBRAR: *v.* To go broke. **—FE:** *v.* To break faith. **—RELACIONES:** *v.* To break relations.

QUEJA: *s.* Complaint. Grievance. Charge.

QUERELLA: *s.* Complaint. Charge.

QUIEBRA: *s.* Bankruptcy. Insolvency.

QUINCENA: *s.* Fifteen days.

QUINCENAL: *adj.* Every 15 days. Semi-monthly.

QUINTAL: *s.* Hundredweight.

QUITA: *s.* Acquittal. Release. Not guilty verdict.

QUO WARRANTO: *s.* Writ of quo warranto.

R

RADICAR: *v.* To reside. To establish. To file.

RANGO: *s.* Rank. Classification. Grade.

RAPTO: *s.* Robbery. Kidnapping. Abduction.

RATERO: *s.* Petty thief.

RATIFICACION: *s.* Ratification. Approval.

RATIFICAR: *v.* To ratify.

RAYA: *s.* Payroll. Paycheck. Pay envelope.

RAYAR: *v.* To receive wages.

RAZON: *s.* Reason. Proportion. Name. **—SOCIAL:** *s.* Corporate name.

RAZONABLE: *adj.* Reasonable. Acceptable.

REABRIR: *v.* Reopen. Renew. Review.

REACCION: *s.* Reaction. Response.

REAJUSTAR: *v.* Readjust. Revamp.

REALIDAD: *s.* Truth. Reality.

REALIZAR: *v.* Realize. Achieve.

REASEGURAR: *v.* Reinsure. Reassure.

REAVALUO: *s.* Reappraisal. New value.

REBAJA: *s.* Cut in price.

REBELDIA: *s.* Default. Contempt of court.

RECAPITALIZACION: *s.* Recapitalization. Refinancing.

RECAPITULACION: *s.* Recapitulation. Summary.

RECARGO: *s.* Overcharge. Surcharge. Added charge.

RECAUDABLE: *adj.* Collectable.

RECAUDACION: *s.* Collection.

RECAUDADOR DE IMPUESTOS: *s.* Tax collector.

RECAUDAR: *v.* To collect. Reserve. Set aside.

RECEPCIONISTA: *s.* Receptionist. Switchboard.

RECIBO: *s.* Receipt. **—DE DINERO:** *s.* Money receipt. **—DE RENTA:** *s.* Rent receipt. **—DE IMPUESTOS:** *s.* Tax receipt.

RECIPROCO: *adj.* Reciprocal. Mutual.

RECLAMACION: *s.* Claim. Complaint. Charge.

RECLAMANTE: *s.* Claimant. Plaintiff.

RECOBRABLE: *adj.* Recoverable.

RECOBRAR: *v.* To recover. To regain.

RECOMPENSA: *s.* Reward. Remuneration. Payment.

RECONOCER: *v.* Recognize. Admit. Acknowledge.

RECONOCIMIENTO: *s.* Acknowledgement. Recognition.

RECONSIDERAR: *v.* To reconsider.

RECONVENCION: *s.* Counter-claim.

RECOPILACION: *s.* Summary. Recapitulation. Compilation.

RECORDATORIO: *s.* Reminder. Tickler.

RECTIFICAR: *v.* Rectify. Correct.

RECUENTO: *s.* Recount.

RECUPERABLE: *s.* Recoverable.

RECUPERACION: *s.* Recuperation.

Recovery. **—DE DESPERDICIOS**: *s.* Recovery of waste material or scraps.

—DE LA INVERSION: *s.* Recovery of the investment.

RECURRIR: *v.* Resort to. Appeal to.

RECURSO: *s.* Resource. Recourse. Appeal. Proceeding. **—DE AMPARO**: *s.* Recourse to constitutional guarantees such as habeas corpus, injunction, etc. **—LEGAL**: *s.* Legal recourse. Legal remedy. **—PARA RECUPERAR BIENES**: *s.* Replevin.

RECURSOS NATURALES: *s.* Natural resources.

RECUSAR: *v.* Challenge. Exception. To object.

RECHAZAR: *v.* To reject. To refuse.

REDACTAR: *v.* To edit. To write. Compose.

REDESCUENTO: *s.* Rediscount. Renegotiation.

REDIMIBLE: *adj.* Redeemable. Recoverable.

REDITO: *s.* Interest (financial). Income.

REDUCCION: *s.* Reduction. **—DE CAPITAL**: *s.* Capital reduction. **— DE GASTOS**: *s.* Reduction of expenses.

REEMBOLSO: *s.* Refund. Reimbursement.

REEMPLAZO: *s.* Reestablishment. Replacement.

REFACCIONAR: *v.* To finance a crop.

REFACCIONES: *s.* Repair parts. Replacements.

REFERENCIA: *s.* Reference. Recommendation. **—BANCARIA**: *s.* Bank reference.

REFERENDUM: *s.* Referendum.

REFORMA: *s.* Reform. Ammendment. Revision.

REFUTAR: *v.* Refute. Rebut. Argue.

REGALIA: *s.* Royalty.

REGENTE: *s.* Regent. Magistrate. Director.

REGISTRADOR: *s.* Cash register.

REGISTRO: *s.* Register. Record. Log. Recorder. **—CIVIL**: *s.* Civil register. Recorder's office. **—DE ACCIONISTAS**: *s.* Stockholders' register. **—DE LA PROPIEDAD**: *s.* Recorder's office. **—DE MARCA**: *s.* Register of trade mark. **—DE PATENTE**: *s.* Patent registration. **—DE CAUSANTES**: *s.* Taxpayer's registration. **—NACIONAL DE EXTRANJEROS**: *s.* National register of aliens. **—PUBLICO**: *s.* Recorder's office. Public registry.

REGLAMENTACION: *s.* Reglamentation.

REHACER: *v.* To remake. To rebuild.

RELACION: *s.* Relation. Account. Ratio. **—DE PASIVO Y ACTIVO**: *s.* Ratio of assets and liabilities.

RELACIONES: *s.* Relations. **—OBRERO-PATRONALES**: *s.* Worker-employer relations. **—PUBLICAS**: *s.* Public relations.

RELOJ MARCADOR: *s.* Time clock.

REMATAR: *v.* To auction off. To sell at sacrifice.

REMATE: *s.* Foreclosure sale. Forced sale.

REMESA: *s.* Remittance. Shipment.

REMISION: *s.* Shipping order. Remittance.

REMITENTE: *s.* Shipper.

REMITIR: *v.* To remit. To ship.

REMUNERACION: *s.* Remuneration. Reward. Payment.

REMUNERAR: *v.* To remunerate. To pay.

RENDIMIENTO: *s.* Yield. Output.

RENDIR: *v.* To yield. To produce.

RENOVAR: *v.* To renew. To revalidate.

RENTA: *s.* Rent. Yield. Income. Revenue. **—DE MAQUINARIA:** s. Machine rental. **—MENSUAL:** s. Monthly income.

RENTISTA: s. One who lives from a pension or investment.

RENUNCIA: s. Resignation. Waiver.

RENUNCIAR: v. To resign. To renounce. To waive.

REO: s. Defendant. Convict. Accused.

REORGANIZACION: s. Reorganization.

REPARACION Y MANTENIMIENTO: s. Repairs and maintenance.

REPARAR: v. To repair. To restore. To compensate.

REPARTIBLE: adj. Distributable. Divisable.

REPARTICION: s. Distribution. Parceling out. **—DE TIERRAS:** s. Distribution of lands.

REPARTO: s. Redistribution of goods or lands.

REPLICAR: v. File an answer. Reply. Replication.

REPORTE: s. Report. Account.

REPOSESION: s. Repossession. Recovery of possession.

REPOSICION: s. Replacement. Reinstatement.

REPRESENTACION: s. Representation.

REPRESENTANTE: s. Representative. Agent. **—LEGAL:** s. Legal representative.

REPROBAR: v. To fail. To flunk. To take exception.

REPUDIAR: v. Repudiate. Reject. Refuse.

REPUESTOS: s. Repair parts. Replacements.

REQUERIMIENTO: s. Requirement. Summons. Requisition. Injunction.

REQUISICION: s. Requisition.

REQUISITAR: v. To sign. To fill a form. To execute.

RESCATAR: v. To redeem. To salvage. To rescue.

RESCINDIR: v. Rescind. Annul.

RESCISION: s. Rescission. Annulment.

RESERVA: s. Reserve. **—BANCARIA:** s. Bank reserve. **—DE CONTINGENCIA:** s. Contingency reserve. **—DE EXPANSION:** s. Reserve for expansion. **—DE ORO:** s. Gold reserve. **—ESTABILIZADORA:** s. Stabilizing reserve. **—LEGAL:** s. Legal reserve. **—OCULTA:** s. Hidden reserve. **—PARA AMORTIZACION:** Reserve for amortization. **—PARA CUENTAS DUDOSAS:** Reserve for bad debts. **—PARA DEPRECIACION:** s. Reserve for depreciation. **—PARA IMPUESTOS:** s. Reserve for taxes. **—DE NIVELACION:** s. Equalizing reserve. **PARA PENSIONES:** s. Reserve for pensions.

RESGUARDO: s. Protection. Hedging. Security.

RESOLUCION: s. Resolution.

RESOLVER: v. To resolve. To solve. To decide.

RESPALDAR: v. To aid. To support. To help.

RESPALDO: s. Backing. Support.

RESPETUOSAMENTE: adj. Respectfully.

RESPONDER POR: v. To vouch for. To be responsible for.

RESPONSABILIDAD: s. Responsability. **—CONTRATADA:** s. Contractual responsibility. **—LIMITADA:** s. Limited responsibility. **—MANCOMUNADA:** s. Joint responsibility. **—POR AVAL:** s. Liability through indorsement. **—SOLIDARIA Y MANCO-**

MUNADA: *s.* Joint and several liability.

RESPONSABLE: *adj., s.* Responsible.

RESTAURAR: *v.* To restore. To rebuild.

RESTO: *s.* Remainder. Remnant.

RESTRINGIDO: *adj.* Restricted. Limited.

RESTRINGIR: *v.* To restrict. To limit.

RESULTADO: *s.* Sum. Total. Result.

RESUMEN: *s.* Summary. Digest.

RETENCION: *s.* Retaining. Withholding. Keeping out.

RETENER: *v.* To withhold.

RETENIDOS, IMPUESTOS: *s.* Withholding tax.

RETIRAR: *v.* To withdraw. To retire.

RETIRO DE BIENES: *s.* Withdrawal of assets. —DE DINERO: *s.* Withdrawal of money.

RETRASAR: *v.* To delay. To hold back.

RETRASO: *s.* Delay. Drawback. Lag.

RETRIBUCION: *s.* Retribution. Payment. Punishment.

RETRIBUIR: *v.* To recompense. To pay.

RETROALIMENTACION: *s.* Feedback.

RETROCESO: *s.* Recession. Retreat. Decline.

REUNION: *s.* Meeting. Gathering.

REVALIDAR: *v.* To revalidate. To confirm.

REVENTA: *s.* Resale.

REVERSION: *s.* Reversal. Annulment. Revocation.

REVISION: *s.* Inspection. Review. Check.

REVOCACION: *s.* Revocation. Reversal.

REVOCAR: *v.* Revoke. Reverse. Annul.

REVOLVENTE: *adj.* Revolving. Rotating.

RIESGO: *s.* Risk. Hazard. —CALCULADO: *s.* Calculated risk. —DE CREDITO: *s.* Credit risk.

RIESGOSO: *adj.* Risky. Hazardous.

RIQUEZA: *s.* Wealth.

ROBO: *s.* Theft. Robbery. —MAYOR: *s.* Grand larceny. —MENOR: *s.* Petty larceny.

ROTACION: *s.* Rotation. Turnover. Movement. —DE CAPITAL: *s.* Capital turnover. —DE INVENTARIO: *s.* Inventory turnover. —DE PERSONAL: *s.* Personnel turnover.

RUBRICA: *s.* Rubric. Title. Heading.

S

SABOTAJE: *s.* Sabotage.

SALARIO: *s.* Salary. Wage. **—MINIMO:** *s.* Minimum wage.

SALDAR: *v.* To balance. To liquidate. To carry forward. To close out. To settle. **—LA CUENTA:** *v.* To settle the account.

SALDO: *s.* Balance. Odd lot. Remnant. **—ACREEDOR:** *s.* Credit balance. **—A FAVOR:** *s.* Favorable balance. **—DEL EJERCICIO ANTERIOR:** *s.* Balance from the previous operating period. **—DEUDOR:** *s.* Debit balance. **—INSOLUTO:** *s.* Unpaid balance **—POR PAGAR:** *s.* Balance due and payable.

SALIDA: *s.* Disbursement. Payment. Shipment. Departure.

SALTO: *s.* Sudden rise. Jump. Sudden increase.

SALVAMENTO: *s.* Salvage.

SALVEDAD: *s.* Exception. Qualification.

SALVO: *adj.* Excepting. With the exception of. **—ERROR U OMISION:** *adj.* Errors or omissions excepted. (s.e.u.o.).

SANCION: *s.* Sanction. Punishment. Authorization.

SATISFACCION: *s.* Satisfaction. Compliance.

SE: *refl.* One's self. It can. **—ALQUILA:** For rent. **—COMPRA:** Will buy. Wanted. **—DEMUESTRA:** (It) is shown, (it) can be shown. **—OPERA:** (It) operates. (It) is operated. **—PUE-DE:** (It) can be done. **—SOLICITA:** Wanted. **—VENDE:** For sale.

SECRETARIA: *s.* Secretary.

SECRETARIA: *s.* Secretariat. Ministry. Department. **—DE COMERCIO:** Department of commerce. **—DE ECONOMIA:** Ministry of Economy. **—DE GUERRA:** War Department. **—DE HACIENDA:** Treasury Department. **—DE RELACIONES EXTERIORES:** Ministry of foreign relations. State Department.

SECUESTRO: *s.* Kidnapping. Seizure. Attachment.

SEDE: *s.* Site. Headquarters. Court.

SEGUN: *prep.* According to. As to. As per.

SEGURIDAD: *s.* Security. Safety. Warranty.

SEGURO: *s.* Insurance. Safe. Assurance. **—ABIERTO:** *s.* Open or blanket insurance. **—CONTRA ACCIDENTES:** *s.* Accident insurance. **—CONTRA DAÑOS A TERCEROS:** *s.* Public liability insurance. **—CONTRA MOTIN:** *s.* Riot insurance. **—DE COSECHAS:** *s.* Crop insurance. **—DE FIDELIDAD:** *s.* Fidelity insurance. **—DE GRUPO:** *s.* Group insurance. **—DE INCENDIO:** *s.* Fire insurance. **—DE SALUD:** *s.* Health insurance. **—DE TITULO:** *s.* Title insurance. **—DE VIDA:** *s.* Life insurance. **—DE CARGAMENTO:** *s.* Cargo insurance. **—MARITIMO:** *s.* Marine insurance.

—SERVIDOR: Yours truly. —SO-CIAL: *s.* Social security.

SEGUROS PAGADOS: *s.* Paid insurance. —VENCIDOS: *s.* Expired insurance. Lapsed.

SELLAR: *v.* To seal.

SELLOS DE IMPUESTOS: *s.* Revenue stamps. —POSTALES: *s.* Postage stamps.

SEMANAL: *adj.* Weekly.

SEMESTRE: *s.* Semester.

SENTENCIA: *s.* Judgment. Sentence. Verdict. —ABSOLUTORIA: *s.* Aquittal. Dismissal. —DE CONDENA: *s.* Finding of guilty.

SEÑALAR: *v.* Designate. Earmark. Point out.

SERIE: *s.* Series. Sequence.

SERVICIO: *s.* Service. Maintenance and upkeep. —DE HOTELES: *s.* Hotel accomodations. —POSTAL: *s.* Postal service.

SERVICIOS PUBLICOS: *s.* Public service or utilities.

SERVIDUMBRE: *s.* Easment. Right of way. Servants.

SESION: *s.* Session. Meeting. —DE ACCIONISTAS: *s.* Stockholders' meeting. —DE LA JUNTA DIRECTIVA: Directors' meeting.

SIGNATORIO: *s.* Signer.

SIN; *prep.* Without. —APLICAR: *adj.* Unapplied. Unappropriated. —ASEGURAR: *adj.* Uninsured. —BASE FIRME: *adj.* Without a firm base. —CONTESTAR: *adj.* Unanswered. —EMBARGO: *prep.* Nevertheless. Even so.—EMITIR: *adj.* Unissued. Unpublished. —ENTREGAR: *adj.* Undelivered. —EXITO: *adj.* Unsuccessful. —FONDOS: *adj.* Without funds. —GANANCIA: *adj.* Without profit. —INTERESES: *adj.* Without interest. —PERJUICIO: *adj.* Without prejudice

or loss. —PROGRAMAR: *adj.* Unscheduled. Unprogrammed. —RECURSOS: *adj.* Without resources or money. —VALOR: *adj.* Worthless.

SINCERAMENTE: *adj.* Sincerely.

SINDICADO: *s.* Syndicate. Defendant.

SINDICAR: *v.* To unionize.

SINDICATURA: *s.* Receivership. Union office.

SINDICATO: *s.* Labor union. Syndicate. —INDUSTRIAL: *s.* Industrial association. —OBRERO: *s.* Labor union. —PATRONAL: *s.* Employer's association.

SINDICO: *s.* Receiver. Commissioner.

SINIESTRO: *s.* Disaster. Act of God.

SISTEMA: *s.* System. —DE FONDO FIJO: *s.* Impressed fund system. —MONETARIO: *s.* Monetary system. —PARA ARCHIVAR: *s.* Filing system. —PARA CONTABILIDAD: *s.* Accounting system. —SEÑORIAL: *s.* Seniority system.

SISTEMAS Y PROCEDIMIENTOS: Systems and proceedures.

SITUAR: *v.* To remit. To locate. To earmark.

SOBORNAR: *v.* To bribe. To suborn.

SOBORNO: *s.* Bribe. Graft.

SOBRANTE: *s.* Overage. Excess.

SOBRANTES Y FALTANTES: *s.* Overages and shortages.

SOBRE: *adj., s.* Over. Excess. Envelope.

SOBRECAPITALIZADO: *adj.* Overcapitalized.

SOBRECARGA: *s.* Surtax. Overhead. Overload.

SOBRECARGO: *s.* Overcharge. Steward.

SOBREEXTENDERSE: *v.* To overexpand or overextend.

SOBREGIRADO: *adj.* Overdrawn. Without funds.

SOBRE PAR: *adv.* Above par.

SOBREVIVIENTE: *s.* Survivor.

SOCIEDAD: *s.* Society. Corporation. Partnership. **—ANONIMA**: *s.* Corporation. Stock company. **—CARITATIVA**: *s.* Charitable corporation. **—COMANDITARIA**: *s.* Limited partnership. **—DESCENTRALIZADA**: *s.* Government-owned corporation. Goverment controlled enterprise. **—DE RESPONSABILIDAD LIMITADA**: Limited liability corporation. **—DOMINATRIZ**: *s.* Holding company. Controlling company. **—MUTUALISTA**: *s.* Mutual corporation.

SOCIEDADES: *s.* Societies. Corporations. **—EXTRANJERAS**: *s.* Foreign corporations. **—MULTINACIONALES**: Multinational companies.

SOCIO: *s.* Partner. Stockholder. Associate. **—ACTIVO**: *s.* Active partner. **—CAPITALISTA**: *s.* Silent partner. Moneyed partner. **—COMANDITARIO**: *s.* Silent partner. **—INDUSTRIAL**: *s.* Working partner. **—MINORITARIO**: *s.* Minorityor junior partner. **—PRINCIPAL**: *s.* Senior or majority partner.

SOLICITANTE: *s.* Petitioner. Applicant.

SOLICITAR: *v.* To solicit. To apply.

SOLICITUD: *s.* Application. Petition. Request. **—DE EMPLEO**: *s.* Employment application. **—DE PRESTAMO**: *s.* Loan application.

SOLIDARIAMENTE: *adj.* Severally. Personally liable.

SOLIDARIA Y MANCOMUNADAMENTE: *adj.* Jointly and severally.

SOLIDEZ: *s.* Soundness. Firmness. Solvency.

SOLVENCIA: *s.* Solvency. **—MORAL**: *s.* Moral responsibility.

SOLVENTE: *adj.* Solvent.

SOMETER: *v.* Submit. Accuse. Indict.

SOPORTAR: *v.* To support. To withstand. To bear.

SORTEAR: *v.* To select by drawing lots.

SOSTEN: *s.* Support. Sustainment. Sustenance.

SOSTENIBLE: *adj.* Tenable. Defendable.

SUBARRIENDO: *s.* Sublease.

SUBCONTADOR: *s.* Assistant accountant. Bookkeeper.

SUBCONTRATAR: *v.* Subcontract.

SUBCONTRATISTA: *s.* Subcontractor.

SUBCUENTA: *s.* Subsidiary account. Sub-account.

SUBDESARROLLADO: *adj.* Undeveloped. Immature.

SUBGERENTE: *s.* Assistant manager

SUB-JEFE: *s.* Assistant chief. Underboss.

SUBORDINADO: *adj.* Subordinate. Secondary.

SUBPOENA: *s.* Subpoena. Order to appear.

SUBSIDIARIO: *adj.* Subsidiary. Branch. Affiliate.

SUBSIDIO: *s.* Subsidy. Government help.

SUBVALORAR: *v.* Undervalue. Understate.

SUCESION: *s.* Sucession. Estate. Inheritance.

SUCESO: *s.* Event. Happening.

SUCESOR: *s.* Successor.

SUCURSAL: *s.* Branch. Branch office or store.

SUELDO: *s.* Wage. Salary. Pay. **—Y SALARIOS**: *s.* Wages and salaries.

SUJETO: *s., adj.* Subject. **—A IMPUESTOS**: *adj.* Subject to taxes. Taxable. **—A MULTA**: *adj.* Subject to fine.

SUMA: *s.* Sum. Amount. Addition. —GLOBAL: *s.* Lumpsum.

SUMADORA: *s.* Adding machine.

SUMAR: *v.* To add. To summarize.

SUMARIAMENTE: *adj.* Summarily. Concisely. Briefly.

SUMARIO: *s.* Summary. Digest. Abstract.

SUMINISTRAR: *v.* To supply. To provide.

SUPERAR: *v.* To excel. To surpass.

SUPERAVIT: *s.* Surplus. Superavit. ACUMULADO: *s.* Accumulated surplus. —CAPITALIZADO: Capitalized surplus. —DE OPERACIONES: *s.* Operational surplus. —GANADO: *s.* Earned surplus. —RESERVAD *s.* Reserved or appropriated surplus.

SUPERINTENDENCIA: *s.* Superintendence. Supervision.

SUPERINTENDENTE: *s.* Superintendent. Supervisor.

SUPERMERCADO: *s.* Supermarket.

SUPERSTITE: *adj., s.* Living heir. Survivor.

SUPERVISAR: *v.* To supervise. To manage.

SUPERVISION: *s.* Supervision.

SUPERVISOR: *s.* Supervisor.

SUPLEMENTAL: *adj.* Supplemental. Additional.

SUPLEMENTO: *s.* Supplement.

SUPLENTE: *s., adj.* Substitute. Replacement.

SUPLICA: *s.* Plea. Petition.

SUPLIR: *v.* To supply. To substitute. To replace.

SUPREMA CORTE: *s.* Supreme Court.

SURTIR: *v.* To supply. To furnish. To provide. —UN PEDIDO: *v.* To fill an order.

SUSCRIBIR: *v.* To subscribe. To sign. To agree.

SUSCRIPCION: *s.* Subscription. Pledge.

SUSCRIPTOR: *s.* Subscriber.

SUSCRITO: *adj.* Undersigned.

SU SEGURO SERVIDOR: Yours truly. Sincerely yours.

SUSODICHO: *adj.* Aforesaid.

SUSPENSION: *s.* Suspension. —DE DERECHOS: *s.* Suspension of right. —DE LA JUNTA: *s.* Adjournment of the meeting. —DE PAGOS: *s.* Suspension of payments. —DE SENTENCIA: *s.* Suspended sentence. —DE TRABAJO: *s.* Suspension of work.

SUSTENTO: *s.* Family support. Maintenance.

SUSTITUTO: *adj.* Substitute.

SUYO: *adj.* Yours. Yours truly.

T

TABULACION: *s.* Tabulation.

TACHAR: *v.* To cross out. Cancel.

TALON: *s.* Stub. Check or receipt stub. **—DE RECIBO:** *s.* Receipt stub.

TALONARIO: *s.* Stub book. Receipt book. Check book.

TALLER: *s.* Shop. Workshop.

TAQUIGRAFIA: *s.* Shorthand.

TAQUIGRAFO(A): *s.* Shorthand stenographer.

TARA: *s.* Tare. Weight of container or carrier.

TARIFA: *s.* Rate. Fee. Tariff. Charge. **—ADUANAL:** *s.* Customs duties or charges. **—DE CARGA:** *s.* Freight or carriage rate.

TARJETA: *s.* Card. Visiting or business card. **—DE CREDITO:** *s.* Credit card.

TASA: *s.* Rate of interest. Type. Assesment. Measure. **—DE CAMBIO:** *s.* Exchange rate. **—DE DEPRECIACION:** *s.* Depreciation rate. **—DE IMPUESTOS:** *s.* Tax rate. **—DE INFLACION:** *s.* Inflation rate. **—DE INTERESES:** *s.* Interest rate. **—DE SEGURO:** *s.* Insurance rate. **—DIARIA:** *s.* Call rate. **—MAYOR:** *s.* Highest interest with no tax withheld. **—MENOR:** *s.* Lowest interest with tax withheld.

TASADOR: *s.* Appraiser. Assesor.

TASAR: *v.* To appraise. To evaluate.

TECNICA: *s.* Technique. Expertise. Know-how. **—INDUSTRIAL:** *s.* Industrial know-how.

TECNICO: *s.* Technician. Expert. Technical.

TELETIPO: *s.* Teletype.

TELEX: *s.* Teletype.

TEMPORADA: *s.* Season.

TENDENCIA: *s.* Tendency. Trend. **—DE AUMENTO:** *s.* Upward trend. **—DE BAJA:** *s.* Downward trend.

TENEDOR: *s.* Holder. Bearer. Owner. **—DE ACCIONES:** *s.* Stockholder. **—DE BONOS:** *s.* Bondholder. **—DE BUENA FE:** *s.* Holder in good faith. **—DE LIBROS:** *s.,* Bookkeeper.

TENENCIA: *s.* Tenure. Tennancy. Occupancy.

TENTATIVA: *s.* Attempt. Effort.

TERCER MUNDO: *s.* Third World.

TERCERIA: *s.* Arbitration. Mediation.

TERMINADO: *adj.* Finished. Ended.

TERMINO: *s.* Term. Time limit. Period. **—CORTO:** *s.* Short term. **—DE GRACIA:** *s.* Grace period. **—DE PRUEBA:** *s.* Time for presenting evidence.

TERRATENIENTE: *s.* Landowner.

TERRENO: *s.* Land. **—EJIDAL:** *s.* Ejido land. Communal land. **—INVADIDO:** *s.* Land seized by peasants.

TERRITORIAL: *adj.* Territorial.

TESORERIA: *s.* Treasury.

TESORERO: *s.* Treasurer.

TESORO: *s.* Treasure.

TESTADOR: *s.* Testator.

TESTAMENTARIA: *s.* Probate proceedings.

TESTAMENTO: *s.* Testament. Will.

—**HOLOGRAFO**: *s.* Holographic will. —**NOTARIAL**: *s.* Notarized will.

TESTIFICAR: *v.* To testify. To give testimony.

TESTIGO: *s.* Witness. —**OCULAR**: *s.* Eye witness. —**PERITO**: *s.* Expert witness.

TESTIMONIO: *s.* Testimony. Evidence.

TIEMPO: *s.* Time. —**DE ESPERA**: *s.* Waiting time. —**DISPONIBLE**: *s.* Available time. —**EXTRA**: *s.* Overtime. —**OCIOSO**: *s.* Idle time. —**OPORTUNO**: *s.* The right moment. —**TRANSCURRIDO**: *s.* Elapsed time.

TIENDA: *s.* Store. Shop. —**GENERAL**: *s.* General store. —**SUCURSAL**: *s.* Branch store.

TIMBRE: *s.* Stamp.

TIMBRES FISCALES: *s.* Revenue stamps.

TIMBRES POSTALES: *s.* Postage stamps.

TIPO: *s.* Rate. Type. Price. Kind. —**DE AUMENTO**: *s.* Rate of increase. —**DE BAJA**: *s.* Rate of fall. —**DE CAMBIO**: *s.* Rate of exchange. —**DE DEPRECIACION**: *s.* Depreciation rate. —**DE INTERESES**: *s.* Interest rate. —**IMPOSITIVO**: *s.* Tax rate.

TITULO: *s.* Title. Right. Deed. Degree. Diploma. —**DE CREDITO**: *s.* Negotiable instrument. —**DE DOMINIO**: *s.* Deed. Title. —**DE PATENTE**: *s.* Letters patent. —**SEGURO**: *s.* Clear title. Clean title. —**VICIOSO**: *s.* Defective title.

TITULOS DE GOBIERNO: *s.* Government securities. —**TODOS LOS DERECHOS RESERVADOS**: All rights reserved.

TOMAR: *v.* To take. —**EN CUENTA**: *v.* To take into account. Consider. —**FORMA**: *v.* To take shape. To

assume form. —**INVENTARIO**: *v.* To take inventory. —**LA PALABRA**: *v.* To take the floor.

—**LA PALABRA**: *v.* To take the floor.

TONELADA: *s.* Ton.

TOPE: *s.* Ceiling. Top. Maximum.

TOTALMENTE: *adv.* Totally.

TRABA: *s.* Impediment. Obstacle.

TRABAJADOR: *s.* Worker. Laborer. —**DE PLANTA**: *s.* Senior or permanent worker. —**EVENTUAL**: *s.* Temporary worker. —**SUPLENTE**: *s.* Substitute worker.

TRABAJO: *s.* Work. —**AGRICOLA**: *s.* Agricultural work. —**ATRASADO**: *s.* Delayed or accumulated work. —**DE OFICINA**: *s.* Office work. **DEFECTUOSO**: *s.* Defective work. —**EN PROCESO**: *s.* Work in process. —**TERMINADO**: *s.* Finished work.

TRADUCTOR: *s.* Translator.

TRAICION: *s.* Treason. Treachery.

TRAMITAR: *s.* To transact. To handle. To initiate.

TRAMITE: *s.* Process. Handling. Transacting.

TRAMITES: *s.* Proceedures. —**PARA ESTABLECER CREDITO**: *s.* Proceedures for establishing credit. —**OFICIALES**: *s.* Official handling or negotiations.

TRANSACCION: *s.* Transaction. Business deal.

TRANSACCIONES: *s.* Transactions. —**BANCARIAS**: *s.* Banking transactions. —**COMERCIALES**: *s.* Commercial transactions. —**FINANCIERAS**: *s.* Financial transactions. —**FORANEAS**: *s.* Foreign transactions.

TRANSFERENCIA: *s.* Transfer. —**DE CREDITO**: *s.* Transfer of credit. —**DE FONDOS**: *s.* Transfer of funds.

TRANSAR: *v.* To compromise. To settle.

TRANSITORIO: *adj.* Transitory. Temporary.

TRANSNACIONAL: *adj.* Transnational.

TRANSPORTE: *s.* Transportation. —AEREO: *s.* Air transport. —MARITIMO: *s.* Maritime transportation. —PUBLICO: *s.* Public transportation.

TRASLADAR: *v.* To move. To change residence.

TRASLADO: *s.* Transfer. Change.

TRASPASAR: *v.* Transfer. Assign. Trespass.

TRASPASO: *s.* Cession. Assignment. Trespass.

TRATADO: *s.* Treaty. Agreement.

TRATAMIENTO PREFERENTE: *s.* Preferred treatment.

TRATO: *s.* Transaction. Negotiation. Treatment.

TRIBUNAL: *s.* Tribunal. Court. —DE APELACION: *s.* Court of appeals. DE MENORES: *s.* Juvenile court. —DE ORIGEN: *s.* Court of origin. —SUPREMO: *s.* Supreme court.

TRIBUTO: *s.* Tribute. Tax. Payment.

TRIMESTRE: *s.* Quarterly.

TRUEQUE: *s.* Barter. Trade. Swap. Exchange.

TUICION: *s.* Guardianship. Custody. Protection.

TURNO: *s.* Shift. Turn.

TURNO DE DIA: *s.* Day shift.

TUTOR: *s.* Guardian. Custodian.

TUTORIA (also TUTELA): Guardianship.

U

UBICACION: *s.* Address. Location. Site.

ULTIMA OPORTUNIDAD: *s.* Last opportunity.

ULTRA VIRES: *adj.* Ultra vires.

UNANIME: *adj.* Unanimous.

UNIDAD: *s.* Unity. Unit. —**MONETARIA**: *s.* Monetary unit.

UNILATERAL: *adj.* Unilateral.

UNION DE CREDITO: *s.* Credit union.

UNIR: *v.* To unite. To join. To merge.

USO INDEBIDO: *s.* Misuse. Wrongful use.

USO Y DESGASTE: *s.* Wear and tear.

USUARIO: *s.* Concessionaire. User. Consumer.

USUFRUCTO: *s.* Usufruct. Continued enjoyment.

USURA: *s.* Usury. Excess profits or interest.

USURERO: *s.* Usurer. Usurious.

UTILIDAD: *s.* Profit. —**BRUTA**: *s.* Gross profit. —**DE OPERACION**: *s.* Operating profit. —**GRAVABLE**: *s.* Taxable profit. —**NETA**: *s.* Net profit.

UTILIDADES: *s.* Profits. —**ACUMULADAS**: *s.* Accumulated profits. —**A DISTRIBUIR**: *s.* Undivided profits. —**DEL EJERCICIO**: *s.* Year's or term's profits. —**EN LIBROS**: *s.* Book profits. —**EXCEDENTES**: *s.* Excess profits. —**REPARTIBLES**: *s.* Undivided profits. —**RETENIDAS**: *s.* Retained profits.

UTILIZAR: *v.* To utilize. To make use of.

V

VACACIONES ACUMULADAS: *s.* Accumulated vacation time.

VACACIONES PENDIENTES: *s.* Unused vacation time.

VACANTE: *adj.* Vacant. Vacancy.

VALE: *s.* An I.O.U. A promise to pay. A voucher. **—DE CAJA:** *s.* Cash voucher. **—DE PRENDA:** *s.* Warehouse receipt or voucher.

VALER: *v.* To be worth.

VALIDO: *adj.* Valid. Binding.

VALIOSO: *adj.* Valuable.

VALOR: *s.* Value. Worth. Negotiable instrument. **—A LA PAR:** *s.* Par value. **—ACTUAL:** *s.* Going price. Present value. **—APARENTE:** *s.* Face value. **—BURSATIL:** *s.* Stocks and bonds. Securities. **—CATASTRAL:** *s.* Assessed value. **—DE DESPERDICIO:** *s.* Junk value. Waste value. **—DE LIQUIDACION:** *s.* Forced sale value. **—DE MERCADO:** *s.* Market value. **—DE REPOSICION:** *s.* Replacement value. **—DE CARGAMENTO:** *s.* Cargo value. **—DEPRECIADO:** *s.* Depreciated value. **—EN PLAZA:** *s.* Local value.

VALORACION: *s.* Valuation. Assessment. Appraisal.

VALORES: *s.* Securities. Negotiable instruments. **—BANCARIOS:** *s.* Bank securities or paper. **—BURSATILES:** *s.* Listed securities.

VALUACION: *s.* Valuation.

VALUADOR: *s.* Appraiser.

VALUAR: *v.* To appraise.

VARIABLE DE MERCADO: *s.* Market variables. **—DE PRODUCCION:** *s.* Production variables.

VARIACION: *s.* Variation. **—DE COSTOS:** *s.* Costs variation. **—DE MANO DE OBRA:** *s.* Labor variance. **—DE PRECIO:** *s.* Price variance.

VARIAR: *v.* To vary. To fluctuate.

VEDA: *s.* Veto. Prohibition.

VEDADO: *adj.* Prohibited. Limited. Quarantined.

VEHICULOS: *s.* Vehicles and rolling stock.

VELOCIDAD DE OPERACION: *s.* Operating speed.

VENCERSE: *v.* To fall due.

VENCIDO: *adj.* Past due. Overdue.

VENCIMIENTO: *s.* Maturity. Due date.

VENDEDOR: *s.* Seller. Salesman. Vender. **—VIAJERO:** *s.* Traveling salesman.

VENDER: *v.* To sell. To market. **—AL DESCUBIERTO:** *v.* To sell short.

VENDIBLE: *adj.* Saleable. Having demand.

VENTA: *s.* Sale. **—A FUTURO:** *s.* Futures sale. **—A CREDITO:** *s.* Credit sale. **—AL CONTADO:** *s.* Cash sale. **—FORZADA:** *s.* Forced sale. Distress sale. **—ANUALES:** *s.* Annual sales. **—CONDICIONALES:** *s.* Conditional sales. **—DE EXPORTACION:**

s. Export sales. —**DIARIA**: s. Daily sale. —**MENSUAL**: s. Monthly sale. —**Y ARRENDAMIENTO**: s. Sale and lease-back.

VENTAJA: s. Favorable position. Advantage.

VERIFICACION: s. Verification.

VERIFICAR: v. To verify. To substantiate.

VIA DE TRANSPORTE: s. Means of transportation.

VIA DE COMUNICACION: s. Means of communication.

VIATICOS: s. Living expenses. Travel expenses.

VICEPRESIDENTE: s. Vice president.

VICIO: s. Defect. Flaw. Impairment.

VIDA PROBABLE: s. Probable life.

VIGENCIA: s. Duration. Life.

VIGENTE: adj. In effect. Outstanding.

VIGILANCIA: s. Vigilance.

VIGILANTE: s. Watchman.

VIGILAR: v. To watch. To oversee. To guard.

VIOLACION: v. Violation. Breach. Injury.

VIOLACION DE CONTRATO: s. Breach of contract.

VISA CONSULAR: s. Consular visa.

VISTO BUENO (Vo. Bo.): Approved. O.K.

VOCAL: s. Member of the board. Member of a committee.

VOLUMEN: s. Volume. Bulk. A large amount.

VOTAR: v. To vote.

VOTO SECRETO: s. Secret vote.

Y

Y ASOCIADOS: *s.* And associates. And others.

Y LO SIGUIENTE: *s.* And the following.

YEN: *s.* Yen. Japanese currency.

Z

ZAFRA: *s.* Sugar cane harvest.

ZONA: *s.* Zone. Area. **—COMERCIAL:** *s.* Commercial zone or area. **—RESIDENCIAL:** *s.* Residential area or zone. **—RESTRINGIDA:** *s.* Restricted area or zone.

APENDICE

NOMBRES GEOGRAFICOS
GEOGRAPHICAL NAMES
(español-inglés)

ABISINIA: Abyssinia.
ADRIATICO: Adriatic.
AFGANISTAN: Afghanistan.
ALEJANDRIA: Alexandria.
AMAZONAS: Amazon.
AMBERES: Antwerp.
AMERICA DEL NORTE: North America.
AMERICA DEL SUR: South America.
ANTILLAS: Antilles. West Indies.
ARABIA SAUDITA: Saudi Arabia.
ARGEL: Algeria.
ARGENTINA: Argentine.
ATENAS: Athens.
ATLANTICO: Atlantic.
BAJA CALIFORNIA: Lower California.
BALTICO: Baltic.
BAVERIA: Bavaria.
BELEN: Bethlehem.
BELGICA: Belgium.
BELGRADO: Belgrade.
BELICE: Belize. British Honduras.
BERLIN: Berlin.
BIRMANIA: Burma.
BONA: Bonn.
BRASIL: Brazil.
BRETAÑA: Britain.
BRUSELAS: Brussels.
BUCAREST: Bucharest.
CALCUTA: Calcutta.
CANADA: Canada.
CANARIAS: Canary Islands.
CARIBE: Caribbean Sea.

CASTILLA: Castille.
CEILAN: Ceylon.
CERDENA: Sardinia.
COLONIA: Cologne.
COLUMBIA BRITANICA: British Columbia.
COPENHAGUE: Copenhagen.
CORCEGA: Corsica.
COREA: Korea.
COSTA DEL MARFIL: Ivory Coast.
COSTA DE ORO: Gold Coast.
CRETA: Crete.
CHECOSLOVAQUIA: Czechoslovakia.
CHILE: Chile.
CHIPRE: Cyprus.
DAKOTA: Dakota.
DAMASCO: Damascus.
DANUBIO: Danube.
DARDANCIOS: Dardanelles.
DELFOS: Delphi.
DINAMARCA: Denmark.
DRESDE: Dresden.
DUVRES: Dover.
EDIMBURGO: Edinburgh.
EGIPTO: Egypt.
ELBA: Elbe.
ESCANDINAVIA: Scandinavia.
ESCOCIA: Scotland.
ESPAÑA: Spain.
ESTADOS UNIDOS DE AMERICA: United States of America.
ESTAMBUL: Istambul.
ESTOCOLMO: Stockholm.
ESTONIA: Esthonia.

ETIOPIA: Ethiopia.
EUROPA: Europe.
FILADELFIA: Philadelphia.
FILIPINAS: Philippines.
FINLANDIA: Finland.
FLORENCIA: Florence.
FRANCFORT: Frankfort.
FRANCIA: France.
GALES: Wales.
GENOVA: Genoa.
GINEBRA: Geneva.
GRAN BRETAÑA: Great Britain.
GRECIA: Greece.
GROENLANDIA: Greenland.
GUAJAN: Guam.
GUAYANA: Guiana.
HABANA: Havana.
HAITI: Haiti.
HAYA: The Hague.
HOLANDA: Holland.
HUNGRIA: Hungary.
INDIA: India.
INDIAS OCCIDENTALES: West Indies.
INGLATERRA: England.
IRAN: Iran.
IRAK: Irak.
IRLANDA: Ireland.
ISLANDIA: Iceland.
ITALIA: Italy.
JAPON: Japan.
JORDANIA: Jordania.
LENINGRADO: Leningrad.
LIBANO: Lebanon.
LIBIA: Libya.
LISBOA: Lisbon.
LITUANIA: Lithuania.
LONDRES: London.
LUXEMBURGO: Luxemburg.
MALACA: Malay.
MAR DEL NORTE: North Sea.
MAR NEGRO: Black sea.
MARRUECOS: Morocco.
MARSELLA: Marseilles.

MARTINICA: Martinique.
MECA: Mecca.
MEDITERRANEO: Mediterranian.
MOSCU: Moscow.
NAPOLES: Naples.
NILO: Nile.
NIZA: Nice.
NORMANDIA: Normandy.
NORUEGA: Norway.
NUEVA INGLATERRA: New England.
NUEVA ORLEANS: New Orleans.
NUEVA YORK: New York.
NUEVA ZELANDIA: New Zealand.
NUREMBERGA: Nuremberg.
OCEANIA: Oceanica.
OCEANO INDICO: Indian Ocean.
PACIFICO: Pacific.
PAKISTAN: Pakistan.
PALESTINA: Palestine.
PARIS: Paris.
PASO DE CALAIS: English Channel.
PEKIN: Peking.
PERU: Peru.
POLINESIA: Polynesia.
POLONIA: Poland.
PRUSIA: Prussia.
PUERTO PRINCIPE: Port au Prince.
PUERTO RICO: Porto Rico.
ROCALLOSAS: Rocky Mts.
RODAS: Rhodes.
RODESIA: Rhodesia.
ROMA: Rome.
RUSIA: Russia.
SICILIA: Sicily.
SIRIA: Syria.
SUD-AFRICA: South Africa.
SUD-AMERICA: South America.
SUDAN: Sudan.
SUECIA: Sweden.
SUIZA: Switzerland.
TAHITI: Tahiti.
TAMESIS: Thames.
TERRANOVA: Newfoundland.

TAILANDIA: Thailand.
TOKIO: Tokyo.
TURQUIA: Turkey.
UCRANIA: Ukraine.
UNION SOVIETICA: Soviet Union.
UNION DE SUDAFRICA: Union of
  South Africa.

U.R.S.S.: U.R.S.S.
VARSOVIA: Warsaw.
VERSALLES: Versailles.
VIENA: Vienna.
YUGOESLAVIA: Jugoslavia.
ZANSIBAR: Zanzibar.
ZELANDIA: Zeland.

DIVISAS FORANEAS
Foreing currencies

País Country	Unidad monetaria Monetary unit	Unidad fraccional Fractional unit
AFGHANISTAN	Adghani	Pul
ALBANIA	Lek	Quider
ARGENTINA	Peso	Centavo
AUSTRALIA	Pound	Shilling
AUSTRIA	Schilling	Groschen
BELGIUM	Franc	Centime
BOLIVIA	Boliviano	Centavo
BRAZIL	Cruzeiro	Centavo
BR. HONDURAS	Dollar	Cent
BULGARIA	Lev	Stotinka
BURMA	Rupee	Anna
CAMBODIA	Piaster	Cent
CANADA	Dollar	Cent
CHILE	Peso	Centavo
CHINA	Jin-min-piao	Yuan
COLUMBIA	Peso	Centavo
COSTA RICA	Colón	Céntimo
CUBA	Peso	Centavo
CZECHOSLOVAKIA	Koruna	Haler
DENMARK	Krone	Ore
DOMINICAN REP.	Peso	Centavo
ECUADOR	Sucre	Centavo
EGYPT	Pound	Piaster
FRANCE	Franc	Centime
GERMANY	Mark	Pfennig
GREAT BRITAIN	Pound	Shilling
GREECE	Drachma	Lepton
GUATEMALA	Quetzal	Centavo

País / Country	Unidad monetaria / Monetary unit	Unidad fraccional / Fractional unit
HONG KONG	Dollar	Cent
HUNGARY	Fornit	Filler
INDIA	Rupee	Anna
IRAN	Rial	Dinar
ISRAEL	Pound	Prutah
ITALY	Lira	Centime
PANAMA	Balboa	Centésimo
PARAGUAY	Guarani	Centavo
PERU	Peso	Centavo
PHILLIPPINES	Peso	Centavo
POLAND	Zloti	Grosz
SAN SALVADOR	Colón	Centavo
SAUDI ARABIA	Riyal	Piaster
SPAIN	Peseta	Céntimo
SWEDEN	Krona	Centime
SWITZERLAND	Franc	Centime
SYRIA	Pound	Piaster
TAIWAN	Dollar	Yuan
TURKEY	Lira	Piaster
U. SOUTH AFRICA	Pound	Shilling
U.S.S.R.	Ruble	Kopek

—oOo—

ESTA OBRA SE TERMINÓ DE IMPRIMIR EL DÍA
20 DE ABRIL DE 1993, EN LOS TALLERES DE
GRUPO IMPRESA, S.A.
LAGO CHALCO 230, COL. ANÁHUAC
MÉXICO, D. F.

LA EDICIÓN CONSTA DE 500 EJEMPLARES
Y SOBRANTES PARA REPOSICIÓN

517